Lutz von Werder

Die Welt romantisieren

Wie schreibe ich meine persönliche Mythologie?

Schibri-Verlag Berlin • Milow

Bestellungen über
den Buchhandel
oder direkt beim Verlag

Dorfstraße 60
17337 Uckerland/OT Milow
www.schibri.de

Umschlaggestaltung: Arite Nowak

Printed in Germany

ISBN 978-3-86863-023-7

Inhaltsverzeichnis

Vorwort

Die Gegenwart ist voller Geschichten von Weltkrise, Terror und Gewalt, Verletzung, Einsamkeit und Isolation. Es gibt aber auch viele Geschichten vom Überleben, vom Gewinnen der Weisheit in der Dunkelheit, von der Gewinnung von Kraft bei Niederlagen. Manchmal erscheint auch der Verlierer als Held. Das Problem ist, viele Menschen sind heroischer als sie denken. Die heutige Welt braucht heroische Menschen, die angesichts größter Herausforderungen nicht klein beigeben. Es kommt darauf an, dass mehr und mehr Menschen sich als Helden des Alltags erkennen und wissen, dass sie auf der Heldenreise für Männer wie für Frauen unterwegs sind.

Das vorliegende Buch lädt ein, den Weg des Alltagshelden oder der Alltagsheldin zu gehen. Es ist aufgeteilt in zwei Teile:
Im ersten Teil werden Sie lernen, wie man/frau den eigenen persönlichen Mythos des Alltagshelden bzw. der Alltagsheldin schreibt. Dabei wird das Modell der Heldenreise vielfach variiert, um Ihnen möglichst viele Varianten zum Schreiben Ihrer Automythographie zu eröffnen.
Der zweite Teil ist ein Beispiel für den persönlichen Mythos des Lehrers O. Diese Texte des Lehrers O. sind in einem zweijährigen Schreibworkshop über „Die Kunst des Mythen-Schreibens" in den Jahren 2004–2006 entstanden.

Sie werden durch diesen 2. Teil angeregt, die Krisenlösungen des modernen Alltagshelden zu gestalten, also auch Ihre eigenen Mythen angesichts des Crashs des Kapitalismus zu schreiben. Dabei werden Sie erleben, dass Sie in der 2. Achsenzeit, in der der Kapitalismus zu Ende geht und die neue Gesellschaft entsteht, auf den Schultern von Riesen stehen. Diese Riesen sind die Helden der ersten Achsenzeit von 1000 v. Chr. bis 1000 n. Chr., die vom Zusammenbruch der Sklavenhaltergesellschaft und dem Übergang zum Feudalismus bestimmt wurde.

Besonderer Dank für die Entstehung des Buches gebührt Iris van Beek, Sybille v. Heinitz-Werder und Andreas Brüning.

Berlin, Oktober 2008 — Lutz von Werder

Teil 1

Wie schreibe ich meine persönliche Mythologie?

Indem ich dem Gemeinen einen hohen Sinn, dem Gewöhnlichen ein geheimnisvolles Aussehen, dem Bekannten die Würde des Unbekannten, dem Endlichen einen unendlichen Schein gebe, so romantisiere ich es.

(Novalis)

Kapitel 1: Grundlagen des Schreibens

1.1 Die Philosophie der Romantisierung

Die gegenwärtige Welt wird vom Gott des Geldes beherrscht, wie Georg Simmel in seiner „Philosophie des Geldes“ schon 1912 geschrieben hat. Die heutige Welt unterliegt dem Katastrophen-Kapitalismus (N. Klein: Die Schock-Therapie. Berlin 2005). Der Zeitgeist ist apokalyptisch und beschwört vom Dritten Weltkrieg bis zur Todeskrise des Kapitals alle Elemente eines destruktiven Mythos. Dagegen muss ein progressiver Mythos gesetzt werden. Die deutsche Romantik hat schon im frühen 19. Jahrhundert die Arbeit an einem progressiven Mythos, dem persönlichen Mythos aufgenommen. Romantik als Romantisierung der Welt wird von dem Dichter Novalis auf den Begriff gebracht: „*Indem ich dem Gemeinen einen hohen Sinn, dem Gewöhnlichen ein geheimnisvolles Aussehen, dem Bekannten die Würde des Unbekannten, dem Endlichen einen unendlichen Schein gebe, so romantisiere ich es.*“ (H. J. Mähl (Hrsg.): Novalis. Passau 1976, S. 151) Novalis fordert: *Die Welt muss romantisiert werden. So findet man ihren ursprünglichen Sinn wieder. Dem Endlichen einen unendlichen Schein geben, heißt: Ihr endliches biografisches Leben kann den Schein eines unendlichen Lebens gewinnen.*

Übung:
Schreiben Sie Ihren Tageslauf zwei Mal, zum ersten ganz banal: die Fakten vom Aufstehen bis zum Ins-Bett-Gehen. Den zweiten Tageslauf verwandeln Sie dann in ein Geheimnis. Beschreiben Sie möglichst viele Aspekte der Begegnung mit dem Geheimnisvollen.

Die richtige Textsorte für das Romantisieren ist für Novalis der Mythos. Wenn die Welt romantisch werden soll, dann muss sie mythisch werden. Der Mythos ist eigentlich ein Traumbild. Der Mythos entsteht als persönlicher Text, durch freie Ideenassoziation bei der Lösung von Lebenskrisen.

Übung:
Wählen Sie einen mythischen Helden und schreiben Sie mit Free-Writing – das heißt „freie Assoziation“ – einen Text über ihn.

Mythen sind Bekenntnisse eines wahren Kindes. Alle Mythen sind nur Träume jener heimatlichen Welt, die überall und nirgends ist. Mit der Zeit muss die Geschichte ein Mythos werden. Mythen sind romantische Phantasien aus dem persönlichen Leben. Im Mythos kann jeder seine eigenen existentiellen

Probleme ausdrücken und durch den Ausdruck durcharbeiten und mythische Lösungen finden, die im Alltag vielleicht auch helfen. Novalis schreibt: „*Alles ist ein Mythos.*“ (H. J. Mähl, a.a.O., S. 171-173)

Übung:
Schreiben Sie alle Geschichten aus Ihren Leben auf, in denen Sie selbst dem Geheimnisvollen und dem Unendlichen begegnet sind.

Mit dem Schreiben von Mythen, dachten die Romantiker, kann man die Biographie lebendig und gesellig und das Leben und die Gesellschaft poetisch machen. Novalis stellte angesichts der Krisen der beginnenden Industrialisierung seiner Zeit fest: „*Nach innen geht der geheimnisvolle Weg.*“

1797 sitzen Hölderlin, Hegel und Schelling beisammen und diskutieren über die neue Mythologie, die zu schreiben ist. Es entstand dann „das älteste Systemprogramm des deutschen Idealismus“. In diesem Programm steht: „*Wir müssen eine neue Mythologie haben ... Die Mythologie muss philosophisch werden ... Die Ausbildung aller Kräfte, des Einzelnen sowohl als aller Individuen ... Ein höherer Geist muss diese Mythen stiften.*“ (G. W. F. Hegel: Frühe Schriften. Frankfurt 1986, S. 236)

Schon Goethe hatte geschrieben: „*Ich kehre in mich selbst zurück und finde eine Welt.*“ Der Romantiker Schlegel stellte fest: „*Die Romantisierung der Welt wird durch ein Buch geschehen, das ich selber schreibe. Das ist nicht verwunderlich, auch die großen Mythologen von Moses bis Luther wurden stufenweise immer weniger Politiker und immer mehr Schriftsteller.*“

Das Programm für den eigenen Mythos wird von Schleiermacher, dem Berliner Romantiker, ausgebaut. Er schreibt: *Nicht der hat einen Mythos, der „an eine heilige Schrift glaubt, sondern der, welcher keiner bedarf und wohl selbst eine machen könnte. Wer sich nicht seiner Erfahrungen des unendlichen Universums im Laufe seines Lebens bewusst wird, der hat keinen persönlichen Mythos, der ihm in der Dunkelheit der Welt Licht gibt.*“ (F. Schleiermacher: Reden über die Religion. Hamburg 1998)

Der große deutsche Dichter Hölderlin wählte im Sinne der Romantik Dionysos zum Schutzheiligen seines Lebens und sprach von Dionysos als dem kommenden Gott. Friedrich Nietzsche nahm dann die Arbeit am antiken Mythos des Dionysos wieder auf und machte diesen Gott zum Zentrum seines persönlichen Mythos, nachdem er längere Zeit im Banne des persischen Religionsstifters Zarathustras, des Mythenerfinders, vom guten Ausgang der Weltgeschichte, gestanden hatte. Es war dann Sigmund Freud, der im Ödipus-Mythos die Lösung seiner seelischen Qualen entdeckte, die der Hass auf seinen Vater und seine Sehnsucht nach der Mutter in ihm auslösten. Sein Schüler C.

G. Jung geriet 1913 in eine psychotische Krise, die aus Liebeskummer und der Trennung von Sigmund Freud ausgelöst wurde. In dieser Krise rettete er sich selbst, indem er anfing, seinen persönlichen Mythos zu schreiben. In den „Sieben Reden an die Toten" stellte er diesen Mythos vor. Diese Reden stellen seine persönliche Mythologie als Ursprung der Welt aus dem Nichts, der Trennung der Welt in männlich und weiblich und die Erlösung der Welt durch einen fremden Gott vor. Diese persönlichen Mythen sammelte Jung in seinem schwarzen und seinem roten Buch, Notizbücher, die seine Krise begleiteten. Jung erkannte bald, dass das Schreiben von persönlichen Mythen „in einem rationalistisch-spirituellen Zeitalter eine kompensierende Funktion zu erfüllen hat" (G. Wehr: Carl Gustav Jung. Leben, Werk, Wirkung. München 1985, S. 174).

Der persönliche Mythos erweitert das Bewusstsein und unterstützt die Individuation, die Selbstverwirklichung. Jung war sich aber auch im Klaren, dass die Arbeit am persönlichen Mythos die Gefahr der Ich-Auflösung heraufbeschwört. Die Benutzung der aktiven Imagination als Bildmeditation, um die eigenen Archetypen zu erleben, muss mit der Amplifikation, der Relativierung der archetypischen Mythen im Vergleich zur globalen Verbreitung der Hauptmythen bei allen Völkern, einhergehen. Erst die Erkenntnis, dass viel im persönlichen Mythos Allgemeingut ist und der Menschheit gehört, kann die narzisstische Begeisterung über das Schreiben der eigenen Mythen relativieren und entschärfen. Das moderne Ich bleibt immer klein und gering und sterblich, auch wenn es zu seiner Kräftigung den Weg der Götter und Helden im Schreiben von Mythen folgt.

Werfen wir nun einen Blick auf die Geschichte des Mythos.

1.2 Die Geschichte des Mythos in der 1. und 2. Achsenzeit

Menschen haben schon immer Mythen, Erzählungen über ihre Weltsituation und über die Götter und Helden geschaffen. Woher die Menschen kommen, wohin die Menschen gehen, wer die Menschen sind, darüber erzählen Mythen. Diese Erzählungen entstehen angesichts der Erfahrung des Todes und der Angst vor der Auslöschung. Die Mythen durchbrechen den Alltag und imaginieren Gegen- und Überwelten: Himmel und Höllen. Die Mythen helfen den Menschen in schwierigen Situationen den Weg zu finden. Die Welt der Götter und der Teufel gehört zur Welt des Mythos. Die Figuren der Götter und Teufel halfen den Menschen, das Erlebnis der Transzendenz, des Nicht-Alltäglichen, des Heiligen zu erzählen. Die Erfahrung der Transzendenz löscht für eine gewisse

Zeit die Todesangst aus. Der Mythos leistet hier genauso viel wie die Kunst, die Musik, die Lyrik, Heavy Metal, Disco-Dance, Drogen, Sex oder Sport. Der Mythos ist ein Spiel, das unsere tragische Welt verwandelt, romantisiert und neue Phantasieräume eröffnet. Jeder Mythos, der bewirkt, das Leben zu erhalten, ist auch wahr. Solange der Mythos wirkt, gilt er auch.

Erst in der Moderne findet die völlige Entfremdung der Menschen von den Mythen statt. Trotzdem werden auch heute im Film oder im Roman die Geschichten von Göttern und von Helden neu erzählt. Der Abstieg in die Unterwelt findet immer noch statt. Auch der Aufstieg in den Himmel, der Kampf mit Ungeheuern dauert an, weil mit diesen Erzählungen auch heute Ängste gebannt werden können.

Die Geschichte des Mythos unterliegt entscheidenden Wandlungen:

Die Mythologie der Jäger- und Sammler-Kultur

Die Mythologie der Jäger- und Sammler-Kultur, die von 200.000 v. Chr. bis 8000 v. Chr. galt, umfasste die Magie des Himmels und das Grauen der Unterwelt. Die Schamanen, als Fachleute der heroischen Reise, waren im Trance in der Lage, Himmelfahrtsgeschichten zu vollziehen und davon zu erzählen. Das Fliegen der Schamanen zeigte die Befreiung von der Enge des Lebens an (M. Eliade: Schamanismus und archaische Ekstasetechniken. Frankfurt 1986). Der Aufstieg in den Himmel ist erst möglich nach dem Abstieg in die Tiefen der Erde. Die Höhlen des Steinzeitmenschen und ihre Bilder zeigen die ersten Götterbilder: die Stiere, die Mammuts, die großen Bären. Die Einweihung in die Lehre von den Göttern wurde in den Höhlen von Altamira bis Lascaux vollzogen. In der Jägermythologie entstand der Mythos von der Reise des Helden. Der Held bricht aus dem Alltag auf, reist in ferne Welten, kämpft mit dem Tod, mit Ungeheuern und mit dunklen Wäldern. Im Laufe dieser Reise verwandelt sich sein Ich und er kehrt mit neuen Einsichten zu seinem Stamm zurück (vgl. J. Campbell: Die Mythologie der Urvölker. Basel 1991, S. 259ff.).

Der Heldenmythos der Schamanen prägt auch das Leben historischer Figuren, wie Buddha, Jesus, Laotse und Mohammed. Aber auch am antiken Herkules-Mythos zeigen sich noch die Spuren der Mythologie der Jäger. An Herkules und seinen zwölf Taten sowie an seinem Tod konnten die Menschen lernen, was das Leben ist und wie das Sterben den Übergang in eine völlig neue Daseinsform darstellt.

Übung:
Beschreiben Sie eine kurze Reise eines Helden oder einer Heldin in die Anderswelt in zehn Sätzen.

Die Mythologie der Pflanzer

Es kam dann, ab 8000 v. Chr., mit der Entstehung von Bauern, die Mythologie der Pflanzer. In dieser Mythologie wurde die Erde zur Mutter, die alle ernährte. Die Welt lebte im Zyklus von Geburt und Tod. „Fortpflanzung ohne Tod wäre ein Unglück ebenso wie Tod ohne Fortpflanzung." (J. Campbell, a.a.O., S. 203) Der Ackerbau wurde mit religiöser Ehrfurcht betrieben. Die Ernte war das Resultat der sexuellen Vereinigung von Himmel und Erde. Die Schöpfungsmythen zählten nun von der Erschaffung der Welt.

Übung:
Beschreiben Sie die Erschaffung der Welt.

Die Erhaltung der Welt wird ein ständiger Kampf. Die Muttergöttin hat Gefährten, die alle zerrissen, zerstückelt und brutal gefoltert werden, aber mit der neuen Ernte wieder zum Leben erwachten. Immer dreht sich der Kampf der Götter um das Gelingen der Ernte. Die Ernte kann nur „im Ringen mit dem Tod produziert werden" (K. Armstrong: Eine kurze Geschichte des Mythos. Berlin 2005, S. 49).

Das Bild des sterbenden und wieder auferstehenden Gottes bildete den Kern vieler Pflanzermythen. Die Muttergöttin vollzieht ihrerseits die Heldinnenreise, die in die Unterwelt des Winters führt, um im Frühling wieder ans Licht zu gelangen. Diese Reise beinhaltet Tod und Leiden. Aber der Mythos der Pflanzer zeigt auch: Das Weibliche ist stärker als das Männliche.

Übung:
Beschreiben Sie den heutigen Lebensweg einer starken Frau in fünf Sätzen.

Die städtischen Mythen

Um 4000 v. Chr. expandierte der Städtebau. Die neuen städtischen Mythen beschrieben nun die Entstehung, die Verteidigung und den Untergang der Stadt. Eine Stadt entstand, blühte auf und ging unter. Überall fand der Kampf um Troja statt, den Homer später in der „Ilias" gestaltete. Die Stadt war eine heilige Stätte, deren Existenz vom Wohlwollen der Götter abhing und von der Macht der Tempel. Jede Stadt galt als Sitz eines Gottes. Jeder Gott verfügte über eine Entstehungsgeschichte, die Ordnung in das Chaos der Welt bringt.

Der neue Stadt-Mythos zeigt nun die langsame Loslösung des Menschen von der Natur. Die Götterkampf-Mythen werden nun um die Helden-Mythen ergänzt. Das „Gilgamesch-Epos" um 3000 v. Chr. umfasst die typischen Heldentaten, wie den Kampf des Helden Gilgamesch mit Ungeheuern, Abstiegen in die Unterwelt, Auseinandersetzung mit der Göttin und der Suche nach Unsterblichkeit.

So wie die Helden in den Vordergrund des Mythos rücken, so verschwinden die Götter in weite Ferne. Es entstand in der Zeit der frühen Städte ein spirituelles Vakuum. Der alte Mythos verblasste. Etwas Neues kam auf.

Die Mythologie der 1. Achsen-Zeit

Die Mythologie der 1. Achsen-Zeit (1000 v. Chr. bis 1000 n. Chr.) vollzog eine große Veränderung (vgl. K. Armstrong: Die Achsenzeit. München 2006; K. Jaspers: Vom Ursprung und Ziel der Geschichte. Frankfurt 1956). Die frühere Heldenmythologie wurde nun in religiöse und philosophische Systeme integriert: Konfuzianismus, Taoismus, Buddhismus und Hinduismus entstanden im Osten, und der Monotheismus und der griechische Rationalismus entstanden im Westen. Die neue Marktwirtschaft entmachtete die Könige und wertete die Kaufleute und Handwerker auf. „Die neuen Religionen entstanden im Umfeld des frühen Kapitals und der frühen Hochfinanz." (K. Armstrong, a.a.O., S. 75)

In Indien tauchte plötzlich die Lehre von Atman auf, vom Yoga als Weg zu den Ursprüngen. Der Buddhismus lehrte die Geschichte vom Welterlöser und den Weg ins Nirwana. Konfuzius lehrte den Humanismus in China, und Laotse beschrieb die Meditation, die den Menschen mit dem Tao vereint (J. Campbell: Mythologie des Ostens. Basel 1991).

Im Westen erschien Moses, der das jüdische Volk aus Ägyptens Terror befreite. Odysseus kehrte nach zehn Jahren von Troja heim nach Ithaka.

Die Mythologie der Achsenzeit lehrte das Leiden und die Aufhebung des Leidens. Diese neue Mythologie förderte die Individualität durch Individualisierung des Helden. Sie verbreitete auch das Mitgefühl unter den Menschen. Der Zugang zur höchsten Realität erschien nun als sehr schwierig. Rituale ersetzten mehr und mehr den mythischen Glauben. Die Helden waren nun die Bescheidenen, die Selbstlosen. Der Rückzug in sich selbst wurde ihre Stärke. Der Mythos von der „Nachtmeerfahrt" ersetzte die Reise in die Unterwelt.

Übung:
Beschreiben Sie eine Nachtmeerfahrt, eine Situation, in der Ihr Leben sehr dunkel erschien.

Götter wurden nun zu inneren Kräften. Der Mythenpluralismus wurde durch den Mythenmonotheismus begrenzt und entwertet. Der Logos machte Front gegen den Mythos. Statt aus Göttern entspringt die Welt aus der Urmaterie, lehren die griechischen Vorsokratiker. Die Urmaterie ist Wasser, Feuer oder Luft. Der Mythos wird zum tragischen Theater auf der antiken Bühne zu Ehren des Gottes Dionysos. Für Platon sind Mythen nun Altweibergeschichten. Für Aristoteles sind sie purer Unsinn.

Übung:
Entwickeln Sie ein Streitgespräch zwischen einem Mythologen und einem Logos-Anhänger.

Aber am Endes seines Lebens gibt Platon zu, dass da, wo das Denken scheitert, der Mythos spricht. Und Aristoteles sagte: Die Mythen haben dem Denken auf dem Weg zum unbewegten Beweger einen großen Dienst erwiesen.

Die Achsenzeit verwandelt sich langsam in das dunkle Mittelalter. Diese Verdunkelung begann, indem Paulus Jesus in eine mythische Gestalt verwandelte.

Übung:
Was sind die Fakten des Lebens von Jesus von Nazareth, und was sind seine mythischen Ausschmückungen?

Jesus war ein historischer Mensch, der von den Römern als Aufständischer hingerichtet wurde. Als Religionsstifter musste er aber mythologisiert werden. Paulus verwandelt Jesus in den zeitlosen Helden, der stirbt und wieder aufersteht. Auch der Prophet Mohammed (570–632 n. Chr.) erscheint als zeitloser Held, der im Koran eine neue Fassung der biblischen Mythen vorlegt, die die Weltreligion des Islam begründete.

Christliche und islamische Mystiker griffen auf die Mythen des Neuen Testaments und des Korans zurück, wenn sie über ihre innere Welt sprachen, die sich der rationalen Sprache entzieht. Viele Menschen nahmen sich in der dunklen Zeit die Freiheit, neue Mythen zu erfinden. Kabbalisten erfanden einen neuen Schöpfungsmythos. Der Islam erfand den Mythos vom verborgenen Imam, der eines Tages zurückkehrt, um Frieden und Gerechtigkeit zu bringen.

Übung:
Erzählen Sie etwas über die Rückkehr des verborgenen Imam.

Am Ende des „dunklen Zeitalters" setzte sich der Logos in der Wissenschaft und Technik durch. Bei der Suche nach dem Sinn des Lebens, bei der Bewältigung von Verzweiflung und Angst blieb aber der Mythos weiter in Geltung oder neue Mythen wurden geschaffen.

Die Mythologie der 2. Achsen-Zeit

Die 2. Achsenzeit (von 1500 n. Chr. bis heute) führte zum Tod der klassischen Mythologie. Die Aufklärung und die Industrielle Revolution verursachten, dass die Mythen erneut als nutzlos, falsch und überlebt erschienen. Der neue Held war der Wissenschaftler, Erfinder und Techniker. Sie waren vom Logos inspiriert, nicht vom Mythos.

Martin Luther (1483–1546) und die Reformation versuchten den Verfall des christlichen Mythos zu verhindern, ebenso versuchte dies die katholische Gegenreformation. Wenn nun auf die Mythen der Bibel zurückgegriffen wurde, dann im einsamen Lesen. Die Wissenschaft sollte nun die Welt retten. Mythen galten dabei als schädlich. Aber die Katastrophen des 19. und 20. Jahrhunderts zeigten die Grenzen des Logos im ersten und zweiten Weltkrieg, in Auschwitz, im Gulag, in Hiroshima, in Vietnam, im Irak, in Afghanistan. Es entstanden auch destruktive rassistische neue Mythologien, die äußerst wirksam und schwer zu bekämpfen waren. Man denke nur an die rassistischen Mythen Adolf Hitlers und ihre Darstellung in dem Buch „Mein Kampf".

Neue Mythen, persönliche Mythen, das war die Botschaft der Romantik, sind nötig, um Mitmenschlichkeit zu propagieren, eine spirituelle Einstellung zu vermitteln, die Erde wieder als heilig zu erachten. Gegen Entfremdung, Nihilismus, Aberglaube, Egoismus und Verzweiflung können neue Mythen, persönliche Mythen in der 2. Achsenzeit, Widerstand entwickeln.

James Joyce's Roman „Ulysses", T. S. Elliots Gedicht „Das wüste Land" verbinden zum Beispiel Mythos und Logos.

Thomas Mann erfand in seinem Roman „Der Zauberberg" (1924) ein neues Beispiel für die moderne Heldenreise.

Aber auch heute im technischen und kapitalistischen Zeitalter ist jeder Mensch geneigt, für die Erklärung des Bösen auf der Welt einen neuen Mythos zu erfinden. Man sagt heute: Geist streitet gegen die Materie, das kosmische Bewusstsein ist noch nicht erwacht, das Verhältnis Mensch und Natur ist gestört, Geld besiegt Geist.

Übung:
Nennen Sie Ihre mythische Erklärung des Bösen. Warum muss der Mensch in der heutigen Welt leiden? Gibt es ein Ende des Bösen? (Vgl. S. Keen, A. Valley-Fox: Your Mythic Journey. New York 1989, S. 122)

Im nächsten Kapitel werden wir die Entwicklung des persönlichen Mythos im modernen Lebenslauf der 2. Achsenzeit untersuchen.

1.3 Der persönliche Mythos

Es gibt eine menschliche Neigung, in Krisen Mythen zu erfinden. In früheren Zeiten kam den Mythen eine für alle Mitglieder einer sozialen Gemeinschaft bindende Kraft zu. Heute ist die Herrschaft eines verbindenden Mythos gebrochen. Mythologie ist weitgehend etwas Persönliches geworden. Jeder Mensch schafft sich seine persönliche einzigartige Mythologie, die oft unbewusst bleibt, aber dennoch für ihn persönlich bindend ist. Diese persönliche Mythologie kann als persönliche Geschichte, als Skript oder als Lebensentwurf definiert werden. Jedoch ist der Begriff „persönliche Mythologie" besser geeignet, auch spirituelle Erfahrungen zu erfassen und dem Lebenslauf und seiner Aufarbeitung auch archetypische, aus dem kollektiven Unbewussten entstammende Verhaltens- und Identitätsmuster und ihrem Wandel einer besonderen Aufmerksamkeit zu unterwerfen. Die Arbeit am persönlichen Mythos ist eine Arbeit an der eigenen Tiefenbiographie, die den Kräften des Über- und des Unterbewusstseins Raum gibt (D. Feinstein, S. Krippner: Persönliche Mythologie. Basel 1987, S. 11).

Natürlich gibt es nach der Struktur der Psyche drei Schichten des persönlichen Mythos: den bewussten Teil, den wir kennen, den vorbewussten Teil, der bewusst gemacht werden kann und den unbewussten Teil, der nicht so leicht zugänglich ist, weil er dem kollektiven Unbewussten entstammt. Die persönliche Mythologie wird von innen und von außen bestimmt: Es gibt biologische Ursprünge des Mythos, die der Struktur des Nervensystems entsprechen. Es gibt kulturelle Ursprünge, die den Mythen der Gesellschaft in Europa, dem christlichen oder griechischen Mythos geschuldet sind. Natürlich haben die modernen Medien einen großen Einfluss auf die verinnerlichten Mythen des Einzelnen. Dazu können in den Krisen des Lebenslaufs und der Gesellschaft spontane Rettungsmythen entwickelt werden. Außerdem gibt es transpersonale Einflüsse, die sich als universelle Symbole und Archetypen ausweisen. Das eigene Leben von der Mythologie her zu verstehen, führt dazu, eine transzendente Dimension der Welt zu erfahren, die sich dem abstrakten Denken der Technik und des Geldes entzieht.

Die persönlichen Mythen können Abwehr bedeuten, Regression, aber auch Inspiration, Fortschritt und Energie. Viele Menschen benutzen ganz spontan kreative Bildinhalte und lebendige Mythen, um mit ihren Lebenskrisen und den Krisen der Welt fertig zu werden.

Je aktiver und bewusster wir unseren persönlichen Mythos schaffen, desto mehr Herrschaft werden wir über unser Leben haben. Wer seine persönliche Mythologie kennt, versteht auch die eigene Kultur besser. Der vorherrschende Mythos unserer Geldkultur ist der Heldenmythos des Einzelgängers, der die

Normen der Gesellschaft durchbricht, große Taten vollbringt, die möglicherweise auch große Krisen hervorrufen, und in die Gesellschaft zurückkehrt (J. Campbell: Der Heros in 1000 Gestalten. Frankfurt 1987).

Große Bedeutung hat so der moderne amerikanische Mythos von Kreativität und Fortschritt gewonnen, der im Bild „vom Tellerwäscher zum Millionär“ als Mini-Mythos seinen Ausdruck gefunden hat. So gibt es heute den Mythos des freien Marktes, des Reichtums für jedermann, der völligen Gleichheit und des Endes der Armut. Da diese Mythen von vielen armen Menschen nicht erlebt werden können, fördern sie nur die Entfremdung und die Verwirrung der Menschen. Denn viele Menschen lassen sich heute eher vom „Mythos der Hilflosigkeit und Ohnmacht“ leiten.

Schon Thomas Mann hat 1936 vom persönlichen Mythos mit folgenden Worten gesprochen: „Er ist die Einsicht in die höhere Wahrheit, die im Alltäglichen liegt, ein lächelndes Wissen vom Ewigen … ein Wissen von dem Plan, in dem und nach dem der Einzelne lebt.“ Bestimmte Erfahrungen können zu persönlichen Mythen werden und dieselbe Aufgabe erfüllen wie die früheren Mythen, die für die ganze Gesellschaft verbindlich waren. Die Mythologie wird zu einer immer persönlicheren Aufgabe angesichts der Tatsache, dass jeder Mensch heute zu allen Mythen des Globus Zugang hat. Jeder persönliche Mythos kann also den Tatsachen des alltäglichen Lebens und seinen Krisen eine tiefgreifende Bedeutung geben. Ohne persönlichen Mythos bleiben alle Krisen und ihre Verarbeitung chaotisch und bruchstückhaft. Allerdings stehen heute Mythen auch in radikaler Konkurrenz zueinander und sind damit oft einem raschen Wandel unterworfen.

Die Entwicklung eines persönlichen Mythos basiert letzten Endes auf der Auseinandersetzung mit dem Trauma der Geburt und dem Ödipus-Komplex. In der Pubertät wird der alte, meist christliche Mythos durch neue Mythen in Frage gestellt. Es entstehen dann Versuche, einen neuen Mythos zu entwickeln, der oft auch aus asiatischen Religionen stammt.

Übung:
Beschreiben Sie Mythen asiatischer Religionen, die Sie in Krisen als Hilfe erlebt haben.

C. G. Jung erkannte, dass die Entwicklung des persönlichen Mythos als Heldenreise mit der Auseinandersetzung des Ichs mit seinem Schatten beginnt und dann die Auseinandersetzung mit der Anima beim Mann und dem Animus bei der Frau erfolgt. Am Ende besteht der persönliche Mythos in der Individuation, in der das Ich sich mit den Gestalten eines alten Weisen oder einer alten Zauberin auseinandersetzt.

Die Entwicklung des persönlichen Mythos wird natürlich durch die Auseinandersetzung mit den Mythologien der herrschenden und untergegangenen Hochreligionen gefördert.

Übung:
Betrachten Sie die folgenden Buchtitel und wählen Sie den Titel aus, der Ihnen bekannt ist:

Konfuzius: Gespräche
Laotse: TAO-TE-King
Bagavadgitha
Gilgamesch-Epos
Homer: Odyssee
Das Neue Testament: Die Apokalypse des Johannes
Mohammed: Koran
Edda: Der Gesang der Seherin
Tutanchamun: Der Sonnengesang

Beantworten Sie nach Ihrer Wahl folgende Fragen:

Weshalb berührt Sie der gewählte Text besonders?
Welcher Abschnitt des gewählten Textes ergreift Sie besonders?
Mit welcher Herausforderung oder mit welchem Charakter im gewählten Text identifizieren Sie sich am meisten?
Welchen Bezug hat der gewählte Text zu Ihrem eigenen Leben?
(L. Catford; M. Ray: The Path of the Every Day Hero. New York 1991, S. 33f.)

Die Auseinandersetzung mit den Propheten und Religionsgründern und ihrer Mythologie unterstützt besonders die Individuation des Ichs und der Zuordnung des Ichs zum Selbst. Im Verlauf des Lebens wird schließlich Ihre Mythologie des Todes das ganze eigene Leben erklären und bestimmen können.

Übung:
Beschreiben Sie Ihre Todesmythologie als Reise in die Anderswelt.

Wie auch immer Ihre Gipfelerfahrungen gewesen sein sollten, die in mythischer Sprache sich ausdrücken lassen, sie haben oft die Kraft, die Gewalt des Todes zu schwächen.

Die persönliche Mythologie hat folgende Stärken:

- Persönliche Mythen drücken die universellen Symbole und Erzählungen in einzigartiger persönlicher Weise aus.
- Die persönliche Mythologie umfasst auch persönliche Riten und Mysterien. Sie wird in einer Sprache vorgestellt, die andere verstehen können.
- Persönliche Mythen stellen die Verbreitung von Erlebnissen der Gegenwart des Einzelnen der zweiten Achsenzeit mithilfe der Mythen der ersten Achsenzeit dar.
- Die persönliche Mythologie bietet eine geeignete Sprache für die entscheidenden Krisen und ihre Bewältigung im eigenen Leben von der Geburt bis zum Tod an.

Übung:
Legen Sie eine Liste an, die wie die folgende, Ihre großen Krisen auflistet und die Lösungen, die Sie zur Beendigung der Krise gefunden haben.

Lebensphase	Krise	Lösung der Krise
Frühe Kindheit		
Schülerdasein		
Junges Erwachsenenalter		
Mittleres Erwachsenenalter		
Gegenwart		

Fassen Sie Ihre Lösungsmuster von Lebenskrisen in einem Text zusammen. Überlegen Sie, ob Ihr wichtigstes Krisenlösungsmuster der Lösungsmethode eines mythischen Helden entspricht. Denken Sie dabei etwa an Herakles, Prometheus, Odysseus, Buddha oder an die weiblichen Heldinnen, wie Kirke, Kassandra, Helena, Dido, Demeter oder Antigone. Als Hilfe können Sie das „Lexikon der antiken Mythen und Gestalten" von M. Grant und J. Hazel (München 2008) benutzen, das die Krisenlösungen aller großen Helden und Heldinnen enthält.

Die persönliche Mythologie kann in großem Umfang mit den Helden- und Göttermythen arbeiten, die in der 1. Achsenzeit entstanden sind. Nur wird im persönlichen Mythos der 2. Achsenzeit die Suche des modernen Helden anstelle der archaischen Heldin eine Rolle spielen. Die moderne Suche nach Krisenlösungen umfasst Abenteuer, wie Dämme bauen, Wolkenkratzer richten, Meere befahren, den Weltraum erobern. Die Suche kann sich auch der Rettung der Umwelt widmen oder die Bannung der atomaren Selbstzerstörung umfassen.

Die Rückkehr des modernen Helden muss der atomaren Bedrohung, der Überbevölkerung und der Umweltverschmutzung gerecht werden. Der moderne Mythenheld bewegt sich in einer verwissenschaftlichten Gesellschaft, die nur noch auf der Basis des interkulturellen Mythos der ersten Achsenzeit Sinn und Hoffnung stiftet. Es bleibt die Frage, wie schnell die Menschheit heute ihre neuen persönlichen Mythologien entwickeln kann, so dass die immer schneller werdende Heldenreise einen Beitrag zur Erhaltung der Erde leistet. Der moderne persönliche Mythos sollte das Charisma der Technik relativieren und zur betrachtenden Wissenschaft übergehen, von der Wachstumsökonomie zur Ökologie wechseln und vom Profitstreben zur solidarischen Ökonomie in Basisgemeinden.

1.4 Der persönliche Mythos im Lebenslauf und im Kosmos

1.4.1 Der persönliche Mythos im Lebenslauf

Nach dem Vorschlag des Psychoanalytikers Erik H. Erikson gliedert sich der Lebenslauf in acht Lebenskrisen.

Diesen Lebenskrisen entsprechen bestimmte mythische Weltinterpretationen:

- Dem Säuglingsalter entsprechen Mythen der kosmischen Ordnung.
- Dem Kleinkindalter entsprechen die Mythen des Gesetzes.
- Dem Spielalter begegnen die mythischen Helden.
- Im Schulalter faszinieren die technischen Mythen.
- In der Pubertät sind fundamentalistische Mythen, d. h. bestimmte Formen des Monomythos sehr einflussreich.
- Im jungen Erwachsenenalter erheben sich die Mythen der Kooperation und Rivalität.
- Das mittlere Erwachsenenalter steht dann ganz unter dem Einfluss der Mythen des Zeitgeistes.
- Im späten Alter imponieren die Mythen der Weisheit.

(Vgl. E. H. Erikson: Der vollständige Lebenszyklus. Frankfurt 1988, S. 36f.; E. H. Erikson: Identität im Lebenszyklus. Frankfurt 1982, S. 214)

Übung:
Welche Mythen haben in welchem Ihrer Lebensabschnitte großen Einfluss auf Sie gehabt? Legen Sie eine chronologische Liste nach den Abschnitten Ihres Lebenslaufes an.

Der große Mythenforscher Josef Campbell kann die Entwicklung des persönlichen Mythos im Lebenslauf genauer fassen. Er schreibt: Alle Mythen hatten und haben die Aufgabe, „den Einzelnen seelisch, emotional und praktisch über die kritischen lebensgeschichtlichen Schwellen zu bringen: von den zwei Jahrzehnten der Kindheit zum Erwachsensein und vom Alter zum Tod." (J. Campbell: Mythologie der Urvölker. Basel 1991, S. 79)

Mythen haben also vier Funktionen:
- Sie zeigen den Weg durch die Phasen des Lebens von der Geburt bis zum Tod.
- Sie benennen die gesellschaftlichen Verhältnisse, in denen wir leben.
- Sie geben das Gefühl, dass sie in ihrem Leben an den gewaltigen Wundern des Universums teilhaben.
- Sie erklären die Natur und die Stellung des Menschen in ihr.

Der persönliche Mythos, so lautet die Definition, erklärt dem Einzelnen die Welt, leitet seine Entwicklung, erhellt die Geheimnisse der menschlichen Existenz, die seinen persönlichen Erfahrungen und Krisenbewältigungsmustern entsprechen. Obwohl Mythen aus irrationalen Quellen des Unbewussten stammen, versorgen sie den Einzelnen doch mit nützlichen Erklärungen, jenseits der Grenzen seiner persönlichen Lebensphilosophie. Die Mythen ergänzen die Anleitungen der praktischen Philosophie und unterstützen die Erfahrungen der Verbindung zwischen Individuum, Gesellschaft und Kosmos, die in der philosophischen All-Einheitslehre der ewigen Philosophie nur in knappen Begriffen erscheint.

Campbell beginnt seine Sichtung des persönlichen Mythos im Lebenslauf mit der **frühen_Kindheit**. Das Leben beginnt mit der Geburt, und die Geburt ist eine Schwellenüberschreitung, die oft eng mit der Wiedergeburt verbunden wird. Deshalb bewegen sich die ersten mythischen Bilder, die das Neugeborene prägen, um das Thema „Wiedereintritt in den Mutterschoß", Leben im „Geburtswasser". Das Fruchtwasser des Uterus erscheint als Urstoff aller Dinge, wie es dann auch Thales von Milet (624–546 v. Chr.) formulierte. Die Erde wird als Gebärende und nährende Mutter erfahren. Der Tote wird zurückkehren in die Mutter Erde, um neu geboren zu werden.

Übung:
Welche mythologischen Vorstellungen verbinden Sie mit Ihrer Geburt?

Der transpersonale Tiefenpsychologe Stanislav Grof hat die Mythen der **Geburtserfahrung** den vier Phasen des Geburtsprozesses, vom freien Fötus über den Beginn der Wehen, das Pressen im Geburtskanal und die Befreiung beim Eintritt in die Welt zugeordnet. Deshalb spricht er von den mythischen Bildern der Urverbindung mit der Mutter, dem Mythos vom kosmischen Verschlungenwerden und der Hölle, dem Kampf um Tod und Wiedergeburt und den Bildern der Erfahrung von Tod und Wiedergeburt beim Abschluss der Geburt (S. Grof: Die Psychologie der Zukunft. Wettswil 2002, S. 44–71).

Übung:
Schreiben Sie mit Hilfe des Freewriting Ihre mythischen Bilder von den vier Phasen des Geburtsprozesses nieder. Ordnen Sie Ihren Text in vier Phasen:
1. ***Phase: Mein Leben als Fötus***
2. ***Phase: Meine Erlebnisse im Geburtskanal***
3. ***Phase: Das Überstehen des Todes während der Presswehen***
4. ***Phase: Mein Ankommen in der Welt***

Während der **Mutter-Kind-Symbiose** im ersten Lebensjahr erfährt das Kind schon das mythische Bild der guten wie bösen Urmutter. Der Mythos der Hexe wie der Heiligen prägt sich der kindlichen Seele ein (J. Campbell, a.a.O., S. 90).

Übung:
Schreiben Sie in zwei Spalten Ihre spontanen Einfälle zur guten wie zur bösen Mutter auf. Verfassen Sie dann ein Doppelportrait: Meine gute und meine böse Mutter.

Im Alter von 2 1/2 Jahren wird das Kind mit der **Beherrschung seiner Exkremente** konfrontiert. Das Spielen mit Kot wird stark sanktioniert und die Reinlichkeit hoch gewertet. Der Mythos der Hölle als stinkendes Loch und des Himmels als Ort vollkommener Reinheit wird dem Kind nun sehr anschaulich.

Übung:
Beschreiben Sie Ihre frühesten Vorstellungen von Himmel und Hölle.

Mit vier Jahren wird dem Kind der Geschlechtsunterschied greifbarer. Das Mädchen fühlt sich kastriert und der Junge glaubt, ihm drohe das gleiche Schicksal. Deshalb treten nun beim Mädchen mythische Bilder auf, die dem Schoß und den Brüsten kosmische Bedeutung zumessen. Bei den Jungen prägt sich der Mythos von der verschlingenden Riesin und der Menschen fressenden Hexe stärker aus.

Übung:
Welche mythischen Bilder kennen Sie von der Trennung der Geschlechter? Beschreiben Sie diese Bilder.

Mit 5–6 Jahren wird jeder Heranwachsende mit dem Eifersuchtsproblem konfrontiert. Das Mädchen fühlt sich zum Vater hingezogen, der Junge zur Mutter und jeweils Vater oder Mutter wollen diese Beziehung des Inzests verhindern. Der Vater erscheint dem Jungen als gefährlicher Riese und die Mutter dem Mädchen als Teufelin.

Übung:
Beschreiben Sie die mythischen Bilder Ihrer Eifersuchtskonflikte in Ihrer Kindheit.

Zwischen dem 6. und 12. Lebensjahr tritt das Kind in die schulische Gemeinschaft ein und tritt damit in Spannung zu seiner Familie. Die Eltern erscheinen dem Kind nun als Götter, die allwissend und allmächtig sind und alles gemacht haben. Das Weltall erscheint als Produkt „irgendeines Vater-Mutter- oder Mutter-Vater-Gottes" (J. Campbell, a.a.O., S. 105). Die Weltsicht des Kindes ist dabei nicht geozentrisch, sondern egozentrisch. Die vergöttlichten Eltern sind nur für das Kind da. Der Glaube an die Allmacht der Gedanken und die Wirkung sprachlicher Magie wird in diesem Lebensabschnitt tief einsozialisiert.

Übung:
Beschreiben Sie die göttlichen Züge Ihrer Eltern, während Sie Ihre Latenzphase durchlebten.

In der **Pubertät** wird der junge Mensch harten Initiationsritualen unterworfen, die noch in der heutigen dreigliedrigen Schule spürbar sind. Die Jungenhorde versucht die kindliche Bindung an die Mutter zu brechen. Der Mythos des Helden ergreift nun in aller Macht die Seelen der Jungen. Die Mädchen erleben die Faszinosität des Mythos der Heldin. Held und Heldin werden zum Zentrum der Phantasie Welt erobernder Abenteuer. Diese Helden sollen das individuelle Leben mit dem Ganzen in Einklang bringen oder die Empörung gegen die Götter ausdrücken.

Übung:
Beschreiben Sie Ihre Lieblingshelden und -heldinnen Ihrer Pubertät und ihre Taten.

Für Campbell sind die Mythen, die sich nach der Krise **in der Lebensmitte** bilden, wichtig für die Vervollkommnung des persönlichen Mythos. Es beginnt nach der Lebensmitte die Zeit des Einflusses der Jenseitsmythen. Das Jenseits erscheint sehr verschieden, je nach Geschlecht, Beruf und sozialer Stellung. Dabei treten die Mythen vom Paradies der Guten ebenso auf wie die Mythen von der Seelenwanderung. Der mythische Urgedanke eines möglichen Lebens jenseits des Todes wird aktiviert.

Übung:
Welche Jenseitsmythen oder Paradiesvorstellungen haben sich bei Ihnen in Gedanken und Träumen schon bemerkbar gemacht? Schreiben Sie diese Vorstellungen jetzt auf.

Für Stanislav Grof sind die mythischen Vorstellungen **nach der Mitte des Lebens** transpersonaler Art. Die auftauchenden Mythen überschreiten Raum und Zeit. Es geschehen Erfahrungen mit seligen und zornigen Gottheiten. Es gibt die Begegnung mit dem Weltschöpfer, und es gibt Einblicke in die Erschaffung des Kosmos. Aber gegen Ende des Lebens könnte auch die a-personale Erfahrung des „kosmischen Bewusstseins“ eintreten und Bilder von der supra- und meta-kosmischen Lehre des Universums zur Erfahrung werden (S. Grof, a.a.O., S. 71–85).

Übung:
Beschreiben Sie die transpersonalen Bilder, die Ihnen nach der Krise der Lebensmitte begegnet sind.

Die Entwicklung des persönlichen Mythos lässt sich also in folgender Grafik zusammenfassen:

Entwicklungsstufe	Mythen	Eigene Einfälle
Geburt	Mutterschoß, Geburtsprozess, Urwasser	
Mutter-Kind-Symbiose im 1. Jahr	gute und böse Mutter, Hexe und Heilige	
Anale Phase 1.–3. Jahr	Himmel- und Höllenmythen	
Ödipale Phase 5.–6. Jahr	Riesen- und Riesinnen-Mythen	
Latenzphase 6.–12. Jahr	Väterliche und mütterliche Götter und Göttinnen	
Pubertät 12.–25. Jahr	Helden- und Heldinnen-Mythen	
Krise der Lebensmitte und des Lebensendes	Jenseitsmythen, Mythen der Seelenwanderung, Konfrontation mit dem Weltschöpfer, den Mythen des kosmischen Bewusstseins und der kosmischen Leere	

Übung:
Tragen Sie in der dritten Spalte Ihre eigenen mythischen Einfälle ein. Schreiben Sie dann die erste Fassung Ihres persönlichen Mythos.

Der Kern des persönlichen Mythos ist der Mythos des Helden oder der Heldin. Diesem wenden wir uns nun zu.

1.4.2 Der persönliche Mythos im Kosmos

Der mythische Lebenslauf ist eingegliedert in den Kreislauf des Kosmos. „Meist wird der kosmogonische Zyklus als ein sich wiederholender Kreis, als Welt ohne Ende, dargestellt." (J. Campbell: Der Heros in 1000 Gestalten. Frankfurt 1987, S. 254) Der Kreislauf des Kosmos, in den sich der Mythos der Heldenreise eingliedert, beginnt mit der Weltschöpfung. Nach der Lehre der

Stoiker und Heraklits werden alle Einzelseelen aus dem Urfeuer geboren und schließlich in ihm wieder aufgelöst. Auch in Indien wird die Zeit als endloser Kreis dargestellt. Sie wird dargestellt als ein Rad mit den 12 Speichen der Weltalter oder als ein Rad mit vier Weltaltern. Durch das Vorwärtsrollen des kosmischen Kreises stürzt das Eine, aus dem Alles entspringt, in die Vielfalt. In der Vielfalt werden Himmel und Erde getrennt. Bei den Griechen trennt sich Uranus (Vater Himmel) von Gaia (Mutter Erde). In der nordischen Edda wird im Norden eine kalte Nebelwelt und im Süden eine Feuerregion hervorgebracht.

Nach der Schöpfung der Welt erscheint das All als Mutter. Sie ist die Personifikation des Ur-Elements: des Feuers oder der Kraft.

In matriarchalischen Mythen spielt das Ur-Weib die entscheidende Rolle auf der Weltbühne. „Abstrakter verstanden ist sie der weltumfangende Rahmen, Zeit, Raum und Kausalität." (J. Campbell, a.a.O., S. 285) Die Allgöttin erscheint den Menschen unter einer Vielzahl von Verkleidungen. Sie ist die Mutter des Lebens und des Todes. In dieser Welt, die bald patriarchalisch strukturiert wird, vollzieht sich das menschliche Leben, die Reise des Helden und die persönliche Mythologie. Aber das wahre Wesen des menschlichen Lebens entzieht sich der Erkenntnis und bleibt auf den Mythos angewiesen. Das menschliche Leben als Reise des Helden strukturiert sich nach den Ereignissen des Heldenlebens: „Jungfräuliche Geburt, Suche nach dem Vater, Prüfung, Versöhnung mit dem Vater, die Erhöhung der jungfräulichen Mutter und schließlich der Triumph des Sohnes." (J. Campbell, a.a.O., S. 297)

Ist also die Welt der Erde und der Götter geschaffen, muss der Zyklus des Kosmos von den Helden weitergetrieben werden. Die Helden „sind mehr oder weniger menschliche Wesen und sie verwirklichen das Weltgeschick" (J. Campbell, a.a.O., S. 300). Im Laufe der Geschichte „verlieren die Helden immer mehr von ihrem Fabelcharakter … bis die Legende ins Tageslicht der aufgezeichneten Geschichte einmündet" (J. Campbell, a.a.O., S. 300). Die Aufgabe des Helden bleibt es aber, die früheren Phasen der kosmischen Entwicklung bewusst zu erfahren und aus diesem Abgrund auf die Ebene des Alltags zurückzukehren, um im Alltag als Mensch zu wirken. Sein Wirken gestaltet er in verschiedenen Gestalten, als Krieger, als Liebender, als Herrscher, als Welterlöser, als Heiliger. Sein Leben endet mit seinem mysteriösen Tod. Der Held wäre keiner, wenn er den Tod fürchtete. Die erste Bedingung des Helden „ist die Versöhnung mit dem Grab" (J. Campbell, a.a.O., S. 342). Der Zyklus des Kosmos ist nicht nur vom Ende der Reise des Helden gekennzeichnet, sondern auch von der schließlichen Auflösung des Kosmos. Deshalb ist die Reise des Helden von der Weltschöpfung und dem

Weltuntergang geprägt. Seine Heldenreise beginnt mit dem Eintauchen in die Ursprünge der Weltschöpfung. Seine Heldenreise endet mit seinem Tod, der nur die Antizipation des kollektiven Weltunterganges ist. Allerdings enthält dieser Zyklus die Kraft der ewigen Wiederholung.

So endet auch die nordische Edda mit der Neuschaffung der Welt nach ihrem Untergang in der Götterdämmerung. Ein endgültiges System der Mytheninterpretation gibt es nicht und wird es nicht geben. Aber sicher ist, dass die moderne kapitalistische Welt die mythische Weltsicht entwertet hat. Den Göttern wurde kein Schlupfwinkel gelassen. Aber die von den Menschen geschaffene Welt hat keinen Sinn, der den Geist der Menschen befriedigt. Im Zerfall des Mythos muss der Mensch sich neu orientieren. Soweit er es nicht mit Philosophie und überlieferter Religion tun kann, ist er darauf angewiesen, sich einen persönlichen Mythos zu schaffen. Nicht die Gesellschaft kann den modernen Menschen lenken, sondern er muss sich selbst in der Ahnung der kosmischen Zyklen und der Zyklen seines Lebens seinen Weg suchen. Er tut es mit der Arbeit an seiner persönlichen Mythologie, im Schweigen seiner einsamen Verzweiflung oder im Schreiben auf den Spuren der Götter und Helden im Alltag der Moderne. Dabei wird der moderne Mensch von moderner Literatur und den Massenmedien unterstützt, die die säkularisierten Archetypen in Filmen und Romanen anbieten.

Die männlichen Helden sind dabei nicht mehr Zeus, sondern „der Chef", nicht mehr Dionysos, sondern „der böse Junge", nicht mehr Hermes, sondern „der lustvolle Verführer", nicht mehr Tantalus, Sisyphos, Orpheus, Ixion, Ikarus, sondern „die verlorene Seele", nicht mehr Apollon, sondern „der große Wissenschaftler", nicht mehr Prometheus, sondern „der Action-Held, der James Bond", nicht mehr Ares, sondern „der Krieger".

Die weiblichen Heldinnen sind nicht mehr Hera, sondern „die Chefin", nicht mehr Aphrodite, sondern „das schlimme Mädchen", nicht mehr Artemis, sondern „die Superfrau", nicht mehr Persephone, sondern „die Freidenkerin" (T. D. Cowden, C. laFever, S. Viders: The Complete Writer's Guide to Heroes and Heroines. Hollywood 2000).

So erlebt der moderne Medienbenutzer Zeus nicht als Gott, sondern als „den Chef", nämlich Captain James T. Kirk in „Star Trek", oder Don Vito Corleone in „Godfather II". Die verlorene Seele ist nicht mehr Sisyphos, sondern Humphrey Bogart in „The African Queen". Allerdings gewinnen diese Figuren nur ihre Kraft aus den Archetypen des Gattungsbewusstseins. Sie sind also nur der moderne Vorhang, hinter dem sich unser persönlicher archaischer Mythos verbirgt.

1.5 Der Mythos vom Helden und von der Heldin

Eine Zusammenschau aller Mythen lässt als Kern aller Mythen das Modell des Heldenlebens entstehen. J. Campbell schreibt: „Ohne Zweifel gibt es Unterschiede zwischen den zahlreichen Mythologien und Religionen … Aber die Unterschiede sind nicht so groß, wie es allgemein, nicht zuletzt mit politischen Hintergedanken, angenommen wird.“ (J. Campbell: Der Heros in 1000 Gestalten, a.a.O., S. 10) Eine gemeinschaftliche Mythologie fehlt heute, aber jeder hat „sein privates, unerkanntes, verkümmertes und doch insgeheim machtvolles Traumpantheon“ (J. Campbell, a.a.O., S. 14).

Der Weg, der die Abenteuerfahrt des Helden normalerweise in der Lebenskrise beschreibt, folgt den Abschnitten: Aufbruch, Abenteuer und Rückkehr, die „der einheitliche Kern des Monomythos genannt werden kann“ (J. Campbell, a.a.O., S. 36).

Für Campbell gliedern sich die drei Phasen der Heldenreise in folgende Unterabschnitte:

1. Aufbruch:	Berufung, Weigerung, übernatürliche Hilfen, das Überschreiten der 1. Schwelle
2. Abenteuer:	die Begegnung mit der Göttin, die Versöhnung mit dem Vater, die Erlösung
3. Rückkehr:	die magische Flucht, die Rettung von außen, Rückkehr über die Schwelle, Freiheit zum Leben

Übung:
Benutzen Sie die Stichworte von Campbell, um Ihre Heldenreise zu schreiben. Überlegen Sie aber auch, wie sich eine Heldinnen-Reise nach dem Schema von Campbell formulieren ließe.

Der Helden-Mythos

Dieser Mono-Mythos des **männlichen Helden** ergibt folgendes, in der Literaturwissenschaft erarbeitetes Modell. Dieses Modell umfasst zehn Lebensstationen. Gehen wir diese Stationen jetzt im einzelnen durch:

1. Die Zeugung des Helden:

Die Mutter ist eine Jungfrau, die von einem Gott geschwängert wird. Die griechischen Beispiele heißen: Alkmene wird von Zeus geschwängert und gebiert Herakles. Zeus schwängert aber auch Danae. Bei den Indern schläft der Sonnengott mit Knuti. Der göttliche Vater erscheint oft als Tier, doch im Tier verbirgt sich der Gott. Zeus erzeugt als Stier mit Dio den Dionysos. Oftmals ist das Kind auch die Frucht einer Blutschande.

Übung:
Wie stellen Sie sich Ihre Zeugung vor? Schreiben Sie einen Satz.

2. Die Geburt des Helden

Die Geburt findet auf übernatürliche Weise statt. Zeus gebiert Dionysos aus seinem Schenkel, Athene aber aus seinem Haupt. Der russische Held wird aus seiner Mutter herausgeschnitten.

Übung:
Was träumen Sie von Ihrer Geburt?

3. Die Jugend des Helden

Der Held wird in der Natur ausgesetzt. Das Kind wird in einem Korb auf einem Fluss gesetzt oder ins Meer geworfen. Das ausgesetzte Kind wird von Tieren großgezogen, von Hunden, Bären, einer Stute, einer Kuh oder einer Ziege usw.

Übung:
Von welchem Tier wären Sie am liebsten großgezogen worden?

Später wird das Kind von Hirten übernommen oder ein mythischer Lehrer kümmert sich, wie z. B. um Achilles oder Perseus.

Übung:
Was war Ihr liebster Lehrer?

4. Das Aufwachsen des Helden

Der Held zeigt schon früh seine Kraft und seine Intelligenz. Herkules erwürgt als achtmonatiges Baby schon Schlangen. Andererseits kann das Kind auch für dumm oder wahnsinnig gehalten werden.

Übung:
Hat man Sie in der Jugend ausgegrenzt?

5. Der Held erwirbt Unverwundbarkeit

Der griechische König Minos galt als unverwundbar, ebenso wie Siegfried, der sich im Drachenblut badete.

Übung:
Möchten Sie unverwundbar sein?

6. Der Drachenkampf

Der Drachenkampf des Helden liegt in der Siegfried-Sage vor. Auch Tristan kämpft den Drachenkampf. Herkules besiegt mehrere Drachen in unterschiedlicher Gestalt.

Übung:
Kennen Sie seelische Drachenkämpfe in Ihrem Leben?

7. Der Held erobert eine Jungfrau

Ödipus erwirbt seine Mutter. Perseus befreit Andromache.

Übung:
Haben Sie schon Mal eine Jungfrau gewonnen?

8. Die Unterweltfahrt

Gilgamesch fährt in die Unterwelt, Herakles, Odysseus und Orpheus ebenso.

Übung:
Kennen Sie aus Ihrem Leben seelische Unterweltfahrten? Was waren dafür die Gründe?

9. Der Held kehrt von seinem Abenteuer zurück und rächt sich an seinen Feinden

Romulus und Remus rächen sich an Amulius. Odysseus ermordet die Freier seiner Frau.

Übung:
An wem würden Sie sich noch rächen wollen?

10. Der Tod des Helden

Die Helden sterben oft jung. Ihr Tod ist oft wunderbar. Romulus reist in den Himmel. König Artus fährt zur Insel Avalon. Herakles kommt auf den Olymp.

Übung:
Beschreiben Sie nach diesem literarischen Modell in zehn Sätzen Ihr Heldenleben.

Dieses Modell des Heldenlebens ist besonders bei Herakles, Ödipus, Theseus und Kyros sowie bei den Germanen beim Helden Siegfried voll ausgebaut. Die Lebensgeschichten von Religionsgründern werden aber oft auch ganz schnell „nach dem Heldenschema umgedichtet“ (vgl. J. de Vries: Heldenlied und Heldensage. Bern 1961, S. 291).

Außerdem werden auch Götterleben in das Heldenschema gefügt, wenn man die Göttergeschichten erzählt, so über Krishna in Indien, über Zeus, Apollon und Dionysos in Griechenland.

Auch die Götter führen Drachenkämpfe: „Die Ungeheuer, die die Götter überwinden, sind die Mächte des Chaos, die vernichtet werden müssen, damit der Kosmos erschaffen werden kann.“ (J. de Vries, a.a.O., S. 2969

Übung:
Erzählen Sie, wie Sie sich die Ordnung des Ur-Chaos vorstellen, und warum die Ordnung im Ur-Chaos wieder verschwindet?

Der Heldinnen-Mythos

Der Heldinnen-Mythos zeigt andere geschlechtsspezifische Momente, die ihn vom Helden-Mythos unterscheiden.

Der Heldinnen-Mythos ergibt als Lebensreise folgende acht Stationen:

1. Geburt der Heldin:

Trennung von der Mutter und Zurückweisung durch die Mutter

Übung:
Was erlebten Sie mit Ihrer Mutter?

2. Die Kindheit der Heldin:

Identifikation mit dem Vater und Kennenlernen des Patriarchats.

Übung:
Wie stehen Sie zu Ihrem Vater?

3. Die Jugend der Heldin

Die Begegnung mit Drachen und Teufeln findet statt. Die Heldin fühlt sich von den Vätern und Göttern verlassen.

Übung:
Haben Sie schon mit den Symbolen des Männlichen, mit Drachen und Göttern gekämpft?

4. Der Abstieg zur Göttin:

Die Erfahrung der dunklen Mutter wird nun zum Erlebnis.

Übung:
Haben Sie schon eine Nachtmeerfahrt durchgestanden?

5. Die Erwerbung eines liebevollen Körpers:

Eine Schwängerung und das geborene Kind sind eine Heilung für den Körper.

Übung:
Wurden Sie als Mutter schon Teil der Natur?

6. Die Heilung des Mutter-Tochter-Konflikts:

Die dunkle Mutter wird, nachdem man selbst zur Mutter wird, überwunden.

Übung:
Hat sich Ihr Mutter-Tochter-Konflikt schon gelöst?

7. Die Entdeckung des inneren liebevollen Mannes:

Diese Entdeckung geht mit dem Vollzug der heiligen Hochzeit einher.

Übung:
Haben Sie die heilige Hochzeit schon vollzogen?

8. Jenseits der Geschlechterspaltung:

Die Heilung des Gegensatzes von männlich und weiblich ist das Ende der weiblichen Heldenreise.

Übung:
Liegt der Geschlechterkampf schon hinter Ihnen?

Übung:
Schreiben Sie aus Ihren Einfällen zu den acht Stationen Ihre Heldinnen-Reise. (Vgl. M. Murdock: The Heroine's Journey. Boston 1990)

Im Zentrum des Lebens der Heldin steht auch der Drachenkampf, aber das ist der Kampf gegen die Mutter und der Kampf gegen die patriarchalischen Götter und Männer. Die Waffen der Heldin sind nicht die Keule oder das Schwert, sondern ihre schöne Körpergestalt und ihre Zauberkräuter.

So besitzt **Kirke** die Fähigkeit magischer Worte und kräftiger Kräuter. Sie kämpft gegen die Männer mit Zauberei. Sie verwandelt die Mitkämpfer von Odysseus in Schweine. Sie motiviert Odysseus zur Ehe. Ihr Ende besteht darin, dass sie auf Geheiß der Götter mit ihrer Insel im Meer versinkt.

Medusa besitzt wundervolle Haare und eine große Schönheit. Sogar der Gott Poseidon wird ihr Liebhaber. Sie lieben sich im Tempel der Göttin Athene. Medusa muss mit der Göttin Athene kämpfen. Sie verliert. Athene verwandelt Medusa in ein Albtraummonster. Aus ihren Haaren werden Schlangen. Ihr Blick versteinert den Betrachter. Sie wird auf eine Insel am Rande der Welt verbannt. Aber Medusa hat noch goldene Flügel und fliegt oft durch die Welt. Der Held Perseus tötet Medusa schließlich im Auftrag von Pallas Athene. Ihr Blut hatte aber eine heilende und eine tödliche Wirkung. Das Blut aus der linken Herzkammer der Medusa holte die Menschen ins Leben zurück. Das Blut aus der rechten Herzkammer der Medusa war ein tödliches Gift. (Vgl. R. Bog: Die Hexe. Schön wie der Mond. Hässlich wie die Nacht. Zürich 1989)

Übung:
Schreiben Sie die Geschichte einer modernen Kirke oder Medusa in unserer Zeit.

Die vielen Gestalten von Held und Heldin

Der Held wird ausdifferenziert. Er erscheint als Krieger, als Liebender, als Herrscher, als Welterlöser oder als Heiliger in männlicher und weiblicher Gestalt (J. Campbell: Der Heros in 1000 Gestalten, a.a.O., S. 319–341).

Übung:
Überlegen Sie, welchem Typ von Held oder Heldin Sie entsprechen. Beschreiben Sie dann den gewählten Typ.

Weitere Ausdifferenzierungen des Helden und der Heldin sprechen von **12 archetypischen Heldenbildern.** Diese werden in den **drei Grundphasen der Heldenreise** ausgestaltet.

In der Vorbereitungsphase der Heldenreise können folgende archetypische Heldenbilder auftreten:

- Der Unschuldige / die Unschuldige
- Der Verwaiste / die Verwaiste
- Der Krieger / die Kriegerin
- Der Geber / die Geberin

Übung:
Welche Rolle passt zum Beginn Ihrer Lebenskrise?

Auf der Heldenreise treten folgende Heldenbilder auf:

- Der Suchende / die Suchende
- Der Zerstörer / die Zerstörerin
- Der Liebende / die Liebende
- Der Schöpfer / die Schöpferin

Übung:
Welche Rollen spielen Sie auf dem Höhepunkt Ihrer Lebenskrise?

Bei der Krisenlösung können folgende Archetypen aktiviert werden:

- Der Herrscher / die Herrscherin
- Der Magier / die Magierin
- Der Weise / die Weise
- Der Narr / die Närrin

(Vgl. C. S. Pearsson: Die Geburt des Helden in uns. München 1993, S. 127–394)

Übung:
Welche Rolle spielen Sie nach der Lösung der Krise?

Übung:
Wenn Sie drei Helden- bzw. Heldinnentypen für die drei Phasen Ihrer Krisenbewältigung gefunden haben, schreiben Sie einen Text, der die Entwicklung der drei Heldentypen erklärt, z. B.: Wie wurden Sie vom Unschuldigen des Krisenbeginns zum Zerstörer auf dem Höhepunkt der Krise, um am Ende als Narr dazustehen?

1.6 Die Auseinandersetzung mit dem Heldenmythos

Der Held* ist für den Einzelnen* sehr eindrucksvoll, weil er seine Wunsch- und Idealgestalt verkörpert. Der Held tritt für die eigene Sache ein, und deshalb identifiziert sich der Einzelne mit ihm. In seinen Ängsten, Siegen und Niederlagen erkennt sich der Einzelne wieder. In schweren Zeiten ist er der Trost des Einzelnen. Er macht Hoffnung, dass der Einzelne seine Lebenskrisen wie der Held überwinden wird. Der Held ist das Vorbild. Der Held richtet den Einzelnen wieder auf, wenn er resigniert. Da es im 20. Jahrhundert viele Anti-Helden gegeben hat – wie Stalin, Hitler, Franco, Mussolini, Osama bin Laden –, reagieren viele auf Helden allergisch. Aber ohne den Helden im Inneren verfällt der Einzelne leicht in Resignation und Verzweiflung, denn der innere Held verbindet den Einzelnen mit seinen schöpferischen Energien. In Träumen und Tagträumen begegnet, trotz der Abdankung vieler falscher Helden, jeder seinem Helden und seiner Heldin. Besonders in den Tagträumen zeigt sich nach Ernst Bloch die Gestalt des gelungenen Helden-Ichs.

Übung:
Was zeigt Ihr Tagtraum von Ihrem Ich-Ideal?

Der Held ist ein Meister des „Stirb und Werde". Er ist ein später Verwandter der Schamanen, die zur Heilung von Kranken bei der Reise in die Unterwelt, um die verlorenen Seelen zu retten, starben und bei der gelungenen Rettung

*Selbstverständlich ist auch immer „die Heldin" und „die Einzelne" gemeint, lediglich wegen der besseren Lesbarkeit wurde die männliche Form gewählt.

der Seele wieder auferstanden (M. Eliade: Schamanismus und archaische Ekstasetechniken. Frankfurt 1998).

Der Heldenweg durch das Chaos des Lebens ist nicht für wenige da, sondern für alle. Der Held ist nur das Symbol für das Selbst, das nach C. G. Jung den Prozess der Selbstverwirklichung im kollektiven Unbewussten steuert. Nach Jungs Auffassung kämpft das Helden-Ich um seine Befreiung von der Mutter. Es geht um die Erringung seiner Unabhängigkeit. Das führt zu Einseitigkeiten, die die Psyche wieder kompensieren will. In der Lebensmitte wird der Mensch sich erneut mit seinem Leben auseinandersetzen. „Die Aufgabe in der zweiten Lebenshälfte besteht darin, über die Ich-Differenzierung und die persönliche Identität hinaus zu gelangen und alle Aufmerksamkeit auf die Frage nach dem Sinn und den überpersönlichen Werten zu richten.“ (A. Samuels: Jung und seine Nachfolger. Stuttgart 1989, S. 188)

Der Jung-Schüler Erich Neumann hat den Individuationsprozess als Grundlage des Heldenweges des Ichs weiter konkretisiert. Nach der Lösung des Ichs von der Mutter tritt mit 18 Jahren für Neumann die Phase des **Drachenkampfes** ein. Zu dieser Phase gehören:

- „Selbstverwandlung
- Wiedergeburt
- Drachentötung
- Eroberung eines Schatzes
- Gründung eines Reiches“

(E. Neumann: Kulturentwicklung und Religion. Frankfurt 1978, S. 121)

Nach der Lebensmitte, ab dem 54. Lebensjahr, beginnt die Integration. Von der Herrschaft des Ichs geht es weiter zur Herrschaft des Selbst als dem Zentrum der Persönlichkeit.

Der Heldenweg hat also typische Krisenphasen. Das frühe Ohnmachtserlebnis legt beim Helden die Grundlage für das Streben nach Größe und Stärke. „Sich minderwertig fühlen, heißt Mensch sein“, sagt Alfred Adler und macht damit deutlich: Alle Menschen erleben die Ohnmacht vor dem Tode und die Sehnsucht nach Befreiung, alle wollen Helden werden.

Jean-Paul Sartre sagte entsprechend: „Jedes Individuum ist das Produkt seiner Selbstwahl und jeder wählt einen Weg, der ihn aus der Verlassenheit in die Beziehung führt.“

Übung:
Welche vernichtenden Kindheitserfahrungen haben Sie stärker werden lassen?

Jeder, der seine Heldenreise beginnt, wird mit seiner Ohnmacht, aber auch mit dem Willen zum Sieg über die Lebensgefahren konfrontiert. Der Held hat Waffen. Herkules hatte seine Keule aus dem Holz des Olivenbaumes. Diese Keule war das Symbol, dass er sich wehren konnte.

Übung:
Wie können Sie sich wehren? Was sind Ihre Heldenwaffen?

Viele Helden haben ein Schwert. Viele Heldinnen können zaubern. Alexander zerschlug mit seinem Schwert den gordischen Knoten. Der Schild des Helden kann als Symbol des kritischen Realitätsbewusstseins gelten. Jeder Held hat Kontakt mit einem Krafttier. Diese Tiere, wie die Schlange des Herkules oder der Stier des Gilgamesch, symbolisieren unsere Ängste. Aber die Zähmung der Krafttiere zeigt, dass die Außenwelt bewältigt wird und Kraft und Weisheit erworben werden können.

Übung:
Beschreiben Sie Ihr liebstes Krafttier.

Der Held ist durchaus doppeldeutig. Er ist menschenfreundlich und gewalttätig. Der Helden- und Messias-Archetypus kann ganze Völker in einen Heldenmassenwahn stürzen, wie es im Dritten Reich mit Adolf Hitler als Archetyp des Gottes Wotan geschehen ist. Jeder Held hat seinen Schatten. Er hat eine glänzende Fassade, aber er kann auch der Größenphantasie eines Wunderheilers, Retters und Erlösers verfallen. Aber die Erkenntnis unseres unausweichlichen Todes macht uns deutlich, dass wir keinen Grund für Größenwahn und Allmacht haben. Darin ist aber der Held Held, dass er eben keinen Größenwahn zulässt.

Übung:
Beschreiben Sie Ihren Schatten, Ihren Anti-Helden.

Den Kampf mit dem Drachen mussten nicht nur die antiken Helden führen, sondern auch moderne Menschen. Die Psyche des Helden bringt drachenartige Konflikte hervor, die in Krisen besonders in archetypischer Gestalt erscheinen. Die Drachenkämpfe begleiten auch den modernen Menschen im Katastrophen-Kapitalismus von der Geburt bis zum Tod.

Übung:
Beschreiben Sie Ihre schlimmsten Drachen und einen Kampf zwischen Held/in und Drachen.

Drachenkampf heißt Überwindung der Todesangst. Das größte Drachenproblem ist aber die Auseinandersetzung mit der Unterwelt des Todes. Der Held muss in die Unterwelt, die im Mythos Hades, Hölle, Jenseits oder Geisterreich genannt wird. Heute nennt man diesen Bereich auch Unbewusstes.

Der Abstieg in die Unterwelt, in das Unbewusste, ist eine Höllenfahrt. Dort begegnet man dem Schatten, der großen Mutter als liebe und als böse Mutter, dem Infantilen und dem Tod. Der Abstieg produziert Bilder der Nacht, des Winters, der Einsamkeit, der Gefahr, der Zerstörung und der Auflösung. Wenn der Umschlag zum Aufstieg aus der Hölle sich ereignet, kommen Bilder des Frühlings, des neugeborenen Kindes, der Sonne, des Lichts, des Mandalas, der Feier, des Tanzes und die gelungene sexuelle Vereinigung zum Vorschein.

Übung:
Schreiben Sie eine Hades-Fahrt und einen Aufstieg ins Licht, der Ihre Auseinandersetzung mit Ihrem Unbewussten in mythischer Form darstellt.

Erst wenn der Held sich mit seiner Weiblichkeit und die Heldin sich mit ihrer Männlichkeit auseinandergesetzt hat und sich mit dem Gegensatz versöhnt hat, entsteht eine Lösung der menschlichen Grundkrise.

Übung:
Wie gehen Sie mit der gegengeschlechtlichen Macht in Ihnen selbst um? Führen Sie als Mann ein Gespräch mit Ihrer Anima, Ihrem weiblichen Unbewussten, und als Frau mit dem Animus als dem männlichen Unbewussten in der Frau?

Die Versöhnung mit dem Gegengeschlechtlichen stellt der Mythos der Heldenreise als Erlösung der Jungfrau dar. Erst wenn die Jungfrau befreit ist, im Mann und in der Frau, bietet der Heldenmythos Bilder der Identität und der Herrschaft des Selbst anstelle des Ichs, die die Krise beenden.

Gerade der heutige Katastrophen-Kapitalismus in der 2. Achsenzeit macht die Entwicklung heldenhafter Kräfte in jedem Einzelnen nötig. Diese Kräfte können durch das Schreiben der persönlichen Mythologie erkannt, gestaltet und schließlich in das eigene Leben und Handeln integriert werden.

1.7 Das Schreiben der persönlichen Mythologie

Der Schreiber bzw. die Schreiberin (im Folgenden wird aus Gründen der Lesbarkeit die männliche Form gewählt) von persönlichen Mythen erzählt eine außergewöhnliche Geschichte. Diese Geschichte soll vieles erklären: den Ursprung und das Ende der Welt, das Entstehen und Vergehen der Götter, der Aufstieg und Fall eines Helden, der meistens gegen die Götter gekämpft hat. Beim Schreiben von persönlichen Mythen sind die griechischen Mythen der olympischen Religion und die nordischen Mythen der „Edda“ der 1. Achsenzeit besonders anregend. Ihre Heldengestalten sind Ausdruck der Bewältigung des Lebens unter grausamen Verhältnissen mehr als alle anderen Mythen.

Sie kennen alle Motive der Helden- und Heldinnenreise in mythische Höhen und Tiefen, auch im Streit mit den Göttern, die auch der moderne Mensch in säkularisierter Form durchleben muss.

Der Schreiber von persönlichen Mythen will weder die Wissenschaften überbieten, noch bleibt er hinter den Wissenschaften als scheinbar primitiver Denker zurück.

Durch das Schreiben von persönlichen Mythen schafft sich der Schreiber Vorbilder für sein Leben. Das mythische Schreiben kann die persönliche Philosophie dort erweitern, wo der Begriff an seine Grenzen stößt.

Das Schreiben von persönlichen Mythen kann das Böse erklären, das sich der Wissenschaft und dem Verständnis des Einzelnen entzieht, also die Entstehung des Todes, der Aggression, des Verfalls, des Leidens, des Untergangs einer Gesellschaft oder des Endes der Welt.

Das Schreiben von persönlichen Mythen versöhnt mit dem Unabänderlichen. Es gestaltet im Handeln von Personen Probleme, die als bloßer Begriff den Menschen in Krisen nicht wirklich ergreifen und berühren.

In jeder Lebenskrise wird dem Schreiber von persönlichen Mythen ein Mittel in die Hand gegeben, um am Leitbild eines Helden Ordnung im Chaos seines Lebens zu schaffen. Dabei gewinnt der persönliche Mythos eine eigene Überzeugungskraft, die durch Kritik wenig in Frage gestellt werden kann.

Das Schreiben des persönlichen Mythos ist eine Möglichkeit, die eigene Lebensphilosophie in Geschichten zu erzählen. Der eigene Mythos schildert immer das Allgemein-Menschliche und gibt Antworten auf allgemeine Probleme, aber so, wie sie das Individuum ergreifen und beruhigen.

Persönliche Mythen schildern durchaus metaphysische Aspekte des Lebens in physischer Gestalt. Persönliche Mythen zu schreiben, hilft dem Schreiber in der entgötterten modernen Welt des Geldes zu existieren, weil die letzten Spuren der Götter und Helden im persönlichen Mythos zur Sprache gebracht werden können, nachdem sie geflohen sind.

Das persönliche Mythenschreiben verwandelt den Schreiber für ganz kurze Zeit in ein übermenschliches Wesen. Der Schreiber erlebt beim Schreiben die Begegnung mit dem Heiligen der 1. Achsenzeit, das kaum noch Spuren im modernen Alltag der 2. Achsenzeit zeigt. Selbst Atheisten haben heute noch ihre Mythen, an denen sie ihr Leben orientieren. Mythen sind deshalb auch in einer säkularisierten Welt für atheistische Menschen ein unvermeidlicher

Bestandteil ihrer Lebensphilosophie. Denn von ihrer Revolte gegen die Götter können sie nun erzählen.

Wenn der antike Mythos oft vom Tod und der Wiederauferstehung der Pflanzenwelt im Jahreszyklus im Rahmen einer Heldengeschichte handelte, so arbeitet auch der persönliche Mythos des modernen Menschen am Tod des Alten und an der Wiederauferstehung des Neuen.

Das Schreiben persönlicher Mythen bringt den Menschen im Schreibprozess in die Urzeit zurück und den verschwundenen Göttern und Helden näher. Der Schreiber löst den Mythos aber von jedem Ritual ab und gestaltet ihn als Text.

Die moderne Literatur ist ohne die Benutzung von antiken Mythen nicht denkbar. Deshalb hat auch jeder persönliche Mythenschreiber das Recht, wie die Literatur, aus der Quelle des Mythos zu schöpfen. Aus dem antiken Heldenmythos entspringen fast alle Gattungen der Literatur. Das Schreiben des persönlichen Mythos nach dem Modell des Heldenmythos sollte die üblichen Stationen der Helden- oder Heldinnen-Reise berücksichtigen.

Nach Lord Raglan gibt es 19 Stationen der Helden- bzw. Heldinnen-Reise, die der persönliche Mythos natürlich säkularisiert berücksichtigen kann:

1. Die Mutter des Helden ist eine Jungfrau von hohem Rang.
2. Sein Vater ist machtvoll und
3. häufig ein naher Verwandter der Mutter, doch
4. die Umstände der Zeugung sind stets ungewöhnlich, so dass
5. er zugleich als Sohn eines Halbgottes gelten kann.
6. Bei der Geburt des Helden wird der Versuch unternommen, ihn zu töten, in der Regel von seinem Vater, doch
7. er wird heimlich gerettet und
8. von Pflegeeltern in einem fernen Land großgezogen.
9. Wir erfahren wenig von seiner Kindheit, doch
10. sobald er herangewachsen ist, bricht er in die Anderswelt auf.
11. Nach seinem Sieg über den König oder einen Drachen
12. heiratet er eine Prinzessin und
13. wird machtvoller Herrscher.
14. Für eine Zeit regiert er ohne Probleme, doch
15. dann fällt er bei den Göttern in Ungnade
16. und wird als König gestürzt, worauf er
17. eines rätselhaften Todes stirbt,
18. häufig auf dem Gipfel eines Berges.
19. Sein Grab bleibt unbekannt.

(Lord Raglan: The Hero. London 1936)

Das Schreiben von persönlichen Mythen kann Verdrängtes und Tabuisiertes gestalten. Persönliches Mythenschreiben ist immer autobiographisch. In seinem Kern ist der persönliche Mythos nicht Biographie, sondern Autobiographie von Krisen und ihrer Bewältigung. Wie im Traum befriedigt der persönliche Mythenschreiber infantile und asoziale Wünsche, die ihn ohne die mythische Gestaltung neurotisch machen würden.

Der persönliche Mythenschreiber transformiert private Wunschträume in öffentlich erzählbare Geschichten. Der persönliche Mythenschreiber baut z. B. ödipale Wünsche, einen Gott zu töten, ab, indem er eine Geschichte schreibt, in der dieses Begehren symbolisch ausagiert wird.

Der Schreiber persönlicher Mythen lässt den Helden Taten begehen, die er im wahren Leben sich niemals gestatten würde.

Der persönliche Mythenschreiber stärkt die Abwehr von Angst und Schuldgefühlen und stabilisiert Identität und Ich-Ideal.

Im persönlichen Mythos können anale, ödipale, narzisstische Wünsche ebenso Ausdruck und Bewältigung finden, wie homo-, hetero- und asexuelle Bedürfnisse.

Das Schreiben persönlicher Mythen durchläuft die Schreibphasen: Trennung vom Alltag, Aufbruch in die Anderswelt und Rückkehr in den Alltag mit dem entstandenen Text.

Der persönliche Mythenschreiber wird als einsames Schreiber-Ich mit den Archetypen in seinem kollektiven Unbewussten zu kämpfen haben, wie die antiken Helden der Griechen und der nordischen Völker es in der geglaubten Realität taten.

Mit dem Schreiben persönlicher Mythen können die Widersprüche zwischen Natur und Kultur, die jeden Menschen quälen, aufgelöst werden.

Der persönliche Mythos wird von den tiefsten Ängsten im Menschenleben handeln und auf der Spur antiker Helden und Heldinnen diese Weltangst bewältigen helfen.

Der persönliche Mythos kann den Schreiber ebenso in die bestehende Gesellschaft integrieren und den Schreiber an die bestehende Macht anpassen, wie zur Revolte aufrufen und den Schreiber ermutigen, die bestehende Gesellschaft zu überwinden.

Das Mythenschreiben ist auch im wissenschaftlichen Zeitalter sinnvoll, weil es Probleme behandelt, die die moderne Wissenschaft und die Philosophie nicht ernst nehmen.

Mythenschreiben vom eigenen Tod und vom Weltuntergang und vom Wunsch, die Götter zu töten, hilft, die Todesangst, die Götterangst und die Weltangst zu bewältigen. Diese Ängste werden besonders im Katastrophen-Kapitalismus der 2. Achsenzeit wieder maßlos aktiviert.

Das Schreiben persönlicher Mythen ist wie die Inszenierung eines eigenen Kopf-Kinos, in dem, wie in einem Hollywood-Film, der Filmheld das Leben bewältigt, nach dem sich auch der einsame Mythen-Schreiber so sehr sehnt.

Kapitel 2: Methoden zum Schreiben des persönlichen Mythos

2.1 Die Krisen meines Lebens und mein persönlicher Mythos

Zuerst sollten Sie sich vertieft mit den Krisen des eigenen Lebens im Lebenslauf befassen. Dazu sind einige Übungen hilfreich:

a) Krisen im Lebenslauf

Die Grundfragen:
Schreiben Sie die Frage auf: Wer bin ich? Geben Sie in 10 Sätzen eine Antwort auf diese Frage.

Von 10 Worten zu 20 Sätzen:
Charakterisieren Sie mit 10 Worten Ihr Leben. Schreiben Sie dann in 20 Sätzen Ihren Lebenslauf, in dem diese 10 Worte vorkommen.

Foto-Portrait:
Nehmen Sie ein Foto von sich und versuchen Sie sich so genau wie möglich zu beschreiben.

Zwei Fotos:
Legen Sie sich zwei Fotos vor: ein Foto von Ihnen als Fünfjähriger und ein Foto aus jüngster Zeit. Notieren Sie ein Gespräch zwischen dem Kind und dem Erwachsenen.

Mythenlesen:
Lesen Sie einen Mythos. Vielleicht benutzen Sie dazu „Das Lexikon der antiken Mythen und Gestalten" von Michael Grant und John Hazel (München 2008). Schlagen Sie als Mann entweder die Stichworte Dionysos, Herakles, Ödipus, Odysseus, Orpheus, Prometheus oder Sisyphos auf, bzw. als Frau die Stichworte Medea, Kirke, Persephone, Athene, Ariadne, Kassandra. Schreiben Sie dann in 10 Minuten alles auf, was Ihnen zu der gewählten mythischen Figur einfällt. Formulieren Sie diesen Text dann noch einmal um.

Nach Bildern schreiben:
Wählen Sie aus dem eben genannten Lexikon ein Bild Ihres gewählten Helden bzw. Heldin und betrachten Sie das Bild zwei Minuten lang. Schreiben Sie dann 10 Minuten lang über Ihren Eindruck, den der Held oder die Heldin auf Sie gemacht hat.

Lebensphasen:
Betrachten Sie Ihr Leben als einen Mythos, der von dem Aufbruch, von dem Abenteuer und der Rückkehr des Helden handelt. Geben Sie den Abschnitten dieses Lebens jeweils die passende Überschrift. Notieren Sie dann zu jeder Überschrift zwei bis drei Sätze.

Mit diesen absolvierten Übungen erarbeiten Sie sich das Material, aus dem Sie anschließend Ihren persönlichen Mythos systematisch entwickeln können. Ihre Lebenskrisen ordnen Sie nach Erik H. Erikson in sieben Krisenereignisse: Geburt, Kindheit, Jugend, jüngerer, mittlerer, später Erwachsener sowie Greis. Beginnen Sie mit dem Freewriting (Freie Assoziation) zu allen sieben Ereignissen.

b) Kleine Übungen zum persönlichen Mythos

Sieben Krisen:
Schreiben Sie alles schnell auf, was Ihnen zu Ihren Lebenskrisen in den Sinn kommt. Sie können auch zu jeder Krise ein Cluster machen. Es entstehen dann vielleicht sieben Krisencluster, die jeweils mit den Kernworten – Geburt, Kindheit, Jugend, junge Erwachsenenkrise, Krise der Lebensmitte, Krise des späteren Erwachsenenalters, Krise als Greis oder Greisin – versehen sind. Zum Kernwort schreiben Sie alle Einfälle auf, die Sie einkreisen und mit Strichen zum Kernwort in Assoziationsketten verbinden. Wenn Ihnen eine Schreibidee zum Cluster kommt, schreiben Sie einfach einen Text, der das jeweilige Cluster vollständig ausbeutet (vgl. G. Rico: Garantiert schreiben lernen. Reinbek 2004).
Konzentrieren Sie sich nun auf die Kernmomente der Krisen. Schreiben Sie Cluster zu Augenblicken, in denen sich Ihr Leben im Kern plötzlich wesentlich geändert hat.

Körperkarten:
Nehmen Sie ein Blatt Papier, so groß wie Sie. Malen Sie Ihren Körper auf dieses Blatt Papier. Erinnern Sie sich an alle Spuren Ihrer Krisen, die Ihr Körpergedächtnis gesammelt hat: die Erlebnisse Ihres Mundes, Ihrer Ohren, Ihrer Augen, die Bedrohung Ihres Genitals, die Konflikte mit Ihrem After, die Bedeutung Ihrer Beine, die Inhalte Ihres Kopfes bei Krisen. Geben Sie dann

den Körperteilen Stimmen und lassen sie miteinander reden. Dann sprechen die Genitalien mit Ihrem After oder Ihre Augen mit Ihrem Körper.

Persönlichkeit spalten:
Erkennen Sie verschiedene Aspekte Ihrer Persönlichkeit und geben Sie ihnen Namen, z. B. der Narr, der Überlegene, der Wanderer, der Schüler, das Kind, der Weise. Schreiben Sie dann einen Dialog zwischen zwei Stimmen.

Schattengeschichten:
In jeder Lebenskrise tritt immer die Figur des bösen Menschen auf. Stellen Sie sich diese Figur vor und schreiben Sie, wie dieser böse Mensch in Ihrer Krise agiert hat, wie er sie zum Scheitern animiert hat und wie Sie mit diesem Scheitern fertig geworden sind.

Anima- und Animus-Geschichten:
In jeder Krise tritt für den Mann eine Frau und für die Frau ein Mann in Erscheinung. Der gegengeschlechtliche Part ist Teil der Krise. Schreiben Sie ganz schnell 10 Worte auf, die Ihnen zum gegengeschlechtlichen Part einfallen und schreiben Sie dann aus diesen Worten eine Geschichte zwischen Ihnen als Helden oder Heldin und Ihrer Anima bzw. Ihrem Animus.

Wechseln der Erzählpersonen:
Erfinden Sie eine Person, die Ihre Krisengeschichte in ihrer Weise erzählt. Lassen Sie also Ihren Vater Ihre Wut erzählen oder Ihren Lehrer Ihre Pubertätskrisen, Ihren Arzt die Krisen Ihrer Lebensmitte, Ihre/n Lebenspartner/in Ihre Kindheitskrise.

Malen und Schreiben:
Kritzeln Sie zuerst Ihre Krise und versuchen Sie dann, aus der Kritzelzeichnung einen Text zu schreiben.

Held/innen sammeln:
Legen Sie eine Liste aller Helden und Heldinnen an, die Ihnen im Laufe Ihres Lebens imponiert haben. Das können Popstars sein, Wissenschaftler, Heilige oder Politiker. Ordnen Sie dann diese Helden chronologisch und schreiben Sie in fünf Sätzen die Geschichte Ihres wichtigsten Helden bzw. Heldin.

Anti-Held:
Denken Sie an Menschen, die Sie hassen. Beschreiben Sie den gehassten Menschen. Führen Sie dann mit diesem gehassten Menschen ein Gespräch, das Sie notieren. Beschreiben Sie mit fünf Sätzen Ihren Helden und mit entsprechenden Gegen-Sätzen Ihren Anti-Helden.

Das innere Licht:
Schließen Sie die Augen. Stellen Sie sich eine Kerze vor, die in der großen Dunkelheit Ihres Lebens leuchtet. Benennen Sie dieses tiefe Licht mit einem Namen. Der gefundene Name wird zum Kernwort eines Clusters, der Sie zu einem großen Lichttext Ihres Heldenmutes führt.

Engelsübung:
Sie haben das Gefühl, dass ein Engel Sie in großen Krisen begleitet. Schließen Sie die Augen. Imaginieren Sie diesen Engel und beschreiben Sie ihn.

Götter sammeln:
Legen Sie sich eine Liste aller Götter an, die im Laufe Ihres Lebens auf Sie Eindruck gemacht haben. Ordnen Sie diese Götter chronologisch und schreiben Sie in fünf Sätzen die Geschichte dieser göttlichen Helden oder Heldinnen auf.

Himmelsbilder:
Stellen Sie sich zu den Höhepunkten Ihres Lebens Ihre größten Glückserfahrungen vor. Clustern Sie dann zum Thema Himmel. Schreiben Sie dann einen Himmelstext.

Höllenbilder:
Stellen Sie sich die größten Abgrundserfahrungen in Ihrem Leben vor, also Situationen Ihrer größten Angst und Wut. Clustern Sie dann zum Thema Hölle. Schreiben Sie dann einen Höllentext. Stellen Sie sich Begegnungen mit dem Tod in Ihrem Leben vor. Beschreiben Sie diese Begegnung in einem Todesbegegnungstext.

Magier und Magierin:
Sehen Sie Ihre Tarot-Karten durch. Legen Sie alle Karten zusammen, die zu Ihrer Figur des Magiers oder der Magierin gehören können. Schreiben Sie dann einen Text über den Magier oder der Magierin, die die gesammelten Tarot-Karten Ihrer gewählte Figur kennzeichnen (vgl. A. C. Dickermann: Following Your Path. New York 1992, S. 2ff, 10ff).

Mini-Mythos:
Jeder Mythos besteht wenigstens aus vier Teilen: Anfangskrise, Aufbruch, Lösungsversuche, Lösungsfindung. Wählen Sie aus dem bisherigen Material eine Heldenfigur, eine Krise, einen Gott/Göttin, eine Himmel- oder Höllenart und lassen Sie die gewählten Krisen in den gewählten vier Orts- und Personalsettings lösen.

Unterstützen Sie sich bei dieser Arbeit mit folgenden auszuwählenden Mythenelementen:

Ort	Stadt, Wald, Höhle, unter Wasser
Männlicher Charakter	König, Gott, Prinz, Krieger, Magier
Weiblicher Charakter	Königin, Göttin, Prinzessin, Heilerin, Hexe
Helfer	Weises Tier, Kind, dunkler Fremder, Schlange, Vogel
Feind	Dieb, Lügner, Mörder, Teufel, Drachen
Eigene Rolle	Lehrer, Wanderer, Bettler, Krieger, Magier
Nahrung	Früchte der Erde, gekochtes Fleisch, Wein, Brot
Umkämpftes Objekt	Spiegel, Schwert, Juwelen, Weisheit, inneres Licht
Magische Mittel	Kristall, Wand, Nebel, Amulett, heiliges Mantra
Hilfsmittel des Helden	Unsichtbare Tinte, Riesenschuhe, dunkler Umhang, Heilkräfte, Zeitmaschine, innere Kraftbilder

(Vgl. L. Catford; M. Ray. The Path of the Everyday Hero. New York 1991, S. 240)

Wechsel der Heldenfigur:
Erzählen Sie den gleichen Mini-Mythos aus der Sicht einer anderen Heldenfigur. Lassen Sie also die Geschichte von einem Narren erzählen oder von einem Wanderer oder von einem Weisen.

Mind-Mapping der Heldenreise:
Beschreiben Sie Ihr Leben als Heldenreise. Benutzen Sie dafür folgendes Mind-Mapping. Ergänzen Sie Ihre Einfälle zu allen acht Stationen der Heldenreise des Mind-Maps, und schreiben Sie dann Ihr Leben in acht Kapiteln auf.

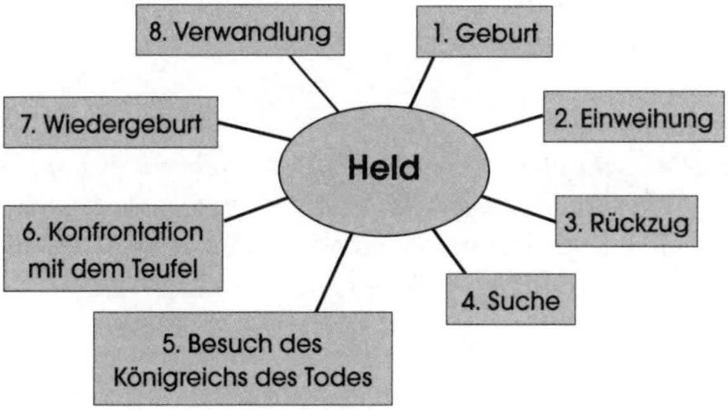

Schreiben auf mythischen Reisen:
Reisen Sie an die Orte mythischer Helden, z. B. auf den Spuren von König Arthus in Cornwall, auf den Spuren von Buddha in Indien, auf den Spuren von Konfuzius in China usw. Schreiben Sie dann vor Ort über die mythischen Helden in autobiographischer Sicht.

Meditation mythischer Heldengeschichten:
Meditieren Sie über die Stationen Ihres mythischen Lieblingshelden bzw. Ihrer mythischen Lieblingsheldin. Schreiben Sie dann seine/ihre Heldengeschichte in autobiographischer Sicht. Neben Meditationsmethoden können Sie für diese Übung auch Methoden der aktiven Imagination nach C. G. Jung oder des Autogenen Trainings der Oberstufe nach Klaus Thomas benutzen.

Gruppenmeditation einer Heldenreise:
Legen Sie sich in einer Gruppe auf den Boden. Jede/r Teilnehmer/in äußert sich zu einem Aspekt der HeldInnenreise, so dass schließlich ein oraler Gruppentext entsteht, der auf Tonband mitgeschnitten und verschriftlicht werden sollte.

Tanz von mythischen Geschichten:
Wählen Sie sich die Geschichte eines/einer mythischen Helden/Heldin aus und tanzen Sie seine/ihre Lebensgeschichte. Schreiben Sie dann Ihre inneren Erfahrungen beim Tanzen auf.

Träumerisches Schreiben:
Schreiben Sie eine Heldenreise nach Motiven eigener mythischer Träume.

Trance-Schreiben:
Schließen Sie die Augen, und schreiben Sie eine mythische Heldengeschichte, ohne die Augen-Hand-Kontrolle zu benutzen.

Die Mythen sammeln:
Ordnen Sie alle mythischen Texte, die Sie geschrieben haben, in einer chronologischen Reihenfolge. Lesen Sie diese chronologisch geordneten Texte mehrmals durch und verbessern Sie dabei Stil, Worte, Schreibfehler, Grammatik, Aufbau und mythisches Ambiente.

2.2 Mein Leben als antiker Held oder als antike Heldin

Es macht Sinn, sich mit den antiken Helden zu identifizieren und ihre Geschichte dann in moderner Form aufzuschreiben.

Herkules ist der berühmteste aller griechischen Helden aus der Zeit der olympischen Religion. Seine Lebensgeschichte zerfällt in folgende Episoden:
1. Als Kind erwürgte er eine Schlange.
2. Als Hirtenjunge erschlug er einen Löwen.
3. Im Wahnsinn tötete er Frau und Kinder.
4. Um diese Bluttat zu sühnen, musste er folgende 12 Taten bewältigen:
   - Tötung des nemeischen Löwen
   - Erschlagung der lernäischen Hydra
   - Einfangen der keryneischen Hirschkuh
   - Einfangen des erymanthischen Ebers
   - Reinigung der Augiasställe
   - Vertreibung der stymphalischen Vögel
   - Einfangen des kretischen Stieres
   - Einfangen der menschenfressenden Stuten
   - Eroberung des Amazonengürtels
   - Reisen in die Unterwelt und Fangen des Viehs des Geryoneus
   - Bergung der Äpfel der Hesperiden am Ende der Welt
   - Abstieg und Besuch der Unterwelt
5. Herkules zieht ein vergiftetes Hemd an und stirbt. Er lässt sich auf einem Scheiterhaufen verbrennen.
6. Er wurde auf den Olymp aufgenommen und kam oft auf die Erde, um Menschen in Not zu helfen.

Übung:
Sammeln Sie Einfälle zu den 6 Stationen des Lebens von Herkules und schreiben Sie dann Ihre autobiografische Herkules-Geschichte.

Eine wichtige Heldin der griechischen Mythologie war **Kirke**. Über ihr Leben gibt es folgenden Bericht:
1. Kirke lebte in einem Steinhaus als berühmte Zauberin, allein in der Wildnis.
2. Sie hatte Löwen und Wölfe verzaubert.
3. Sie reinigte von Schuld gefolterte Frauen.
4. Sie lebte ein Jahr mit dem verzauberten Odysseus zusammen.
5. Sie gab Odysseus Ratschläge für seine Heimreise, besonders erklärte sie ihm die Reise in die Unterwelt, wo er die Geister der Toten befragen konnte.
6. Sie heiratete schließlich den Sohn des Odysseus.

Übung:
Schreiben Sie Ihr autobiografisches Leben als Kirke, indem Sie Ihre Krisen auf die zauberische Weise der Kirke lösen.

Der bekannteste Held der Antike ist **Odysseus**, über dessen wichtigste Lebenstaten Homer in der „Odyssee" das Bekannteste geschrieben hat. Homer schildert in der „Odyssee" folgende Stationen des Lebens von Odysseus:

1. Der trojanische Krieg ist vorbei. Odysseus kehrt heim.
2. Odysseus überfällt die thrakische Stadt Ismaros.
3. Odysseus landet auf der Insel des Vergessens, dem „Lotophagen-Land".
4. Odysseus kommt ins Land der Kyklopen. Er kämpft mit dem Kyklopen Polyphem.
5. Odysseus besucht die Insel Aiolos, die Insel des Windgottes, dem er kaum entkommt.
6. Odysseus macht Rast auf der Insel der Laistrygonen, der Wohnung von Giganten, die seine Schiffe zerstören.
7. Odysseus kommt auf die Zauberinsel der Kirke und verweilt ein Jahr.
8. Odysseus fährt in die Unterwelt am Rande der Welt, im Land der Kimmerer.
9. Odysseus erreicht nach der Bewältigung der Sirenen und Skylla und Charybdis den schlagenden Felsen, die Insel des Helios. Dort werden die göttlichen Rinder geschlachtet. Sein Schiff wird versenkt.
10. Odysseus erreicht schwimmend die Insel der „Kalypso". Acht Jahre lebt er bei dieser Zauberin.
11. Odysseus landet auf der Insel der Phaiaken, die seine Heimreise unterstützen.
12. Odysseus erreicht seine Heimat-Insel Ithaka.
13. Odysseus erreicht seine Burg und bereitet den Kampf um seine Frau vor.
14. Odysseus besiegt die Freier im Bogenschießen und ermordet sie.

(J. Campbell: Mythologie des Westens. Basel 1991, S. 191-205).

Übung:
Schreiben Sie eine Odysseus-Geschichte, die soweit wie möglich autobiographisch ist. Denken Sie dabei an James Joyce's „Ulysses", der die Odyssee an einem Tag in Dublin spielen lässt.

2.3 Methoden zum Schreiben des persönlichen Mythos vom Tod

2.3.1 Träume vom Tod

Auch das Leben des Helden/der Heldin endet. Es ist also notwendig, dass der alternde Mensch „einen Mythos vom Tod hat, denn die Vernunft zeigt ihm nichts als die dunkle Grube, in die er fährt. Der Mythos aber könnte ihm andere Bilder vor Augen führen, hilfreiche und bereichernde Bilder des Lebens im Totenland“ (C. G. Jung: Erinnerungen, Träume, Gedanken. Stuttgart 1962, S. 308f).

Übung:
Stellen Sie sich Ihrem Tod. Beantworten Sie folgende Fragen:
1. ***Welche Vorstellung von Ihrem Tod haben Sie?***
2. ***Wer starb in einer Art, in der Sie auch zu sterben wünschen?***
3. ***In welchem Alter wollen Sie sterben?***
4. ***Warum müssen Sie sterben? Erfinden Sie einen Mythos, der ihren Tod begründet.***

(Vgl. S. Keen, A. Valley-Fox: Your Mythic Journey. New York 1989, S. 205)

Eine wichtige Quelle des persönlichen Mythos vom Tod sind die eigenen Träume.

Dabei können folgende Motive des Todes im Traum erscheinen:
- Die Auflösung in die Elemente
- Der große Durchgang
- Die Reise
- Die Überfahrt über ein Gewässer
- Der Übergang über eine Brücke
- Die Herausbildung einer Seele, die sich vom Körper trennt
- Das Gericht über die Seele
- Das Wiedergeborenwerden in einer anderen Welt

(Vgl. M.-L. von Franz: Traum und Tod. München 1990, S. 15)

Übung:
Achten Sie auf Ihre Todesmotive im Traum. Fassen Sie dann Ihre Todesträume zu einem persönlichen Mythos zu den Ursachen des Todes zusammen.

Eine genaue Sichtung von Todesträumen älterer Menschen hat weitere Todesbilder zutage gefördert:

- Das Geheimnis der Leiche
- Die Bilder der immer wiederkehrenden Pflanzen
- Die Todeshochzeit
- Der dunkle Geburtsweg als Todesweg
- Der Tod als hilfreicher Anderer oder als bedrohlicher Feind
- Der Durchgang durch Feuer und Wasser
- Die Auferstehung
- Die Vertauschung des alten durch einen neuen Körper
- Der Verwandlung der Körperreste in einen Hauchkörper

(Vgl. M.-L. von Franz, a.a.O.)

Übung:
Suchen Sie sich ein Motiv aus. Schreiben Sie mithilfe eines Clusters einen Text über Ihr gewähltes Motiv vom Tod in Form eines Mini-Mythos.

2.3.2 Das Bild vom Tod in den Weltreligionen

Auch die Mythen halten interessante Vorstellungen vom Tod bereit. Die Mythen erzählen oft vom Tod als einer durch mancherlei Hindernisse erschwerten Reise der Seele. Sehen wir uns einige dieser Mythen vom Tod an.

Der Tod in der chinesischen Mythologie

Die **chinesische Mythologie** erzählt von einer Überquerung der Feenbrücke mithilfe der Jademaid und des goldenen Jünglings.

Übung:
Schreiben Sie alle Assoziationen zu den Begriffen „Feenbrücke, Jademaid und goldener Jüngling" auf und formen Sie daraus eine kleine mythische Geschichte.

Der Tod in der hinduistischen Mythologie

Die **Hindus** entwerfen einen Turm von Himmeln und eine in viele Stockwerke gegliederte Unterwelt. Die Seele sucht sich nach dem Tod das ihrem Karma entsprechende Stockwerk aus. Dort bearbeitet sie ihr Leben und kehrt dann in die Welt zurück zu einer neuen Reinkarnation.

Übung:
Malen Sie ein Bild von vielen himmlischen und unterweltlichen Stockwerken. Kennzeichnen Sie das Stockwerk, wo Ihre Seele nach dem Tod hingelangt. Beschreiben Sie Ihre Lebensbearbeitung und Ihre Rückkehr in die Welt.

Der Tod in der buddhistischen Mythologie

In der Sicht der **buddhistischen Mythologie** ist der Tod ein umfassender Wandlungsprozess. Das „Ich" wird nicht wiedergeboren, sondern die Impulse, die das eigene Leben bestimmt haben. Im Augenblick des Todes ist das Bewusstsein besonders klar und kann Dinge begreifen, die sonst verschlossen bleiben. Im Augenblick des Todes wird der Sterbende sich als „extreme Lichtstrahlung" bewusst. Zwischen Tod und Wiedergeburt vergeht dann nur ein Wimpernschlag.

Übung:
Beschreiben Sie, wie sich Ihr „Ich" in einem großen Licht auflöst.

Der Tod in der jüdischen Mythologie

Die **frühe jüdische Mythologie** steht einzigartig da. Sie ging davon aus, dass es kein Überleben nach dem Tod gibt: also Asche zu Asche. Die Unsterblichkeit kann nur durch die Nachkommenschaft erreicht werden. (vgl. H. Coward: Das Leben nach dem Tod in den Weltreligionen. Erftstadt 2007, S. 24)

Übung:
Betrachten Sie Ihre Nachkommen. Beschreiben Sie, was in Ihren Nachkommen von Ihnen weiterlebt.

Der Tod in der christlichen Mythologie

Das **Christentum** beerbt die Mythologie des späten Judentums und des helenistischen Griechentums. Das Christentum vertritt den Mythos: Es wird ein Messias kommen und ein Reich errichten, und dann werden alle Seelen wieder mit dem Leib auferstehen. Die Gerechten verbringen die Zeit des Wartens auf den Messias im Himmel, die Bösen in der Hölle. Durch die Erscheinung und Wiederkehr Christi erlangen alle Christen die Wiederauferstehung im Leibe, die nach dem Apostel Paulus an Christus als Messias geglaubt haben.

Übung:
Stellen Sie sich Ihre leibliche Wiederauferstehung vor und beschreiben Sie sie.

Der Tod in der islamischen Mythologie

Die **islamische Mythologie** steht auf den Schultern des Christentums. Über den Tod schreibt der Koran in Kürze: „Jede Seele soll den Tod schmecken, und ihr sollt nun euren Lohn empfangen am Tag der Auferstehung, und wer dem Feuer entnommen und ins Paradies geführt wird, der soll glücklich sein, und das irdische Leben ist nur ein trügerischer Schein." (Koran 3, 185)

Übung:
Beschreiben Sie Ihre Vorstellung vom Glück im Paradies. Schreiben Sie in freier Assoziation einen Grundtext, den Sie dann überarbeiten.

2.3.3 Mythen vom Weltuntergang

Aber nicht nur der Held stirbt, auch der Kosmos geht unter. Die Bearbeitung der Weltuntergangsängste erfordert die Auseinandersetzung mit den mythologischen Apokalypsen. Dabei entsteht dann der Umriss der eigenen Mythologie vom Weltende, die auch ein Symbol für das Ende des Kapitalismus sein kann.

Der Weltuntergang in der hinduistischen Mythologie

Die **hinduistische Mythologie** kennt die ewige Wiederkehr der Welt, die durch den ewigen Weltuntergang und die ewige Weltneuerschaffung zustande kommt. Ein kosmisches Jahr währt 100.000 Jahre, dann geht die Welt unter, und eine neue Welt entsteht für die nächsten 100.000 Jahre.

Übung:
Beschreiben Sie Ihr Leben in 100.000 Jahren in einem neuen Kosmos.

Der Weltuntergang in der nordischen Mythologie

Die **Edda der alten Wikinger** gibt ein anderes Bild vom Weltuntergang. Odin, der oberste Gott, erhält auf seine Frage nach dem Weltende folgende Antwort: „Die weltumspannende Schlange wird die Länder verwüsten. Götter, Riesen, Dämonen, Zwerge und Elfen treten zur Endschlacht an. Die Weltesche Yggdrasil erzittert. Odin wird vom Wolf verschlungen. Das Feuer verbrennt die Welt. Aus ihrer Asche entsteht dann eine neue Welt, die keinen Tod mehr kennt."

Übung:
Beschreiben Sie Ihre Stellung zum Endkampf um die Welt auf Seiten der Elfen.

Der Weltuntergang in der christlichen Mythologie

Das **Christentum** hat ein umfassendes Bild vom Weltende in der „Apokalypse des Johannes" aus dem Neuen Testament vorgestellt. Dort stehen die Zeichen für das drohende Weltende: eine allgemeine Not, ein Weltkrieg, ein

Zerfall der Sitten, Sonne und Mond werden ihren Schein verlieren, die Sterne werden vom Himmel fallen, der Menschensohn Jesus wird auf den Wolken des Himmels erscheinen, in großer Herrlichkeit. Wer aber bis ans Ende liebt, der wird selig. So lautet die Rettung.

Übung:
Beschreiben Sie Ihre Liebe zur Erde bis ans Ende. Schreiben Sie zehn Lobesworte über die Erde, die Sie dann in einen mythischen Text verwandeln.

Der Weltuntergang in der islamischen Mythologie

Der **Islam** malt sich die Apokalypse in den Suren, die in Mekka geschrieben wurden, breit aus. Hier werden die Islam-Gläubigen durch Allah errettet, die Ungläubigen werden am Jüngsten Gericht zerschmettert.

Übung:
Legen Sie eine Liste an. Teil 1: Die Geretteten, Teil 2: Die Zerschmetterten. Wo stehen Sie?

2.4 Beschluss

Wer den Weg des Helden bzw. der Heldin durch alle Stationen seines Lebens hindurchgegangen ist und Aufbruch, Kämpfe und Rückkehr absolviert hat, wird seinen persönlichen Mythos schreiben können. Dieser persönliche Mythos weist ihn nicht als antiken, sondern als modernen Menschen aus. Sein Mythos hat keine gesellschaftliche, aber eine enorme private Bedeutung. Und so lebt der/die moderne Held/in mit seinem persönlichen Mythos „im Schweigen seiner einsamen Verzweiflung“ (J. Campbell: Der Heros in 1000 Gestalten, a.a.O., S. 375).

Kapitel 3: Die Typen von Heldenreisen

Das es mehrere Typen der Reise der Helden oder der Heldin* gibt, sollen die Heldenreisen nun unterschieden werden.

3.1 Der Krieger / die Kriegerin

Beim Gedanken an den Helden stellt sich zuerst der Krieger ein. In der nordischen Mythologie ist der erste Krieger Odin. Dort heißt es: „Wenn einst die Welt vergeht, zieht Odin an der Spitze aller Helden in den Kampf gegen die ewigen Feinde. Es kommt zur Schlacht und zum Untergang Odins." (C. A. Vulpius: Handwörterbuch der Mythologie. Leipzig 1987, S. 236) Odin konnte die Augen seiner Feinde verblenden, Waffen abstumpfen, Feuer, Sturm und Flammen dämpfen und seine Gestalt verwandeln. Odin erschien immer in voller Rüstung, wenn er sich nicht in einen Vogel oder einen Fisch verwandelte. Odin starb in Schweden und kehrte heim zu den großen Kriegern.

Der Krieger entflieht dem Alltag. Er versucht hohe Ziele zu verwirklichen und kämpft gegen allseitige Widerstände. Dabei konfrontiert er sich mit Riesen und Drachen und führt den Drachenkampf. Nach ihrer Mission ist die Welt nun ein wenig besser.

Der Krieger-Mythos stellt dar, wie der Mensch das Böse überwinden kann. Das Schema dieses Krieger-Mythos erfordert einen Helden, einen Anti-Helden und ein zu rettendes Opfer.

Übung:
Schließen Sie die Augen und stellen Sie sich den Helden vor, der Sie oft gerne sein wollten. Beschreiben Sie Ihr Krieger-Ideal. Stellen Sie sich dann den Anti-Helden vor, den Sie verachten. Beschreiben Sie Ihren Anti-Helden. Stellen Sie sich dann ein Opfer vor, das Sie schon immer retten wollten. Beschreiben Sie das Opfer. Aus diesem Imaginationsmaterial entwickeln Sie nach dem Schema der Heldenreise – Aufbruch, Kampf, Heimkehr – einen persönlichen Krieger-Mythos.

---

*Auch hier ist bei der Nennung der männlichen Form immer auch die weibliche Form gemeint, lediglich wegen der besseren Lesbarkeit wurde die männliche Form gewählt.

Der moderne Krieger kann auch eine Frau sein, eine Amazone oder eine Pallas Athene. Der moderne Krieger verkörpert sich in jedem Revolutionär, der sich für den Kampf gegen die Unterdrückung aller Verdammten dieser Erde einsetzt. „Denn der Held der Mythen ist der Vorkämpfer nicht der gewordenen Dinge, sondern der werdenden.“ (J. Campbell: Der Heros, a.a.O., S. 321)

Dieser revolutionäre Krieger bekämpft Armut, Gier, Rassismus und Krieg. Der moderne Krieger muss die Gier und den Hass in sich erkannt und bewältigt haben, ehe er sich den äußeren Drachen stellt. Er beginnt vielleicht als Dschungelkämpfer und will die Feinde nur ausschalten. Aber er kann später auch für Ziele kämpfen, die der ganzen Gesellschaft nutzen können. Manche moderne Krieger kämpfen für eine saubere Umwelt, für Mindestlöhne, für gerechte Löhne, für die Zähmung des Raubtierkapitalismus. Der moderne Krieger weiß, dass die Menschen die Welt vor der Zerstörung retten müssen und eine humane Gesellschaft aufbauen können.

Übung:
Stellen Sie sich Situationen in Ihrem Leben vor, wo Sie Held sein konnten. Klären Sie, welche Ziele Sie verfolgten, welche Mittel zur Erreichung der Ziele Sie einsetzten und ob Sie Ihr Ziel erreicht haben. Schreiben Sie dann Ihre persönliche Kriegerreise auf.

3.2 Der Suchende / die Suchende

Der Suchende wird angetrieben von der Sehnsucht nach einer besseren Welt. In der nordischen Mythologie heißt der Suchende Held Hönir. Er ist immer auf großer Fahrt. Hönir war der Fahrtgenosse Odins. Hönir kommt aus der Fremde, keiner weiß woher (W. Golther: Handbuch der germanischen Mythologie. Stuttgart 1987, S. 400).

Aschenputtel sucht ihren Prinzen, Telemach sucht Odysseus, Odysseus sucht Ithaka. Parzival sucht den Gral. Martin Luther King suchte nach Wegen für eine Gesellschaft ohne Rassenhass. Der Mensch hört oft in der Jugend oder im frühen Alter den Ruf zum Aufbruch.

Aber die folgende Suche ist nicht einfach. Oft wissen wir, was wir nicht wollen und nicht, was wir wollen. Der Mythos des Auszugs der Kinder Israels aus Ägypten ist ein Modell für die Suche. Ägypten ist unser Alltag, den wir nicht verlassen wollen. Der Pharao ist Teil von uns, der bleiben möchte. Moses aber ist der Held der Suche, der aufbricht. Aber dann kommen die

Plagen und wir brechen auf. Wir wandern lange Zeit in der Wüste. Jede Bindung gilt nur auf Zeit. Bei vielen nimmt die Sehnsucht die Form der Suche nach Gott an. Dabei nimmt Gott viele Gestalten an und ist überall zu finden. Die Gralsmythen stellen die Suche nach Gott symbolisch durch den Ritter dar, der den heiligen Gral finden will. Der Suchende ist bereit zu sterben, um das kosmische Bewusstsein zu erlangen. Aber der Suchende begegnet auch Luzifer, der wegen des Wunsches die Macht des Himmels zu besitzen, in die Hölle stürzt. Dädalus warnte Ikarus nicht zu hoch zu fliegen. Aber Ikarus flog zu nahe an die Sonne und stürzte ab.

Die Suche ist also oft mit mystischen Übungen verbunden, die es einem ermöglichen, über das Ich und den Körper hinauszugehen und mit Gott zu verschmelzen. Am Ende der Reise des Suchenden steht die Erfahrung des Grals, Ithakas oder des gelobten Landes.

Übung:
Stellen Sie sich die Passagen der Suche in Ihrem Leben vor. Beschreiben Sie die Suche und ihre Gefahren. Klären Sie das Ziel und Ihre Einweihung in das Geheimnis des Objektes Ihrer Sehnsucht. Schreiben Sie dann Ihren Suchermythos auf, die Gefährdungen und Ihre endlichen Siege.

3.3 Der Magier / die Magierin

Für den Magier ist das Heilige etwas, das zu erreichen ist. Die Urform des Magiers ist der Schamane, der zwischen der realen und der imaginären Welt hin und her reisen kann. In der nordischen Mythologie heißt der Magier Braga. Auf Bragas Zunge sind die Zaubersprüche eingegraben. Seine Worte haben die Kraft reiner Magie (C. A. Vulpius: Handwörterbuch der Mythologie, a.a.O., S. 101f.).

Neben Braga gab es die Volva. Sie kann zaubern und wahrsagen. Sie hat das „Lied von der Götterdämmerung" in der Edda verfasst. Nach dem Weltuntergang, singt die Volva, erhebt sich durch Magie eine neue schöne Erde, die den Tod nicht kennt (L. A. Vulpius, a.a.O., S. 266).

Der Magier bewegt sich in den unterschiedlichen Stufen des Bewusstseins äußerst geschmeidig. Diese Bewegung wird möglich durch Meditation, Phantasiereisen und Mantrensagen. Die alten Schamanen haben geraubte Seelen in die toten Körper zurückgebracht und Dämonen, die den kranken Körper beherrschten, ausgetrieben. Der Schamane hat Krafttiere, die ihn begleiten und stärken. Wirksame Magier sind mit den Kräften des Lebens verbunden.

Sie fördern andere und suchen sie nicht durch schwarze Magie zu zerstören. Die Reise des Magiers beginnt mit einer Verletzung oder einer Krankheit. In dieser Krankheit entwickelt der spätere Magier mediale oder mystische Visionen. Diese Erfahrungen muss er in einem starken Ich integrieren. Er durchlebt eine längere Lehrzeit. Er muss den größten Schatten besiegen, seinen eigenen Tod. Erst dann ist er am Ziel.

Übung:
Stellen Sie sich vor, Sie sind ein Magier. Beschreiben Sie Ihre Krankheit, Ihre Vision, Ihren Kampf mit schwarzer Magie und dem Anti-Heiler und Ihre Begegnung mit dem Tod, der mit einem Sieg endet.

3.4 Der Weise / die Weise

Der Weise lässt sein Ich los und gewinnt eine höhere Einsicht in das Wesen der Welt. Sokrates ist das Ideal des Weisen in der Antike. Er weiß, dass er nichts weiß. Er hat keine Angst vor dem Tod, weil er weiß, dass er vom Tod nichts weiß, weder etwas, was Angst, noch etwas, was Freude macht. Der Weise absolviert eine lange Reise. Er beginnt mit der Vorstellung, die Welt ist so wie sie ist. Dieses Bewusstsein bleibt, bis er merkt, die Welt verändert sich ständig. Wie Sokrates sucht er dann nach dem Unveränderlichen. Er kommt mit Demokrit auf die Atome oder mit Platon auf die Ideen. Er reist in Imagination durch die Materie oder hoch in den Himmel der Ideen. Dabei überwindet er das Haften an das Ich. Er wird still und erkennt: Wenn ich mich jedes Urteils enthalte, erlange ich Gelassenheit; oder: Wenn ich mir die Materie vorstelle, werde ich ein Teil von ihr; oder: Wenn ich die Ideen erkenne, dann erlebe ich die Sonne.

In der nordischen Mythologie ist der Weise Hemidall oder Balder. Hemidall ist „groß und heilig. Er ist weise. Er schläft kaum und versteht alles (C. A. Vulpius, a.a.O., S. 169). Balder wird von Loki ermordet. Alle Weisen weinten um ihn. Aber nach dem Weltuntergang wird er befreit und verbreitet seine Weisheit.

Übung:
Denken Sie darüber nach, wie Sie zu Ihren letzten Denkresultaten gekommen sind. Stellen Sie sich vor, wie Sie diese Resultate gegen Leugner und Skeptiker verteidigen mussten. Beschreiben Sie die Stadien, die Sie durchlebten, ehe Sie die Stille, die Ruhe der Materie oder das Licht der Sonne erblickten.

3.5 Der Narr / die Närrin

Der Narr gilt als lachender Weise. Er kann mit den Absurditäten der Welt umgehen. In der nordischen Mythologie heißt der Narr Loki. Loki gilt als boshaft, verleumderisch und schadenfroh. Er spielte allen Helden und Göttern die übelsten Streiche. Deshalb wird er an Klippen gefesselt. Er kommt erst zur Götterdämmerung frei (C. A. Vulpius, a.a.O., S. 211).

Mulla Nasredin konnte auf seinem Esel durch die Welt des Islam reiten und lachen. Der Narr bricht alle Regeln. Er wird niedergeschlagen und steht wieder auf. Er geht mit den negativen Seiten des Lebens lachend um. Der Narr liebt gefährliche Situationen. Das Leben ist für ihn ein Spiel, das um des Spaßes willen gespielt wird. Straflos kann er die Wahrheit sagen, da, wo alle lügen. Der Don Juan des Carlos Castaneda ist solch ein Narr. Thomas Manns Felix Krull zeigt der Welt den Vogel. Der Narr wird mit den Wahnsinnigen und mit den Betrügern zusammenstoßen und mit ihnen kämpfen. Der Narr wird zum weisen Narren, wenn er die Liebe erlebt. Der Zen-Buddhismus ist ein Weg des heiligen Narren. Am Ende ihrer Reise durch viele Gefahren verschwinden die Narren einfach spurlos. Der Narr schafft es, eins zu werden mit dem Kosmos, und er kann diese Einheit lachend genießen.

Übung:
Denken Sie an alle lustigen Augenblicke Ihres Lebens. Stellen Sie sich eine närrische Situation nach der anderen vor. Schreiben Sie dann eine mythische Geschichte, die die Streiche Ihres inneren Narren umfasst.

Kapitel 4: Projekte von Heldenreisen

4.1 Die Heldenreisen der Leidenden

Mensch sein heißt leiden, schreibt Arthur Schopenhauer. Die Kunst kann das Leiden mildern, antwortet der junge Friedrich Nietzsche. Die Auseinandersetzung mit den großen leidenden Helden und Heldinnen des olympischen Mythos der antiken Griechen kann das eigene Leiden des modernen Menschen durcharbeiten.

Der griechische Mythos der Antike wirkt dunkel und unheimlich. Auf diesem Boden entwickelte der Mythos ein Gespür für das Tragische des menschlichen Schicksals. Die griechischen Mythen sprachen von schrecklichen Leidenszuständen, die sich außerhalb der alltäglichen Welt der Ordnung abspielten. Die Griechen erfuhren ihren Trost durch Mythen in der Katastrophe. Dabei hatten die Griechen niemals das Gefühl, „dass sie ihr Schicksal selbst in der Hand hätten“ (K. Armstrong: Die Achsenzeit. München 2006, S. 82). Die griechischen Mythen sind voller Bilder des Leidens, der Schuld, des Entsetzens und der Angst. Aber sie vermitteln dem, der sich ihnen nähert, die Reinigung, d. h. die Katharsis von diesen Ängsten.

Gehen wir also im Folgenden auf die Heldenreise der leidenden Helden in der Hoffnung auf Reinigung.

4.1.1 Die leidenden Helden

Dionysos war der Sohn von Zeus und Semele. Bei seiner Geburt wurde er schon in Stücke gerissen. Diese Teile wurden in einem Kessel gekocht. Seine Großmutter fügte sie wieder zusammen. Auf Zeus' Befehl wurde Dionysos in einen Ziegenbock verwandelt. Hera, Zeus' Frau, schlug Dionysos mit Wahnsinn. Dionysos wanderte durch die ganze Welt. Er war in Ägypten und in Indien, begleitet von Satyrn und Mainaden. Zurück in Griechenland führte er tobende Scharen befreiter Frauen an. Als Piraten ihn entführten, verwandelte er sie in Delphine. Wer sich ihm entgegenstellte, verfiel dem Wahnsinn. Dionysos war ein Held des Rausches und der Leiden.

Übung:
Schildern Sie, wie ein leidender Dionysos über die ganze Welt wandert und Rausch und Ekstase verbreitet.

Ikarus war der Sohn des Ingenieurs Dädalus, der in Kreta für König Minos das Labyrinth baute. Aus dem kretischen Gefängnis floh Dädalus, indem er für sich und seinen Sohn Ikarus Flügel baute. Mit diesen Flügeln entkamen sie aus Kreta. Aber Ikarus hörte nicht auf seinen Vater. Er stieg höher und höher, bis die Kraft der Sonne seine Flügel zerstörte und er in das Meer stürzte und ertrank.

Übung:
Beschreiben Sie Ihr Scheitern in Ihrem Leben und die Warnungen, die Ihr Vater Ihnen erteilt hatte.

Ixion war König in Thessalien. Als er auf dem Olymp war, stellte er der Frau von Zeus, Hera, nach. Zeus stellte Ixion auf die Probe: Zeus schuf aus einer Wolke eine Gestalt wie Hera und Ixion vereinigte sich in Liebe mit ihr. Zeus band Ixion deshalb zur Strafe auf ein feuriges Rad, auf dem er ewig durch die Lüfte fliegt, brennend.

Übung:
Gibt es in Ihrem Leben ein feuriges Rad, das Sie immer innerlich brennen lässt? Beschreiben Sie Ihre Rad-Erfahrung.

Herkules war durch seine Taten weit bekannt. Aber sein Ende war ein einziges Leiden. Seine eifersüchtige Frau schickte ihm ein Hemd, das war vergiftet und fing beim Anziehen Feuer. Herkules zog das Hemd an, und voller Qualen, weil er sich brennende Fleischfetzen vom Körper riss, wurde er auf dem Berge Otia gebracht. Dort bestieg er einen Scheiterhaufen. Keiner wollte diesen Haufen anzünden. Erst ein Hirte, der vorbeikam, zündete den Haufen an und Herkules wurde im Feuer von seinen Leiden befreit.

Übung:
Tragen Sie als Geschenk ein vergiftetes Hemd der Eifersucht? Beschreiben Sie, wie Sie es loswerden können.

Ödipus war Sohn des Königs Laios von Theben. Vom Vater wurde er ausgesetzt und verfolgt. Als er nach Theben zurückkehrte, erschlug er seinen unerkannten Vater und heiratete, unwissend, seine Mutter. Die Folge war die Pest und Ödipus erkannte seinen Tabubruch. Er erkannte sich selbst als Brecher des Inzest-Tabus. Seine Frau und Mutter erhängte sich. Ödipus selber stach sich die Augen aus und wanderte mit seiner Tochter durch Griechenland als Bettler. In einem heiligen Hain konnte er erst nach Jahren an Scham sterben.

Übung:
Haben Sie einen Ödipus-Komplex? Beschreiben Sie Ihre Geschichte.

Orpheus war ein berühmter thrakischer Sänger. Als seine junge Frau Euridike durch einen Schlangenbiss starb, stieg er in die Unterwelt. Er sang dort seine Frau frei. Allerdings konnte er die Bedingung – sich nicht nach ihr umzusehen – nicht einhalten. Er blickte sich vor Sehnsucht um, und Euridike blieb im Tod gefangen. Sieben Tage klagte Orpheus. Er wurde dann Liebhaber der Knaben, aus Schmerz. Thrakerinnen zerreißen ihn vor Wut. Sein Kopf treibt auf den Wellen nach Lesbos und hört nicht auf zu singen, bis heute.

Übung:
Wie haben Sie den Verlust Ihrer größten Liebe bewältigt? Schreiben Sie einen modernen Orpheus-Mythos mit autobiographischem Hintergrund.

Prometheus war der Sohn eines Titanen. Er brachte den Menschen das Feuer. Als Strafe wurde er von Zeus an den Kaukasus geschmiedet. Täglich kam ein Adler, um seine Leber zu fressen, die immer wieder nachwächst.

Übung:
Sind Sie für Ihren Einsatz zur Verbesserung der Welt schon bestraft worden? Schreiben Sie Ihren Prometheus-Mythos.

Sisyphos war der Sohn des Königs von Korinth. Er musste in der Unterwelt immer wieder einen Felsen auf einen Berg rollen und sehen, wie der Fels wieder zu Tal stürzte. Der Grund für diese Strafe war: Er hatte den Tod gefesselt und ging im Hades völlig unbekümmert ein und aus.

Übung:
Beschreiben Sie Ihren Versuch, den Tod zu besiegen. Schreiben Sie den inneren Monolog eines modernen Sisyphos.

Tantalus hatte den olympischen Göttern Nektar und Ambrosia gestohlen. Deshalb musste er in der Unterwelt bis zum Kinn im Wasser stehen und durfte nicht trinken. Vor seinem Kopf hängen Früchte. Er darf sie aber nicht essen.

Übung:
Welche Lüste sind in Ihrem Leben nie erfüllt worden? Beschreiben Sie Ihre Tantalus-Qualen.

4.1.2 Die leidenden Heldinnen

Antigone war die Tochter des Ödipus. Sie ging mit ihrem Vater in die Verbannung. Als sie nach dem Tode von Ödipus nach Theben zurückkehrte, wird ihr Bruder erschlagen. Sie will ihn bestatten, obwohl Kreon, der neue König von Theben, das verbietet. Antigone wird von Kreon zum Tode verurteilt. Sie wird in einem Felsengrab lebendig eingemauert und verhungert. Ihr Verlobter erhängt sich. Seine Mutter vergiftet sich.

Übung:
Ist Ihnen Ihre Bruderliebe mehr wert als alle anderen Männerbeziehungen? Beschreiben Sie Ihren persönlichen Antigone-Mythos.

Medea war die Tochter des Königs von Kolchis. Als sie Jason mit seinen Argonauten half, das goldene Flies zu erobern, verstieß Jason sie bald. Als Jason eine neue Geliebte hatte, schickte ihr Medea ein Kleid, in dem die neue Geliebte verbrannte. Um Jason noch tiefer zu treffen, erstach Medea ihre beiden Söhne. Sie floh nach Athen und heiratete den dortigen König. Als der Sohn des Athener Königs Theseus aus Kreta heimkehrte, versuchte Medea ihn zu vergiften. Sie wurde nun in die Wildnis vertrieben.

Übung:
Welche Rachefantasien aus Eifersucht begleiten Ihr Leben? Schreiben Sie eine mythische Revue Ihrer Eifersuchtsdramen.

Medusa war eine der drei Gorgonen. Sie wurde von Perseus getötet. Aber ihr schreckliches Gesicht hatte sie als Strafe erhalten, weil sie die Götter bekämpft hatte.

Übung:
Schildern Sie Ihre Kämpfe mit den Männern, die Ihr Leben begleitet haben.

Niobe war die Tochter von Tantalus, des Königs von Theben. Sie hatte sieben Töchter und sieben Söhne. Sie verhöhnte die Götter, weil sie nicht so fruchtbar waren wie sie. Die Götter schlugen zurück. Sie töteten alle Kinder. Ihr Mann Amphion beging daraufhin Selbstmord. Niobe wurde in Stein verwandelt, aus dem heute noch Tränen rinnen.

Übung:
Schildern Sie Ihre Kämpfe mit Riesen und Göttern. Beschreiben Sie Ihre mythische Trauer über erfolgte Rache.

Penthesileia war die Königin der Amazonen, die vor Troja Hektor, den trojanischen Helden, unterstützte. Penthesileia trat auch gegen Achilles, den größten Helden der Griechen an. Als dieser sie besiegte, verliebte er sich in sie. Er erkannte aber zu spät seine Liebe, also erst, als er Penthesileia sein Schwert in ihre Brust stieß.

Übung:
Haben Sie Ihren größten Feind geliebt, der Sie ermorden wollte? Schreiben Sie Ihren persönlichen Penthesileia-Mythos.

Persephone war die Tochter der Demeter und des Zeus. Sie wurde vom Hades beim Blumenpflücken in die Unterwelt entführt. Demeter erzwang ihre Rückkehr, aber nur zur Bedingung, dass Persephone im Winter bei Hades und im Sommer aber auf der Erde ist.

Übung:
Haben Sie in Ihrem Leben schon in höllischen Beziehungen gelebt? Wer hat sie aus diesen Verhältnissen befreit? Beschreiben Sie Ihre Befreiung aus der Welt der lebenden Toten.

Phyllis war eine thrakische Königstochter. Sie wurde von ihrem Geliebten verlassen und beging Selbstmord.

Übung:
Schreiben Sie als Phyllis einen langen Brief an einen Ihrer treulosen Geliebten.

Semele war die Tochter des Königs Kadmos. Sie wurde auch die Mutter von Dionysos durch die Zeugung von Zeus als Vater. Als sie Zeus bat, zu ihr zu kommen, wie zu seiner Frau Hera, verbrannte Semeles Leib im Licht des riesigen Gottes. Dionysos aber überlebte das Verbrennen seiner Mutter und wurde im Schenkel des Zeus verborgen und später geboren.

Übung:
Beschreiben Sie Ihre Begegnung mit dem Heiligen als Freude und Schrecken im Laufe Ihres Lebens.

4.2 Heldenreise bei Sinnverlust

Oft stellen wir fest, dass uns der Lebenssinn und das Lebensziel abhanden gekommen sind. Es ist dann an der Zeit, das Modell der Heldenreise zu nutzen, um den Sinn wiederzufinden. In der Mythologie ist jede Heldenreise eine Suche nach dem Lebenssinn. Sie sollten also die Heldenreise von Parzival benutzen, um Ihrem Lebensziel wieder auf die Spur zu kommen.

Der Parzival-Mythos, ein Teil des Mythos um König Arthus, wird folgende Fragen für Sie aufwerfen:
- Wie weit hängen Sie von den Eltern ab?
- Was ist Ihr Roter Ritter?
- Was ist Ihr Gral?

Sie bereiten sich auf Ihre Heldenreise vor, indem Sie folgende Kurzfassung des Parzival-Mythos lesen:
„Parzival wird in der Einsamkeit des Waldes von seiner Mutter erzogen, damit er vor dem ritterlichen Tod seines Vaters bewahrt bleibt. Aber Parzival bricht auf. Er gelangt an König Arthus Hof, und er erschlägt den Roten Ritter. Er lernt, keine taktlosen Fragen zu stellen. Diese Warnung hindert Parzival, den leidenden Gralskönig nach den Ursachen seines Leidens zu fragen. Parzival wird in die Tafelrunde des Königs Arthus aufgenommen. Aber die Gralsbotin verflucht ihn. Parzival schwört als Vergeltung, durch alle Länder zu ziehen, um den Gral zu finden. Erst nach langer Zeit findet er einen Einsiedler, der ihm erklärt: ‚Parzival, Du bist mit dem Gralskönig verwandt, und das Gralskönigtum gehört Dir, wenn Du dem Gralskönig die Leidensfrage stellst und dieser sterben kann und Du Gralskönig wirst.'"

Dieser Mythos zeigt: Wir müssen aufbrechen. Wir wandern auf unserem Heldenweg durch Höhen und Tiefen. Wir scheitern und raffen uns auf. Es gibt viele Kämpfe, nicht nur mit dem Roten Ritter. Am Ende der Reise gibt es eine Lösung.

Übung:
Stellen Sie sich vor, Sie sind Parzival. Betrachten Sie Ihr Leben als Heldenreise. Beantworten Sie folgende Fragen:
- ***Was sind Ihre größten Höhen und Tiefen in Ihrem Leben?***
- ***Haben Sie auch als unwissender Narr begonnen?***
- ***Sind Sie zum Sucher geworden?***
- ***Suchen Sie auch Ihren Gral?***

Schreiben Sie dann eine erste Heldenreise mit folgenden Stationen:
1. ***Aufbruch***
2. ***Suche und Kämpfe***
3. ***Lösung Ihrer Suche***

Vertiefen Sie nun Ihre Heldenreise. Listen Sie auf, was Sie gerne tun. Tragen Sie Ihre Wünsche in den folgenden drei Spalten ein:

Liste	Wünsche im letzten Jahr	Wünsche letzte Woche	Wünsche, die ich unmöglich realisieren kann
1.			
2.			
3.			
4.			
5.			
6.			
7.			
8.			

Stellen Sie anhand der Liste fest, was Ihre größten Wünsche sind. Begeben Sie sich nun auf eine neue Heldenreise.

Übung:
Meditieren Sie über Ihre größten Wünsche bei geschlossenen Augen. Welche Wunschrealisierungen stellen sich spontan ein?

Übung:
Zeichnen Sie einen Gral, einen großen Becher. Benennen Sie seinen Inhalt als Ihren größten Wunsch.

Stellen Sie sich nun Ihr Leben in Meditation in 10 Perioden vor. Arbeiten Sie mit folgender Grafik. Schreiben Sie ihre Kämpfe um Ihr Lebensziel in diesen Perioden in der rechten Spalte der Grafik auf.

Jahrzehnte	**Meine Lebensziele**
0–9 Jahre	
10–19 Jahre	
20–29 Jahre	
30–39 Jahre	
40–49 Jahre	
50–59 Jahre	
60–69 Jahre	
70–79 Jahre	
80–89 Jahre	

Stellen Sie nun fest, ob Sie ähnliche Abenteuer wie Parzival erlebt haben:

- ***Wie war die Lösung von den Eltern?***
- ***Wie war Ihr Aufbruch?***
- ***Wie waren Ihre Kämpfe?***
- ***Welche Fehler haben Sie im Leben gemacht?***
- ***Welchen Ort der Lösung durch Erringung des Grals streben Sie an?***

Übung:
Schreiben Sie nun eine Erklärung, die folgende Sätze ergänzt:

- ***Mein Lebensziel heißt…***
- ***Folgende Dinge machen mein Leben sinnvoll…***
- ***Folgende Schritte werde ich tun, um meinen Gral zu finden…***

4.3 Heldenreisen in die Unterwelt und in den Himmel

Wir erleben oft, dass unser Leben abstürzt. Wir geraten in psychische Krisen, in Krankheiten, unsere Bezugspersonen verlassen uns, unsere Arbeit wandert aus, unsere Wohnung wird verkauft. Diese bittere Zeit in der Hölle wird in der Mythologie oft geschildert. Sie wird als Pfad in das Reich der Toten dargestellt, die den Lebendigen jedoch verschlossen ist und aus der nie jemand zurückkehrt. Nur besonders heldenhafte Menschen können eine solche Reise bewältigen.

So gibt es die Unterweltfahrt des halbgöttlichen **Gilgamesch**, des Königs von Uruk, dessen Taten in das dritte vorchristliche Jahrtausend zurückreichen.

Dieser Unterweltfahrt-Mythos lautet:
„Gilgamesch wird durch das Sterben seines Freundes Enkido von Todesfurcht ergriffen. Er bricht auf, um den Sintfluthelden Utnapischtin zu finden. Dieser alte Weise soll ein Kraut besitzen, das Unsterblichkeit vermittelt. Gilgamesch reist ans Ende der Welt und findet den Unsterblichen. Aber Gilgamesch verliert das Kraut, das er von diesem Unsterblichen erhalten hat und kehrt in den Alltag zurück. Er hat erfahren, was Leben bedeutet und ist bereit, mit dem Tod in die Unterwelt zu gehen.“

Dieser Mythos wirft folgende Fragen auf:
- Wie gehen Sie mit der Todesangst um?
- Welche Mittel suchen Sie, um dem Tod zu entgehen?
- Welche weisen Menschen suchen Sie auf, um Unsterblichkeit zu erlangen?

Dieser Mythos von Gilgamesch zeigt: Wir sind vom Tod terrorisiert. Wir suchen Abhilfe. Wir reisen bis ans Ende der Welt. Aber wir müssen umkehren und die Todesangst im Alltag besiegen.

Übung:
Stellen Sie sich vor, Sie sind Gilgamesch. Beantworten Sie folgende Fragen:
- ***Was ist der größte Lebensabgrund, den Sie erlebt haben?***
- ***Haben Sie ein Heilmittel gegen den Tod gesucht?***
- ***Was haben Sie gefunden?***

Schreiben Sie nun Ihre Heldenreise in die Unterwelt mit folgenden Stationen auf:
1. ***Aufbruch***
2. ***Suche nach dem Heilmittel gegen den Tod***
3. ***Lösung Ihrer Todesangst***

Die Odysse des Homer schildert den Kontakt des **Odysseus** mit den Bewohnern des Hades, der Unterwelt. Odysseus lockt die Toten mit frischem Schafsblut in einer Opfergrube an. Unter den Totengeistern ist auch der Seher Teiresias, der sich am Blute stärkt, ehe er reden kann. Auch die verstorbene Mutter des Odysseus trinkt vom Blut und spricht dann mit ihrem Sohn. Sie beschreibt das Leben im Hades:

„Sobald das Leben die weißen Gebeine verlässt, entschwebt die Seele und fliegt umher wie ein Traumbild." (Homer: Odyssee, Kap. 11, Vers 217–222)

Übung:
Schließen Sie die Augen. Stellen Sie sich den Abstiegsort zum Hades vor. Beschreiben Sie, wie Sie die Toten zum Sprechen bewegen und was sie Ihnen über das Leben im Hades zu berichten haben.

Bei **Johannes von Patmos** gibt es in seiner „Apokalypse" aus dem Neuen Testament folgendes Bild von den ewigen „Höllenqualen" in der Unterwelt:
„Die Armeen des Teufels werden vor Jerusalem geschlagen. Denn Feuer fiel vom Himmel und verzehrte sie. Und der Teufel, ihr Verführer, wurde in den See von brennendem Schwefel geworfen, wo auch das Tier und der falsche Prophet sind. Tag und Nacht werden sie gequält, in alle Ewigkeit." (Offenbarung des Johannes, Kap. 20, Vers 9–10)

Übung:
Beschreiben Sie, wie Sie aus dieser Hölle ausbrechen können.

Weitere Heldenreisen in die Unterwelt ersparen wir uns, denn bis in die Neuzeit gibt es hier nur eine Steigerung der ewigen Qualen. Erst im 20. Jahrhundert setzt sich in der katholischen Kirche die Idee der „All-Versöhnung" durch. Sie lautet: „Alle Lehren über die Hölle sind überflüssig, denn Gottes Heilswillen ist so groß, dass schließlich alle Menschen in den Himmel kommen." (B. Lang: Himmel und Hölle. München 2003, S. 116)

Aber auch alle Lehren über den Himmel sind heute überholt: „Die Theologen des 20. Jahrhunderts haben der himmlischen Existenz die Beschreibbarkeit abgesprochen." (B. Lang, C. McDannell: Der Himmel. Frankfurt 1990, S. 467f.)

Wer eine Heldenreise in den Himmel schreiben möchte, muss schon auf den schwedischen Seher **Immanuel Swedenborg** zurückgreifen, der, als er 1772 starb, 16 Bände über seine Himmelsvisionen veröffentlicht hatte. Sein Resümee lautete: „Gott überlässt jedem Unsterblichen seine eigene Selbstbestimmung... aus Liebe dienen die Heiligen einander, widmen sich nützlicher Arbeit und erreichen so eine immer höhere Vollkommenheit." (B. Lang, C. McDannell, a.a.O., S. 303f.)

Übung:
Beschreiben Sie Ihre Reise in den Himmel von Swedenborg und umreißen Sie die nützliche Arbeit, die Sie dort immer vollkommener machen könnte.

4.4 Heldenreise zu den Göttern

Die Heldenreise zu den Göttern ist schwierig. Autoren wie J. S. Bolen, der die Bücher „Göttinnen in jeder Frau" (1984) und „Götter in jedem Mann" (1989) veröffentlichte, übertreiben offensichtlich gewaltig. Denn dass die griechischen Götter und Göttinnen in Amerikanern oder Deutschen hausen, ist heute sehr unwahrscheinlich. Was aber sicher ist: viele Menschen haben mit Menschen oft literarischen Kontakt gehabt, die mit Göttern Kontakt gehabt haben wollen. Das sind die überlieferten Religionsstifter. Wir wollen deshalb einige Heldenreisen zu den großen Religionsstiftern vorstellen:

Mose (1200 v. Chr.):

In der Bibel steht: „Und der Engel erschien Mose in einer feurigen Flamme aus dem Busch. Und Mose sah, dass der Busch mit Feuer brannte und ward doch nicht verzehrt." (2. Mose, Kap. 3,2) Und Mose bekam Angst vor Gott. „Und Mose verhüllte sein Angesicht, denn er fürchtete sich, Gott anzuschauen." (2. Mose, Kap. 3,11)

Übung:
Hatten Sie in Ihrem Leben den Mut, einen lebendigen „Gott" anzuschauen?

Laotse (604 v. Chr.):

Im Tao-Te-King beschreibt Laotse, wer das auch immer war, seine Erfahrungen mit dem Tao: „Wer in der Fülle des Tao steht, gleicht einem neugeborenen Kindlein. Giftige Schlangen stechen ihn nicht. Reißende Tiere packen ihn nicht. Raubvögel stoßen nicht nach ihm." Laotse wurde einmal gefragt: „Du bist alt, Meister, aber deine Haut gleicht der eines Kindes. Wie geht das zu?" Laotse antwortete: „Ich habe das Tao erfahren."

Übung:
Kennen Sie Situationen in Ihrem Leben, in denen Ihr Körper nicht alterte, die Todesangst verschwand und jede Lebenslast spurlos verschwunden war?

Gautama, der Buddha (560–480 v. Chr.):

Buddha verließ seine Familie. Er fastete sechs Jahre im Dschungel. Als 35-Jähriger erlebte er die Erleuchtung. In der ersten Nacht unter dem Bodhi-Baum erlebte er die „ruhelose selige Heiterkeit". In der zweiten Nacht „erlebte er die Meeresstille, die Einheit des Gemütes". In der dritten Nacht erlebte er die Einsicht „jenseits von Sein und Nicht-Sein". Er erinnerte sich nun, im Sinne einer zyklischen Kosmostheorie, an frühere Daseinsformen, an seine Zeit vor der Weltentstehung und nach dem Weltuntergang. Er erkannte den Wahn am Körper zu hängen und den Weg sich vom Rad der Wiedergeburt zu lösen.

Übung:
Haben Sie in Ihrem Leben schon eine innere Begegnung mit Buddha gehabt, wie sie dem pessimistischen Philosophen Arthur Schopenhauer im Alter von 17 Jahren widerfuhr?

Jesus:

Es gibt keine schriftlichen Texte von Jesus selber. Die Evangelisten, die sein Leben aufzeichneten, berichten: „Das Angesicht Jesu leuchtete wie die Sonne und seine Kleider waren weißer als ein Licht." (Matthäus, 17, 2) Und Markus schreibt das gleiche über die Erscheinung Jesu: „Und seine Kleider wurden weiß wie der Schnee." (Markus 9,3) Und Lukas ergänzt: „Jesus Kleid war weiß und glänzte." (Lukas 9, 29)

Übung:
Ist Ihnen in Ihrem Leben schon mal als inneres Bild Jesus begegnet? Was haben Sie nach dieser Erfahrung in Ihrem Leben gemacht?

Mohammed (570–632 n. Chr.):

Mohammed war 40 Jahre alt, als er seine wichtigste Erleuchtung erfuhr: Er meditierte in der Höhle des Berges Hara tagelang, nächtelang. Er erlebte Visionen, Ekstasen und Traumzustände. Endlich erschien der Engel Gabriel und breitete ein beschriebenes Seidentuch vor ihm aus und forderte Mohammed auf: „Lies". Nach dieser Erfahrung begann Mohammed über 20 Jahre lang den Koran aufzuschreiben.

Übung:
Kennen Sie in Ihrem Leben Inspirationen, die Sie so heftig überfallen haben, dass Sie Ihnen auf lange Zeit in Ihrem Handeln folgen mussten?

Rama Krishna (1834–1886):

Rama Krishna verfiel oft in ekstatische Verzückung. In diesen Verzückungen erlebte er alle großen Religionsgründer. Er ordnete deshalb sein Leben so, dass er für Jahre als Christ, Taoist, Buddhist, Moslem oder als Anhänger der Göttin Kali lebte. Er hat nie eine Sekte gegründet, auch nichts schriftlich hinterlassen.

Übung:
Haben Sie in Ihrem Leben schon mal den Versuch gemacht, für eine gewisse Zeit einen religiösen Heldenpfad auszuprobieren? Geben Sie einen Bericht.

4.5 Die großen Projekte der Heldenreise

Wenn ein Mensch sich anderen Menschen vorstellen oder sich selbst verstehen will, muss er seine Geschichte erzählen. Die beste Geschichte, die man erzählen kann, ist der persönliche Mythos. Das ist die Geschichte, die wir im Laufe des Lebens über unser Leben bewusst oder unbewusst erfinden, um unserem Leben Sinn zu geben. Der persönliche Mythos hat, wie alle Geschichten, einen Beginn, eine Mitte und ein Ende. Er entspricht einem Helden- oder Heldinnentypus, der sich im Laufe des Lebens wandelt. Der persönliche Mythos klärt die eigene Vergangenheit, beleuchtet die Gegenwart und entwirft die Zukunft (vgl. D. P. McAdams: Stories We Live By. Personal Myths and the Making of the Self. New York 1993, S. 12).

4.5.1 Der persönliche Mythos als Roman

Der persönliche Mythos entwickelt sich vom Anfang bis zum Ende des Lebens. Um den eigenen Mythos als Ganzen noch einmal zu erkennen, wollen wir ein Programm mit 7 Abschnitten vorschlagen und durcharbeiten.

1. **Das eigene Leben als Roman:** Betrachten Sie Ihr Leben und geben Sie jedem Lebensabschnitt eine Kapitelüberschrift, wie in einem Roman. Beschreiben Sie dann in 10 Sätzen die Ereignisse jedes Lebenskapitels.
2. **Die Gipfelerfahrung des eigenen Lebens:** Wenden Sie sich nun den besonderen Erfahrungen Ihres Lebens zu, Ihren Schlüsselerfahrungen. Dabei sind folgende Erfahrungen wichtig: Beschreiben Sie die Gipfelerfahrungen Ihres absoluten Glücks. Beschreiben Sie dann Ihre Abgrundserfahrungen Ihres absoluten Unglücks. Konzentrieren Sie sich auf die krisenhaften Wendepunkte Ihres Lebens und beschreiben Sie sie. Erinnern Sie sich an Ihre frühesten Erfahrungen und an die wichtigsten Kindheitserinnerungen. Benennen Sie nun die wichtigsten Erinnerungen an Ihre Pubertät, an Ihr jüngeres Erwachsenenalter und an die Krise in der Mitte Ihres Lebens.
3. **Die Hauptprobleme Ihres Lebens:** Beschreiben Sie die Hauptprobleme Ihres Lebens. Legen Sie eine Rankingliste an, die zeigt, welche Probleme Sie im Leben geplagt und mit welchen Feinden Sie gekämpft haben.
4. **Die Glaubensentwicklung:** Beschreiben Sie nun die Entwicklung Ihrer Gottesbilder im Leben. Benennen Sie in Kürze Ihre letzten Glaubenssätze. Beschreiben Sie alle Ihre Helden und Heldinnen, die Ihnen im Leben als Vorbild zur Lösung von Lebensproblemen geholfen haben. Nennen Sie alle Mythen, die Ihrem Leben irgendeinen Sinn gegeben haben. Charakterisieren Sie Ihre Begegnungen mit den großen mythischen Helden, die Weltreligionen gegründet haben. Stellen Sie fest, welche Höllen- und Himmelserfahrungen Sie schon gemacht haben.
5. **Der persönliche Mythos:** Schreiben Sie Ihren persönlichen Mythos auf, indem Sie die Erkenntnisse aus den Abschnitten 1 bis 4 verarbeiten. Benutzen Sie dabei die Kapitelüberschriften aus Übung 1. Versuchen Sie aber in jedem Kapitel die mythische Basis Ihrer Lebensentwicklung konsequent zu benennen.
6. **Das mythische Lebensthema:** Formulieren Sie nun das mythische Hauptthema Ihres Lebens, das Ihrem mythischen Haupthelden oder Ihrer mythischen Hauptheldin entlehnt ist.

4.5.2 Der persönliche Mythos als Psychotrip

Nach Jean Gebser hat sich das menschliche Bewusstsein über vier große Stufen entwickelt, die heute noch in tieferen Schichten des Bewusstseins erhalten sind:

1. **Archaisches Bewusstsein** (500.000 Jahre v. Chr.): Das ist ein träumendes Bewusstsein mit starker Körperbezogenheit.
2. **Magisches Bewusstsein** (ab 80.000 v. Chr.): Dieses Bewusstsein zeigt die Verwobenheit von Mensch und Welt.
3. **Mythisches Bewusstsein** (ab 12.000 v. Chr.): Die Welt wird nun sprachlich geordnet in Geschichten von Göttern und Helden in einer Welt mit drei Etagen: Himmel, Erde, Unterwelt.
4. **Rationales Bewusstsein** (ab 1000 v. Chr.): Durch die beginnende Wissenschaft kommt es zur Trennung des Selbst von der Umwelt.

(J. Gebser: Ursprung und Gegenwart. Stuttgart 1966)

Bei dem Schreiben persönlicher Mythen wird es immer wieder zur Spannung zwischen dem rationalen und dem mythischen, magischen oder archaischen Bewusstsein kommen. Diesen Konflikten entkommen wir nicht, weil unser Alltagsbewusstsein neben unserer Ratio auch von modernen Mythen geprägt ist (vgl. D. Feinstein, S. Krippner: Persönliche Mythologie. Basel 1987, S. 52–58).

Aber das ist das Neue: Es gibt heute keine gemeinsame Mythologie mehr. Dafür arbeiten wir oft unsere persönliche Mythologie um. Dieser Prozess der ständigen persönlichen Mythenerneuerung kann in fünf Stufen verstanden werden.

Diese Stufen heißen:

1. **Konflikte in der persönlichen Mythologie erkennen:** Störungen im äußeren und inneren Leben lassen sich bis zu den grundlegenden mythischen Konflikten in unserer tieferen Psyche zurückverfolgen. Der grundlegende mythische Konflikt ist in unserer westlichen Welt der christliche Mythos. Er wird im frühkindlichen Konflikt mit den Eltern als Rettungsphantasie durch Jesus vertieft, dabei hilft Jesus gegen den leiblichen Vater und legitimiert die Rebellion gegen seine Autorität, so wie es Jesus mit dem Gottvater getan hat, den er besiegte.
2. **Den Zusammenstoß von Mythos und Gegenmythos erfassen:** Die Quellen widersprechender Mythen in der eigenen Psyche lassen sich leicht erfassen. Der Jesus-Mythos der Kindheit gerät in Konflikt mit den modernen Pop-Helden, mit den Wissenschaftshelden der modernen Geschichte. Der Mythos von Darwin und Freud steht dann z. B. gegen den Jesus-Mythos. Elternhaus und Schule treten sich oft als unterschiedliche Mythenvermittler gegenüber.

3. **Den Mythenkonflikt kognitiv und affektiv lösen:** In der Pubertät werden Identitätsentwürfe und Ich-Ideal-Ideen versuchen, die alten mythischen Bilder zu integrieren, wobei der Rückgriff auf die flexiblen Mythen des griechischen Polytheismus oft hilfreich ist. Das zeigen die persönlichen Mythen von Nietzsche, Camus, Karen Horney usw.
4. **Den neuen Mythos formulieren:** Im jungen Erwachsenenalter wird ein neuer Mythos gebildet, der sich an der Heldenreise orientiert und eine moderne Vision griechischer Heldenfahrten mit umfasst.
5. **Den neuen Mythos ins neue Leben integrieren:** Durch Aufschreiben und Durcharbeiten kann der neue Mythos am Leben erhalten werden, bis es zu neuen Konflikten in der Mitte der Lebenskrise kommt und die fünf Stufen der Arbeit am persönlichen Mythos erneut durchlaufen werden müssen, um einen persönlichen Mythos des späteren Alters zu erwerben.

(Vgl. D. Feinstein, S. Krippner, a.a.O., S. 138–143)

Diese fünf Stufen der Arbeit am persönlichen Mythos können mit freier Assoziation, dem persönlichen Tagebuch, der Traumarbeit, gelenker Imagination, Körpertraining, Yoga, Meditation, Arbeit in Gruppen unterstützt werden. Falls der Einzelne sich überfordert fühlt, muss er die Arbeit am persönlichen Mythos sofort abbrechen und warten, bis er wieder Kraft für diese Arbeit hat (vgl. S. Grof: Spirituelle Krisen. München 1986).

Sehen wir uns die Aufgaben zur Bewältigung der fünf Stufen der Arbeit am persönlichen Mythos nun genauer an.

1. **Stufe: Übungen zur Erkenntnis der Konflikte in der persönlichen Mythologie**
   - Beschreiben Sie Ihre Familienkonflikte als Kind.
   - Klären Sie, welche Rolle die christliche Mythologie bei der Bewältigung dieser Konflikte hatte.
   - Welche Rolle spielten für Sie als Kind Jesus und die jesuanische Rebellion gegen den großen Vater?
2. **Stufe: Übungen zur Klärung des Zusammenstoßes vom christlichen Mythos und modernen Mythen aus Pop-Kultur und Wissenschaft**
   - Listen Sie die Idole Ihrer frühen Jugend auf und klären Sie, wie weit Ihre christliche Mythologie durch die Helden der neuen wissenschaftlichen Kultur entwertet wurden.
3. **Stufe: Übungen zur Lösung der Konflikte zwischen altem Mythos und neuem Mythos**
   - Legen Sie zwei Spalten an: alter Mythos und neuer Mythos. Führen Sie Gespräche zwischen Mythos 1 und Mythos 2.

- Achten Sie auf Träume und spontane Einfälle, die Lösungen zu Ihren-mythischen Konflikten anbieten.
- Benutzen Sie die Erkenntnisse der 1. Achsenzeit (vgl. K. Armstrong: Die Achsenzeit. München 2006), um die christlich-mythischen Ideen zu relativieren und zu modernisieren.

4. Stufe: Übungen zur Formulierung Ihres neuen Mythos
- Greifen Sie auf Ihre mythischen Helden aus der griechischen Antike zurück, die Sie in der Jugend kennenlernten und formulieren Sie deren Heldenreise in der modernen Welt.
- Meditieren Sie Ihren gewählten modernisierten Mythos und verbinden Sie ihn mit den Erkenntnissen der modernen Wissenschaft.

5. Stufe: Übungen zur Integration des neuen Mythos in Ihr heutiges Leben
- Schaffen Sie sich Bilder oder Installationen, die in Ihren privaten Räumen Ihre Konfrontation mit dem neuen persönlichen Mythos auf Dauer stellen können. Sie können so oft Sie wollen über ein Symbol meditieren, das den neuen Mythos repräsentiert. Schreiben Sie die ganze Geschichte Ihrer Mythensuche, von der Kindheit bis zur Gegenwart, als Bericht zu Ihrer persönlichen Mythologie auf.

4.5.3 Der persönliche Mythos als Tarot-Spiel

Die Arbeit am persönlichen Mythos mit Hilfe der 21 großen Arkanen des Tarotspiels ist in der modernen Literatur weit verbreitet. Der berühmteste Tarot-Roman war der 1915 erschienene Roman „Der Golem" von Gustav Meyrink. Es folgten Bücher von William Butler-Yeats, Gedichte von T. S. Elliot, besonders „Das wüste Land" sowie Italo Calvinos „Das Schloß, darin sich Schicksale kreuzen" von 1978, die sich fortführen lassen zu der „Illuminaten-Trilogie" von Robert Shea und Robert Anton Wilson. Alle diese Bücher verarbeiten die persönliche Mythologie in literarischen Formen und nutzen die Tarot-Bilder, um das eigene Unbewusste leichter zu beeinflussen und eine geeignete Trance für die gewünschten Visionen beim Schreiben hervorzurufen (vgl. R. Tegtmeier: Tarot. Geschichte eines Schicksalsspiels. Köln 1988, S. 121).

Der Tarot kann also den Zugang zum persönlichen Mythos in besonders eindrucksvoller Weise eröffnen. Für die Benutzung des Tarots beim Schreiben des persönlichen Mythos sollten die Tarotkarten von Rider-Waite benutzt werden. Schon früh war erkannt worden, dass die 21 großen Arkanen den Weg des mythischen Helden durch zentrale Lebenskrisen beschreiben. Deshalb werden die 21 großen Arkanen-Karten-Bilder den acht Stufen der Heldenreise zugeordnet. Methodisch wird dabei folgendermaßen vorgegangen:

Bei jeder Tarot-Karten-Meditation wird zuerst das Bewusstsein auf einen weiten blauen Himmel eingestellt. Dann wird die Tarot-Karte betrachtet und Einfälle zur Karte schriftlich entwickelt. Die dadurch entstehenden Texte werden interpretiert und am Schluss der Interpretation wird eine positive Schlussbemerkung gewählt. Bei einem derartigen Durchgang durch die 21 großen Arkanen entsteht so ein Text, der den persönlichen Mythos repräsentiert.

Die Heldenreise oder Heldinnenreise nach dem Tarot der 21 großen Arkanen erhält folgende Struktur:

1. **Die Geburt des Helden:** Am Anfang wird also der „Narr" betrachtet und dann der „Magier". Der „Narr" zeigt, wie Sie eine neue Krise in Ihrem Leben angehen. Der „Magier" ist Ihr Begleiter auf dem anstehenden Weg Ihrer Reise. Schreiben Sie also zu beiden Bildern einen Text und eine Interpretation.

2. **Die Einweihung des Helden:** Die Einweihung in die Heldenreise wird mit vier weiteren Arkanenbildern beschreibbar gemacht. Meditieren Sie also zur „Hohen Priesterin", zur „Herrscherin", zum „Herrscher" und zum „Hohen Priester". Die „Hohe Priesterin" repräsentiert Ihr kollektives Unbewusstes. Ihre Reaktion auf dieses Bild eröffnet einen weiteren Blick auf Ihren persönlichen Mythos in Ihrem kollektiven Unbewussten. Die „Herrscherin" repräsentiert die äußere Natur und ihre innere Kraft. Sie konfrontieren sich nun mit der großen Muttergöttin. Der „Herrscher" repräsentiert die väterliche Ordnung, wie Zeus, der Göttervater des Olymp. Der „Hohe Priester" zeigt Ihnen Ihre religiösen Anteile Ihres Unbewussten. Ein Gespräch mit dem „Hohen Priester" könnte Ihre Einweihung abschließen. Sie werden leicht erkennen, dass die Einweihung zugleich die Auseinandersetzung und Ablösung von Ihren Eltern darstellt.

3. **Der Rückzug des Helden:** Nach der Einweihung geht es für den Helden um die Konzentrierung auf sich selbst und die Herstellung der inneren Balance zwischen Bewusstsein (Ich) und Unbewusstem. Im Bild „Die Liebenden" wird diese Balance zwischen Bewusstsein und Unbewusstem sichtbar. Im Bild „Der Wagen" konfrontieren Sie sich mit dem Seelenbild von Platon, der sagt, dass der Wagenlenker (Ihr Ich) das Pferd „Vernunft" und das Pferd „Triebe" lenken muss. Das Bild „Die Kraft" repräsentiert die Energie Ihres Überbewusstseins. Sie schreiben schließlich einen Text zu dem Bild „Der Einsiedler". Dieses Bild zeigt den Helden, wie er den Weg erleuchtet, den er als Held gehen muss.

4. **Die Suche des Helden:** Das Bild „Das Glücksrad" fordert Sie zur Stellungnahme zum ewigen Wechsel der Dinge auf. Es verlangt von Ihnen einen Text zum ewigen Kreislauf des Lebens. Das Bild „Gerechtigkeit" animiert Sie, Ihre Kräfte der Selbststeuerung zu erfassen und zu beschreiben.

5. **Die Begegnung mit dem Königreich des Todes:** Das Bild „Der Gehenkte" zeigt Ihnen, dass bestimmte Werte Ihrer Welt vergangen sind und neue Kräfte sich anbahnen. Materielle Werte werden entwertet und spirituelle Werte gewinnen an Macht. Darüber sollten Sie nun schreiben. Das Bild „Der Tod" zeigt, dass der Tag vergeht und die Nacht kommt. Das Bild zeigt aber auch, dass das Leben stirbt und im Tod verfällt, aber im Tod sich auch ein neues Leben bildet. Ein solcher Text wäre nun zu schreiben, der Themen wie „Orpheus und Euridike", „Persepone", „Odysseus in der Unterwelt" einbezieht. Das Bild „Die Mäßigung" kann Sie nun animieren, die eigene innere Balance wieder zu gewinnen und zu thematisieren.

6. **Die Konfrontation mit dem Teufel:** Jetzt muss der Held sich mit seinem Schatten und dem eigenen Bösen konfrontieren. Nur durch diese Konfrontation werden Ängste und Unsicherheiten aufgelöst. Das Bild „Der Teufel" zeigt den Basismythos der Reise in das kollektive Unbewusste. Ein Text zum Teufel wird Ihre Kräfte deutlich machen und wie Sie sie befreien können. Das Bild „Der Turm" stimuliert Sie zu Einfällen, wie Sie dem Bösen entgehen können und Ihre depressiven Züge sich aufhellen werden.

7. **Die Wiedergeburt des Helden:** Nach der Reise in die Unterwelt ist es Zeit zur Wiedergeburt. Angesichts des Bildes „Der Stern" eröffnen sich in Ihnen Orientierungen in der Finsternis, die Sie nun beschreiben. Das Bild „Der Mond" vergewissert uns in einem Text, dass wir uns wandeln, dass es für uns einen Weg gibt. Mit dem Bild „Die Sonne" erschreiben wir uns die Kraft der kosmischen Energie. Wir blicken mit unserem Text in das Auge des Lebens und in die Kraft des Kosmos.

8. **Die Verwandlung des Helden:** Nun hat der Held seine Reise durchgestanden. Er hat sein Leben riskiert und sein Leben zurückgewonnen. Er hat Tod und Teufel getrotzt und kann nun wiederauferstehen für ein neues Leben nach der Krise. Das Bild „Die Auferstehung" motiviert zu einem Text zur „Auferstehung vom Tode". Das Bild „Die Welt" lässt die Integration beschreiben, die der Held auf seiner Reise gewonnen hat: Wissenschaft und Mythos, Mutter und Vater, Götter und Menschen lassen sich nun im persönlichen Mythos angemessen ordnen. Der entsprechende Text beschreibt den Tanz der Welt, an der der Held weiter teilnehmen will. Oder er beschreibt den Baum des Lebens, aus dem alle weiteren Kräfte zur Heldenreise erwachsen.

Übung:
Schreiben Sie eine Zusammenfassung aller Einsichten und Gefühle, die Sie auf Ihrer Heldenreise nach dem Tarot gewonnen haben. Behalten Sie aber im Sinn: Nach der Krise ist vor der Krise. Die nächste Heldenreise steht bald wieder an. Und auch neue Erkenntnisse und Stärkungen, die Sie mithilfe der 21 großen Arkanen des Tarot bewältigen können.

Entwerfen wir nun zu Ihrer Orientierung eine Landkarte der Tarot-Heldenreise mit den Bildern der großen Arkanen:

Stadien	**Bilder der großen Arkanen**
1. Geburt des Helden	Der Narr, der Magier
2. Einweihung des Helden	Die Hohepriesterin, Die Herrscherin, Der Herrscher, Der Hohepriester
3. Der Rückzug des Helden	Die Liebenden, Der Wagen, Die Kraft, Der Einsiedler
4. Die Suche des Helden	Das Glücksrad, Die Gerechtigkeit
5. Das Königreich des Todes	Der Gehenkte, Der Tod, Die Mäßigung
6. Konfrontation mit dem Teufel	Der Teufel, Der Turm
7. Die Wiedergeburt des Helden	Der Stern, Der Mond, Die Sonne
8. Die Verwandlung des Helden	Die Auferstehung, Die Welt

Benutzen Sie zum Schreiben Ihrer Heldenreise folgendes Mind-Map:

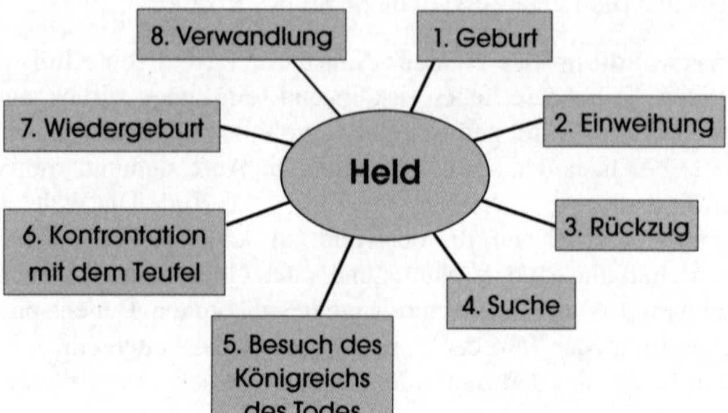

4.5.4 Der persönliche Mythos als Heldinnen-Reise für Frauen

Die Heldinnen-Reise kann sich auf eine lange Entwicklung der Erforschung der matriarchalischen großen Göttin stützen. Diese Erforschung begann mit J. J. Bachofens Werk „Das Mutterrecht" von 1861. Sie wurde fortgeführt von Friedrich Engels in seinem Buch „Die Ursprünge der Familie, des Privateigentums und des Staates" von 1884. C. G. Jung schildert in seinem Buch „Symbole der Wandlung" von 1912 die mythologischen Erfahrungen einer Klientin mit der großen Göttin, ihrem Sohn und der Reise ins kollektive Unbewusste. Sein Schüler Erich Neumann erschloss in seinem Buch „Die große Göttin" von 1955 die verschiedenen Aspekte der großen Mutter als Herrin der Tiere, der Pflanzen, Herrin der Weisheit und die Frau als Priesterin und Schamanin. Robert Graves entwickelte in seinem Werk „Die weiße Göttin" von 1948 die matriarchalischen Grundlagen der keltischen Kultur. Merlin Stone veröffentlichte 1978 ihr Buch „Als Gott eine Frau war". Sie forderte: „Es ist an der Zeit, die Tatsachen über die frühen weiblichen Religionen ans Licht zu bringen." (M. Stone: Als Gott eine Frau war. München 1989, S. 332)

1984 zog Jean Shinoda Bolen die Konsequenz aus diesen Forschungsergebnissen. Bolen stellte fest, dass im kollektiven Unbewussten der Frau die Spuren der großen Göttin in unterschiedlichen Gestalten zu finden sind. Die große Göttin kann sich im Lebenslauf der Frau als Göttin der Weisheit und des Krieges (Athena), als Göttin der Liebe (Aphrodite), als Göttin der Unterwelt (Persephone), als Göttin der Jagd (Artemis), als Göttin der Mutterschaft (Demeter) und als Göttin der Familie (Hera) bemerkbar machen (J. S. Bolen: Göttinnen in jeder Frau. München 1999). Bolen glaubte auch, dass die Beeinflussung des Lebens durch die Göttinnen-Archetypen bewusst gemacht werden kann und eine Quelle persönlicher Bereicherung ist.

Eine Grafik kann uns das Pantheon der griechischen Göttinnen bewusster machen:

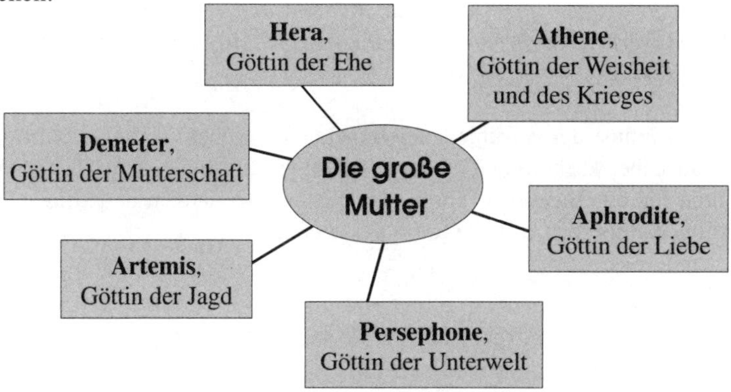

Das Wissen um diese Göttinnen gewinnen die Frauen auf ihrer Heldinnen-Reise. Dieses Wissen stärkt die Selbsterkenntnis und die Selbstakzeptanz. Denn in den verschiedenen Göttinnenbildern werden die Frauen mit den Eigenschaften der großen Göttin konfrontiert.

Die Eigenschaften der großen Göttin heißen:
- das einfache Eine,
- das Wesen von Allem,
- die absolute Weisheit,
- die unbegrenzte Liebe,
- die ewige Jugend und
- die alte Weise.

Für die Konzeption der Heldinnen-Reise zu den Göttinnen entwarfen J. B. Woolger und R. Woolger folgenden Einfluss von Göttinnen auf den weiblichen Lebenslauf:
- Die Kindheit der Frau wird beeinflusst durch die junge Persephone als Göttin des Frühlings.
- Die Jugend der Frau steht unter dem Einfluss von Artemis oder Athena, den Göttinnen der Jagd und der Weisheit.
- Die Mutterschaft der Frau kennt den Einfluss von Demeter und Aphrodite, den Göttinnen der Mutterschaft und der Liebe.
- Für die ältere Frau ist Hera, die Göttin der Familie bestimmend.
- Alter und Tod der Frau stehen unter dem Einfluss der alten Persephone als Göttin der Unterwelt.

(Vgl. J. B. Woolger, R. Woolger: The Goddess within. New York 1989)

Übung:
Können Sie sich vorstellen, dass Ihre wichtigsten Lebensphasen als Frau durch Aspekte der großen Göttin aus ihrem kollektiven Unbewussten bestimmt werden? Schreiben Sie eine Antwort auf diese Frage in einem kleinen Text.

Um den Einfluss der verschiedenen Aspekte der großen Göttin auf ihr Leben als Frau näher zu kommen, sollten Sie folgende Übungen machen. Dabei könnten Sie ein Tagebuch führen, das Träume, Gedanken und Bilder Ihrer Heldinnen-Reise zur großen Göttin verzeichnet:

Übungen:

a) ***Erinnerungen:*** *Die Heldinnen-Reise beginnt mit einem Blick auf Ihr Leben. Legen Sie eine Liste mit zwei Spalten an: Spalte 1: Lebenserinnerungen, Spalte 2: Entsprechende Göttinnenbilder. Wenn Sie also in Spalte 1 schreiben „Ich hatte meine große Liebe mit 15", schreiben Sie in Spalte 2: „Aphrodite". Schreiben Sie in Spalte 1: „Ich wurde mit 24 Jahren Mutter", schreiben Sie in Spalte 2: „Demeter". Hatten Sie im mittleren Lebensalter Krisen, schreiben Sie in Spalte 2: „Hera". Werden Sie im Alter von Todesängsten geplagt, schreiben Sie in Spalte 2: „Persephone". Stellen Sie dann fest, ob sich in Ihrem Schicksal die Geschichte der Göttinnen spiegelt. Schreiben Sie deshalb eine Kurzautobiographie Ihrer Krisen im Lichte des Schicksals der Göttinnen.*

b) ***Typen:*** *Die Heldinnen-Reise sondiert nun Ihre Umwelt. Legen Sie in einer Liste in Spalte 1 alle Ihnen bekannten Frauen an, und notieren Sie in Liste 2, welcher Göttin Sie diese Frauen zuordnen würden.*

c) ***Auffinden der vergessenen Göttin:*** *Die Heldinnen-Reise versucht nun, ein Bild der wichtigsten Göttin Ihres Lebens zu gewinnen. Identifizieren Sie eine der sechs griechischen Göttinnen, die Ihr Leben besonders bestimmt haben könnte. War es Hera, die Familiengöttin, oder Aphrodite, die Liebesgöttin, oder Artemis, die Göttin der Jagd, usw. Schreiben Sie dann alle Einfälle zur gewählten Göttin auf und verfassen Sie aus diesen Einfällen einen Text über die gewählte Göttin Ihres Lebens.*

d) ***Kampf mit Ihrem Schatten:*** *Die nächste Station Ihrer Heldinnen-Reise konfrontiert Sie mit der Nachtmeerfahrt der Heldin. Suchen Sie also die Begegnung mit Ihrem Schatten. Der Schatten ist Ihre eigene negative Seite als Frau, die nichts Göttliches an sich hat. Geben Sie Ihrem Schatten einen Namen und schreiben Sie dem Schatten einen Brief, in dem Sie ihm über Dinge, die Sie bisher über sich immer geheim gehalten haben, berichten.*

e) ***Versuch, sich mit dem Schatten zu versöhnen:*** *Die Bewältigung der Nachtmeerfahrt besteht in der Versöhnung mit Ihrem Schatten. Führen Sie einen schriftlichen Dialog mit Ihrem Schatten über Ihre Differenzen und Ihre Chancen, sich mit dem Schatten zu versöhnen.*

f) ***Schaffen Sie ein Symbol für Ihre Nachtmeerfahrt:*** *Meditieren Sie über die Göttin Ihres Lebens. Malen Sie ein Mandala oder eine Reisekarte von Ihrer Nachtmeerfahrt. Damit können Sie die Resultate Ihrer Heldinnen-Reise zur Göttin festhalten und bildlich gestalten.*

g) ***Entwerfen Sie einen Platz für die Göttin Ihres Lebens:*** *Stellen Sie Blumen auf für Artemis oder versuchen Sie einen Tanz für Aphrodite oder arrangieren Sie einen Teller Früchte für Demeter.*
h) ***Klären Sie Ihre Stellung zu Männern oder Frauen*** *im Lichte Ihrer gewählten Göttin: Schreiben Sie am Abschluss Ihrer Reise an den Mann oder die Frau Ihres Lebens einen Brief über Ihre Erfahrungen auf Ihrer Heldinnen-Reise.*
i) ***Gebete:*** *Schreiben Sie an die jeweilige für Sie wichtige Göttin ein Dankgebet. Danken Sie also z. B. Athene für die Weisheit, Aphrodite für die Liebeslust, Persephone für die Mysterien des Todes, Artemis für die Lebenskraft, Demeter für die Kraft jedes Neubeginns und Hera für ihren Schutz gegenüber der Macht des Mannes.*

4.5.5 Der persönliche Mythos als Heldenreise für Männer

Archetypische Bilder sind uns vertraut. Griechische Mythen sind bis heute lebendig, weil sie uns Wahrheiten über die menschliche Natur offenbaren. Neben dem griechischen Mythos gilt im Westen der biblische Mythos. Es gibt aber viele Parallelen zwischen den beiden mythischen Traditionen. Beide Mythen erzählen als patriarchalische Mythen den Sturz der großen Göttin. Beide Mythen haben einen obersten Kriegsgott. In beiden Mythensystemen verwandelt sich der oberste Gott. In beiden Mythensystemen fühlt sich der oberste Gott durch seine Söhne bedroht.

Jahwe ärgert sich über Moses. Er fürchtet sich vor Jesus und überlässt ihn dem Kreuzestod. Zeus kämpft gegen seine verschiedenen Söhne, nachdem er sich seines Vaters Kronos durch feigen Mord entledigt hat.

In der Philosophie und Mythologie des Westens hat der griechische Mythos, überliefert durch Homers „Ilias“ und „Odyssee“ (750 v. Chr.) und Hesiods „Theogonie“ (700 v. Chr.), einen hohen Stellenwert seit der Renaissance erworben. Er eignet sich sehr gut für die Begegnung der atheistischen Menschen mit dem Heiligen in der Moderne. Denn Mythen erklären in der Seele des Menschen das Heilige, wenn im Äußeren der Welt das Heilige verschwunden ist und diese Welt gottlos erscheint. Bei privaten und kollektiven Krisen können sich die zu Archetypen gewordenen Götter aktivieren. Die griechischen Götter haben auch auf den menschlichen Lebenslauf Einfluss. So sind Hermes und Dionysos eher in der Jugend seelisch wirksam. Im Alter könnten Zeus und Hades großen Einfluss auf Männer gewinnen.

Das griechische Männer-Pantheon umfasst die archetypische Trinität: Zeus, Poseidon und Hades sowie die rebellische Sohnesgeneration: Apollon, Hermes, Ares, Haphaistos und Dionysos.

Eine Grafik kann uns das Pantheon der griechischen Götter bewusster machen:

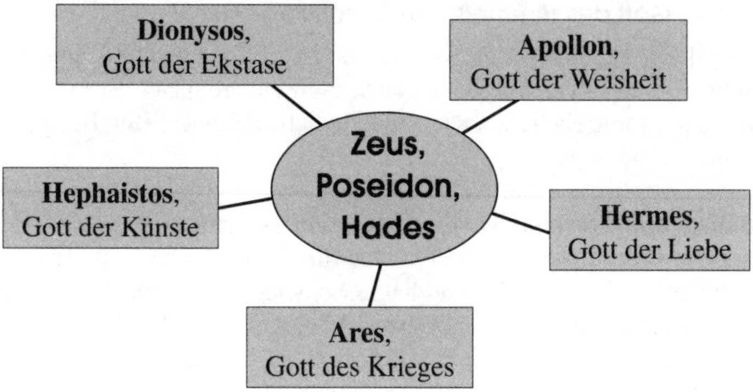

Übung:
Können Sie in Bezug auf dieses Götter-Pantheon schon für sich gewisse Vorlieben feststellen? Vielleicht interessieren Sie sich für Apoll und Dionysos oder für Zeus und Hades. Schreiben Sie eine erste Feststellung: „Mich interessiert der Gott …, weil …"

Gehen wir nun die acht Götter der griechischen Mythologie durch und klären wir, wie weit diese Götter als Archetypen Einfluss auf Ihren Lebenslauf gewonnen haben. Dieser Einfluss kann dann in einer persönlichen Mythologie dargestellt werden (Vgl. J. S. Bolen: Götter in jedem Mann. München 1998). Diese persönliche Mythologie kann sich an folgendem Biographie-Schema, hinter dem sich natürlich das Muster der Heldenreise verbirgt, orientieren:

Übung:
Tragen Sie in diese 3 Spalten Ihre Assoziationen ein und schreiben Sie dann aus den Einfällen zu Spalte 3 Ihre persönliche Mythologie.

Altersstufen	**Leben des Gottes**	**Leben des archetypisch geprägten Mannes**	**Das eigene archetypische Leben**
Kindheit			
Jugend			
Lebensmitte			
Alter			

Kommen wir nun zu den 8 Göttern des griechischen Pantheons:

a) Zeus, Gott des Himmels, des Willens und der Macht:

Zeus gilt als Archetyp des Königs. Er ist voller Entschlossenheit, stiftet Bündnisse und Ehen. Aber er ist auch ein Schürzenjäger. Er kümmert sich rührend um seine ehelichen wie außerehelichen Kinder. Zum Beispiel Pallas Athene oder Dionysos.

Die Biographie des modernen Zeus-Mannes kennt folgende Merkmale: Das **Zeus-Baby** macht früh auf sich aufmerksam. Es kann die Eltern leicht einschüchtern. In seiner **Jugend** hat es Schwierigkeiten mit Autoritätspersonen. Im **Beruf** nimmt er jedes Geschäft energisch in Angriff. Seine Frauenbeziehungen gründen auf Geld und Macht. Mit Männern steht er ständig in Verhandlungen. Seine Sexualität ist die eines Alpha-Tieres. Seine Ehe zielt auf ebenbürtige Frauen. Seine Kinder sollen immer Karriere machen. In der **Mitte des Lebens** erleben Zeus-Männer eine bittere Bilanz. Das Scheitern macht sich dramatisch bemerkbar. Das **Alter** steht im Zeichen des Kampfes um Machterhaltung um jeden Preis. Macht und Paranoia gehen nun oft Hand in Hand. Frauen fühlen sich extrem von Zeus-Männern vernachlässigt. Häufig ist der Zeus-Mann vom Herzinfarkt bedroht.

Übung:
Überlegen Sie! Sind Sie ein Zeus-Mann? Beschreiben Sie Ihre persönliche Mythologie als moderne Zeus-Autobiographie in Kindheit, Jugend, Lebensmitte und Alter.

b) Poseidon, Gott des Meeres, der Gefühle und des Instinkts:

Poseidon hat Zugang zu den Tiefen des Meeres. Auch er ist ein Archetyp des Königs, aber des Königs des Wassers. Sein Wahrzeichen ist der Dreizack, ein Phallussymbol. Er ist ein unerbittlicher Feind. Zehn Jahre lang jagte er Odysseus. Er ist der wilde Mann: vital, instinktiv, ungezähmt von Frauen, im Einklang mit der Natur und Teil der ewig bewegten Natur des Wassers.

Die Biographie des modernen Poseidon-Mannes beginnt mit einer eruptiven **Kindheit**. Das Poseidon-Kind will alles haben, und zwar sofort. Seine Eltern können ihn kaum bändigen. Wo er auftritt, entsteht Chaos. In der **Jugend** beginnt er seine Jagd auf schöne Frauen. Eine **Arbeit** zu finden, wird für ihn immer zum Problem. Er will die Frauen beherrschen und kommt mit modernen Frauen deshalb nicht zurecht. Mit Männern verbindet ihn oft Loyalität und emotionelle Tiefe. In seiner Sexualität herrscht der Instinkt. Er verkörpert den „Sexbolzen“, der jederzeit fähig und willig ist. Seine Ehen sind eigentlich eine Reihe von Vergewaltigungen. Seine Kinder haben oft Angst vor seiner gewaltigen Wut. Die **mittleren Lebensjahre** zeigen oft eine Eruption tiefer Gefühle. Depressionen und dramatische Veränderungen sind möglich. Das **Alter** zeigt ihn als Meister, im Wasser unterzutauchen ohne Angst vor dem Ungeheuer Tod.

Übung:
Überlegen Sie! Sind Sie ein Poseidon-Mann? Beschreiben Sie Ihre persönliche Mythologie als moderne Poseidon-Autobiographie in Kindheit, Jugend, Lebensmitte und Alter.

c) Hades, Gott der Unterwelt, des Reiches der Seele und des Unbewussten:

Hades ist der Archetyp des Einsiedlers. Er hat verborgene Schätze. Er ist ein guter Ratgeber. Aber er bleibt oft unsichtbar. Er ist wie der Schatten des Machtmenschen Zeus. In der Liebe bleibt er lieber körperlos und sexualdistanziert.

Die Biographie des modernen Hades-Mannes ist von kleineren Abstiegen in die Schattenwelt geprägt. Als **Kind** ist er extrem introvertiert. Er gibt mit den Eltern oft Kämpfe. In der **Jugend** protestiert er gegen den Konformismus. Im **Beruf** fehlen ihm Ehrgeiz und Aufgeschlossenheit. Zu Frauen hat er kaum Beziehungen. Auch mit Männern kann er nicht umgehen. Seine Sexualität ist bizarr: Gewalt und Rückzüge prägen seine Beziehungen. Wenn er eine Frau findet, die ihn liebt, heiratet er sie. Das passiert aber nicht immer. Kindern ist er dann ein humorloser und zwanghafter Vater. In der **Lebensmitte** taucht er oft in die Unterwelt ab. Er wohnt in billigen Hotelzimmern, wird chronisch krank, wird Mönch in einem Orden und sucht das absolute Schweigen. Das **Alter** ist oft von einem völligen Fehlen der Todesangst geprägt. Er hat nun beste Beziehungen zur Welt der Jenseitsträume und der Unterwelt-Visionen. Allerdings stellen sich nun oft Schlafstörungen ein. Die Realität erscheint ihm verzerrt. Wenn eine Frau ihn bis ins hohe Alter begleitet, hat er Chancen, nicht verrückt zu werden.

Übung:
Überlegen Sie! Sind Sie ein Hades-Mann? Beschreiben Sie Ihre persönliche Mythologie als moderne Hades-Autobiographie in Kindheit, Jugend, Lebensmitte und Alter.

d) Apollon, Gott der Sonne, Bogenschütze, Gesetzgeber und Lieblingssohn:

Apollon (zu deutsch: Apoll) ist ein Bogenschütze. Er sieht klar und aus höherer Perspektive. Sein Geist ist logisch und realistisch. Er liebt die Gesetze und die Ordnung. Er hat niemals Probleme, sich Ziele zu setzen. Er ist der Lieblingssohn von Zeus. Er liebt auch die Musik. Er ist aber in Distanz zu Menschen. Er ist der Anti-Held. Apollon hält nichts von Helden. Er weigert sich, Herkules zu helfen. Apollon schätzt Vorsicht, meidet körperliche Gefahren und zügelt seine Gefühle und bleibt lieber Beobachter.

Die Biographie des modernen Apollon-Mannes beginnt mit einer sonnigen **Kindheit**. Er erledigt alles mit großer Sorgfalt. Er ist der Liebling seines Vaters. Er ist immer der Gewinner. In der **Jugend** sammelt er Auszeichnungen. Im **Beruf** ist er immer der Erste. Er liebt kompetente Frauen. Er kommt mit Männern bestens aus. In der Liebe ist er kein guter Partner. Er verachtet sexuelle Phantasien und Hingabe im Orgasmus. In der Ehe ist er gut, wenn seine Frau ebenso kühl und distanziert ist wie er. Seine Kinder erleben einen guten und neutralen Vater. In der **Lebensmitte** erlebt er sein Versagen. Seine nach außen funktionierende Ehe platzt oft. Meistens verliert er nun auch seinen Job. Im **Alter** zeigt sich aber: Er hat relativ gut vorgesorgt, er hat gute Aktien-Anlagen oder ein abbezahltes Haus. Über sich nachgedacht hat er in seinem ganzen Leben nicht. Er bleibt ein Narziss. Er bleibt arrogant. Er bleibt einsam in allen seinen Beziehungen bis zum Ende.

Übung:
Überlegen Sie! Sind Sie ein Apollon-Mann? Beschreiben Sie Ihre persönliche Mythologie als moderne Apollon-Autobiographie in Kindheit, Jugend, Lebensmitte und Alter.

e) Hermes, Götterbote und Seelenforscher, Zeichengeber, Trickser und Reisender:

Hermes reist häufig zwischen Olymp, der Erde und der Unterwelt. Er bewegt sich problemlos von einer Ebene zur anderen. Er ist ein Schelm und ein Trickser, der mit List und Gewitztheit seine Gestalt verändert. Er steht immer im Kampf mit seinem älteren Bruder Apollon. Er gilt als Führer zwischen den Welten und als Vater der Alchimie, der Verwandlung. Er rettet aber auch Kinder aus der Welt des Todes.

Die Biographie des modernen Hermes-Mannes zeigt eine frühreife **Kindheit**. Kindergarten und Schule bewältigt er spielend. Er nervt seine Eltern mit erfundenen Geschichten und merkwürdigen Funden. Er ist früh ein Dieb, um später aber große Anerkennung zu gewinnen. In der **Jugend** bricht der Hermes-Mann oft die Ausbildung ab. Er gründet Rock-Bands oder macht Erfindungen. Er könnte aber auch Fußballer oder Tennis-Star werden. Im **Beruf** will er nicht nach dem Schema F arbeiten. Er ist ein phantasievoller Alleskönner mit einem Talent für windige Geschäfte und für aufregende Öffentlichkeitsarbeit. Frauen beeindruckt er schnell. Er taucht aber unerwartet auf und verschwindet ebenso schnell aus Beziehungen. In jeder Liebe entwickelt er den Wunsch weiterzuziehen. Er hat viele Freunde, aber keine sehr tiefgehenden Freundschaften. In der Sexualität liebt er alle möglichen Experimente. In der Ehe scheitert er meistens. Er wird zum typischen schwer greifbaren Junggesellen. Die Besitzgier einer Frau jagt ihn immer in die Flucht. Auch seine Kinder werden außergewöhnlich, sozial wie sexuell. In der **Lebensmitte** entdeckt der Hermes-Mann neue Entwicklungschancen oder er erkennt, er ist ein psychopathischer Versager. Dann hat er oft tödliche Unfälle oder schwere Depressionen. Im **Alter** ist er der heimatlose Wanderer. Er treibt von Ort zu Ort. Er wird nie erwachsen. Er hält dann den Tod für sein letztes großes Abenteuer.

Übung:
Überlegen Sie! Sind Sie ein Hermes-Mann? Beschreiben Sie Ihre persönliche Mythologie als moderne Hermes-Autobiographie in Kindheit, Jugend, Lebensmitte und Alter.

f) Ares, Gott des Krieges, Tänzer, Krieger und Liebhaber:

Ares ist die Verkörperung der Aggression. Er ist der geborene Krieger. Er strotzt vor Kampfeslust. Als Liebhaber ist er voller Leidenschaft. Er erobert die sexuell erfahrenste Göttin Aphrodite und sticht ihren Gatten Hephaistos, den Gott der Schmiede, aus. Bevor er Krieger wird, war er Tänzer. Er liebt die Trommeln der Nacht und des Todes. Er wird von seinem Vater Zeus abgelehnt.

Die Biographie des modernen Ares-Mannes beginnt mit lautem Gebrüll in der **Kindheit**. Unerschrocken greift der kleine Ares-Mann alles an, was ihm im Wege steht. Wenn die Eltern ihn nur noch schlagen können, dann wird aus dem gewalttätigen Kind ein brutaler Mann. In der **Jugend** wird er zum Kampfsport neigen. Im **Beruf** sucht er keine Schreibtischarbeit. Er geht zur Armee und sucht die Schlachtfelder oder den Anti-Guerilla- und Anti-Terror-Krieg. Er kämpft in der vordersten Linie der französischen Fremdenlegion oder bei den Blackwater-Söldnern. Als Ehemann ist er gewalttätig. Er neigt zu Gefühlsexplosionen. Der Ares-Mann ist am liebsten mit aggressiven Männern zusammen. Er liebt die Bandensolidarität und den Geist der Schützengräben. Der Ares-Mann liebt Frauen und prügelt sie. Seine Ehen sind nicht lang andauernd und voller Spannungen. Seine Kinder haben es schwer mit ihm. Wenn er auch noch trinkt, sind sie nie sicher vor seinen Schlägen. In der **Lebensmitte** werden Ares-Männer oft auf den Schlachtfeldern erniedrigt und geopfert. Das **Alter** erleben viele Ares-Männer nicht mehr. Sie sterben durch Unfall, Gewalt oder Krieg. Die Überlebenden leben oft als Verwundete und Verkrüppelte, als Veteranen, weiter. Ihr Hass auf ihr Schicksal wendet sich oft gegen ihre Frauen und Kinder. Sie werden zu misshandelnden Alten, die selbst oft misshandelt wurden. Sie müssen ständig Panik und Ohnmacht verdrängen und werden immer mehr von Hass geleitet. Überlebende Ares-Männer verfallen im Alter oft dem Alkohol oder Drogen.

Übung:
Überlegen Sie! Sind Sie ein Ares-Mann? Beschreiben Sie Ihre persönliche Mythologie als moderne Ares-Autobiographie in Kindheit, Jugend, Lebensmitte und Alter.

g) Hephaistos, Gott der Schmiede, Werkmeister, Erfinder und Einzelgänger:

Hephaistos verkörpert den Trieb, Objekte zu schaffen, die schön und brauchbar sind. Er wurde vom Olymp verbannt und rebelliert deshalb oft gegen Zeus. Er arbeitet als einsamer unterirdischer Schmied. Er war der Gott des unterirdischen Feuers und der Vulkane. Der unglücklichste aller Götter war verkrüppelt, wusste nicht, wer sein Vater war und wurde in der Liebe betrogen. Aber er war ein Genie und der einzige Gott, der wirklich arbeitete. Er baute auch prächtige Paläste für die anderen Götter. Für Zeus schmiedete er das Zepter und die Donnerkeile. Die Götter lachten aber über ihn, wenn seine Frau Aphrodite mit Ares fremdging. Pallas Athene stieß den liebestollen Hephaistos zu Boden. Hephaistos besaß tiefe Gefühle und extreme Wut. Er behielt aber sein Innenleben für sich. Er arbeitete lieber in Ruhe und Einsamkeit in seiner unterirdischen Schmiede. Hephaistos war der einzige unvollkommene Gott. Zeus hatte ihn vom Olymp gestoßen. Hephaistos hatte einen verkrüppelten Fuß, und die anderen Götter lachten darüber.

Die Biographie des Hephaistos-Mannes wird durch Introvertiertheit geprägt. Er kann seine Gefühle nicht ausdrücken. Er kann ein emotioneller Krüppel, ein schwelender Vulkan oder ein Künstler werden. Als **Kind** ist der Hephaistos-Mann sehr empfindlich. Er hat seinen eigenen Kopf. In der Schule ist er ein Einzelgänger. Er interessiert sich für Technik und Wissenschaft. Von den Eltern wird er oft nicht verstanden und abgelehnt. Er wird oft vom Vater verkrüppelt. Er wird ständig kritisiert. In der **Jugend** entdeckt der Hephaistos-Mann seine Kreativität. Er sucht jetzt intensiv gleichgesinnte Künstler. Aber er bleibt Einzelgänger und wird kein Mitglied einer Gemeinschaft. Durch harte Arbeit überwindet er Depressionen. Im **Beruf** geht er dann ganz in seiner Arbeit auf. Oft schlafen Hephaistos-Männer im Labor, im Krankenhaus oder im Atelier. Der Hephaistos-Mann fühlt sich immer als Außenseiter. Die Welt des Profits bleibt ihm fremd. Er lebt von der Zuwendung durch Frauen. Aber eine lange kreative Beziehung zum anderen Geschlecht gelingt selten. Mit Männern verbrüdert er sich nicht. Er rebelliert gegen Autoritäten. In der Sexualität ist der Hephaistos-Mann monogam und treu. Er kann lange Zeiten der Enthaltsamkeit durch Kreativität ausgleichen. Hinter jeder Liebe wittert er den baldigen Betrug, aber ohne Frau als Muse und Agentin kann er sein Werk nicht verkaufen und sein Leben nicht gestalten. Der Hephaistos-Mann zeugt meistens keine Kinder. Die **Lebensmitte** verläuft glücklicher als die Jahrzehnte davor, wenn er den sozialen Durchbruch erreicht. Sonst droht jetzt Alkohol, Selbstzerstörung und Depression. Im **Alter** ist ein Hephaistos-Mann entweder ein verwahrloster Obdachloser oder ein etablierter Künstler. Er kann aber auch ein Clown sein, der sich über alles lustig macht.

Übung:
Überlegen Sie! Sind Sie ein Hephaistos-Mann? Beschreiben Sie Ihre persönliche Mythologie als moderne Hephaistos-Autobiographie in Kindheit, Jugend, Lebensmitte und Alter.

h) Dionysos, Gott des Weines und der Ekstase, Mystiker, Liebhaber und Wanderer:

Dionysos stand der Natur und den Frauen nahe. Mystik und Ekstase waren dem Gott des Weines vertraut. Er war der jüngste Olympier und hatte mit Semele eine sterbliche Mutter. Er war immer von Frauen umgeben. Er erscheint als junger Mann mit einem Efeu-Kranz auf dem Kopf, auch umgeben von Böcken und Löwen. Seine Geburt war außergewöhnlich. Da seine Mutter Semele bei der Geburt starb, da ihr Zeus sich in seinem ganzen Licht zeigte und die Mutter verbrannte, nähte sich Zeus Dionysos in seinen Schenkel, der dem Kind bis zu seiner Geburt als Uterus diente. Kurz nach seiner Geburt gab es den ersten Mordanschlag auf Dionysos. Er wurde zerstückelt. Aber Zeus verwandelte ihn in einen Ziegenbock und Dionysos entkam. Aufgezogen wurde Dionysos von Silenius, einem Pferde-Menschen. Als junger Mann reiste Dionysos durch die Welt. Er war in Ägypten und Indien. Er verbreitete den Weinbau und mit ihm die Raserei und die Ekstase. Gegen Feinde war er immer gewalttätig und mordbereit. Nach seiner Rückkehr aus Asien wurde er von einer Urgöttin von seiner Mordlust befreit. Dionysos rettete seine Mutter Semele aus dem Hades. Semele kam nun auf den Olymp und wurde unsterblich. Dionysos inszenierte mit seinen Anhängerinnen Orgien. Jeder Mann, den sie in den Ekstase-Nächten fangen konnten, wurde zerrissen und aufgegessen. Besonders von den Orphikern (6. Jh. v. Chr.), die vom Dichter Orpheus gegründet worden waren, wurde Dionysos verehrt. Dionysos wurde nach seinem Tod im Apollo-Heiligtum in Delphi begraben, wo er jedes Jahr neu zum Leben erwacht. Dionysos starb, aber er feiert immer wieder seine Auferstehung. Er kannte die Unterwelt ebenso wie den Olymp. Er verkörperte das göttliche Kind, den ewigen Jüngling, den Schamanen und den Gott der Frauen.

Die Biographie des Dionysos-Mannes ist widersprüchlich und extrem. Er wird als **Kind** verfolgt. Er treibt seine Eltern zur mörderischen Raserei. Er fühlt sich von Frauen angezogen und sucht Schutz bei ihnen. Der Vater spielt keine große Rolle. Die meisten Dionysos-Männer starten als „Muttersöhnchen“. In der **Jugend** spielen Sex, Drogen und Gewalt eine zentrale Rolle. Er erlebt Anfälle von jugendlichem Irre-Sein. Er sucht mystische Ekstasen um jeden Preis. Im **Beruf** sucht er eine Rolle als Schauspieler, Liebhaber oder Priester. Er hat kein Interesse an Geld und Macht. Jahrelanges Studieren und endlose Lehrjahre lösen dann kurze Jobs ab. Der Dionysos-Mann wird vielleicht Rock-Star, Musiker oder macht irgendetwas mit Medien. Dabei hat er ständig Alkohol- und Drogen-Probleme. Seine Frauen-Beziehungen zielen auf Orgasmus und Ekstase. Die Frauen werden ihm hörig oder extrem eifersüchtig. Manchmal hat er auch intensive Beziehungen zu Männern. Ein Dionysos-Mann kann hetero-, homo- oder bisexuell sein. Seine Sexualität ist sein Lebensthema. Er verbindet sie mit mystischer Verschmelzung und körperlichen Extremerfahrungen. Für eine Ehe ist er eher ungeeignet. Als Vater hat er kaum ausreichend Verantwortungsgefühl. Die **Lebensmitte** kann oft zum Lebensende werden. Selbstmord durch Drogen, Alkohol oder Gewaltexzesse sind häufig. Im **Alter**, wenn der Dionysos-Mann es denn erlebt, geht die Geschichte seiner Exzesse weiter. Er stirbt dann oft sehr plötzlich. Er versucht immer, selbst im Alter, noch ein „ewiger Jüngling“ zu sein. Er wird ständig vom Schatten der Alterspsychose verfolgt. Bevor er dann in der Unterwelt versinkt, hat er schon viele Besuche in der Unterwelt hinter sich.

Übung:
Überlegen Sie! Sind Sie ein Dionysos-Mann? Beschreiben Sie Ihre persönliche Mythologie als moderne Dionysos-Autobiographie in Kindheit, Jugend, Lebensmitte und Alter.

Abschlussübung:
Sie können auch feststellen, dass Sie von mehreren göttlichen Archetypen bestimmt werden. Wenn das so ist, sollten Sie das in Ihrem persönlichen Mythos ausdrücken. Sie gestalten dann Ihren persönlichen Mythos durch einen Helden und einen Gegen-Helden. Sie können aber auch die Ihren Helden entsprechenden Heldinnen aus der Reihe der griechischen Göttinnen und großen leidenden Heldinnen wählen.

Damit sind die Projekte der Helden-Reise abgeschlossen. Wir stellen nun verschiedene PhilosophInnen und TherapeutInnen vor, die die Resultate ihrer Heldenreise öffentlich gemacht haben. Sie erleben damit einen Rahmen, in dem die Arbeit an Ihrer persönlichen Mythologie sich heute geistesgeschichtlich im dunklen Zeitalter positionieren kann.

5. Kapitel: Beispiele für persönliche Mythologien

In der Moderne, der 2. Achsenzeit, die den Übergang vom Kapitalismus zur neuen Gesellschaft darstellt, haben viele Menschen ihre persönlichen Mythen erforscht, um die Welt zu romantisieren und sich selbst zu stärken. Wir wollen im Folgenden dafür ein paar Beispiele geben, ehe wir im zweiten Teil unseres Buches die persönliche Mythologie des Lehrers O. vorstellen und kommentieren.

5.1 Der Gott, der tanzen kann: Friedrich Nietzsche

Friedrich Nietzsche hat eine umfassende persönliche Mythologie vorgelegt und sich zugleich um ihre Rechtfertigung bemüht. Der Mythos ist für Nietzsche der Grund jeder Kultur: „Ohne Mythos aber geht jede Kultur ihrer gesunden schöpferischen Naturkraft verlustig … Alle Kräfte der Phantasie … werden erst durch den Mythos … gerettet", schreibt Friedrich Nietzsche 1872 in seinem ersten großen Werk „Die Geburt der Tragödie aus dem Geist der Musik" (in: Kritische Studienausgabe (KSA), Bd. 1, S. 145). Der Gegenwart fehlt der Mythos, und es entsteht der mythenlose Mensch, „der ewig hungernd unter allen Vergangenheiten und sucht grabend und wühlend nach Wurzeln, sei es, dass er auch in den entlegendsten Altertümern nach ihnen graben müsste." (KSA 1, S. 146)

Die grausame Welt ist für Nietzsche nur ästhetisch zu rechtfertigen. Und zu dieser Rechtfertigung gehört der Mythos. Deshalb kann uns erst der Mythos überzeugen, „dass selbst das Hässliche und Disharmonische ein künstlerisches Spiel ist, welches der Wille, in der ewigen Fülle seiner Lust, mit sich selbst spielt" (KSA 1, S. 152).

Übung:
Versöhnt Sie Ihr Lieblingsmythos mit der Welt?

Für Nietzsche beginnt seine persönliche Mythologie mit **Apollon und Dionysos**. „Das Dionysische … ist der gemeinsame Geburtsschoß … des Mythos." (KSA 1, S. 152) Aber Dionysos steht für Nietzsche im entscheidenden Gegensatz zu Apollon. „Apollon steht vor mir als der verklärende Genius des principiums individuationis, durch den allein die Erlösung im Scheine wahrhaft zu erlangen ist; während unter dem mystischen Jubelruf des Dionysos der Bann der Individuation zersprengt wird und der Weg zu den Müttern, des Seins, zu dem innersten Kern der Dinge offen liegt.“ (KSA 1, S. 103)

In den Göttergestalten des Apollon und des Dionysos macht Nietzsche sich klar, wie sich in Apollon der Verstand und in Dionysos der unbewusste Wille als die beiden mächtigsten Antriebskräfte im Menschen vereinen lassen.

Sein persönlicher Mythos ist für Nietzsche, als junger Profressor in Basel, der Versuch „der Verbildlichung dionysischer Weisheit durch apollinische Kunstmittel“ (KSA 1, S. 141). Der antagonistische persönliche Mythos beim jungen Nietzsche weist schon auf die Spannung hin, die sein Leben kennzeichnen werden. Dieser antagonistische Mythos ist für Nietzsche aber noch sein „zusammengezogenes Weltbild“ (KSA 1, S. 145).

Übung:
Kennen Sie in Ihrem persönlichen Mythos antagonistische Helden?

1883 überfiel Nietzsche ein neuer Mythos, der Mythos des **Zarathustra**. In der Bucht von Rapallo, unweit Genuas, „fiel mir der ganze Zarathustra ein, vor allem Zarathustra selber, als Typus: richtiger, er überfiel mich“(KSA Bd. 6, S. 336f).

Übung:
Wurden Sie schon mal von einem Mythos überfallen, der Ihr Ich völlig überflutete?

Mit dem Zarathustra verarbeitete Nietzsche seine tiefe Kränkung durch die Zurückweisung seiner Liebe durch Lou Andreas-Salomé. In zehn Tagen schreibt Nietzsche, wie im Rausch, seine neue persönliche Mythologie. Zarathustra, der persische Religionsgründer aus dem ersten Jahrtausend vor Christus, steht für Nietzsche in einer großen Ahnenreihe von Helden. „In dem, was Zarathustra, Moses, Mohammed, Jesus, Plato, Brutus, Spinoza, Mirabeau bewegte, lebe ich auch schon, und in manchen Dingen kommt in mir erst reif ans Tageslicht, was embryonisch ein paar Jahrtausende brauchte.“ (KSA 9, S. 642)

Zarathustra ist für Nietzsche der absolute Held der Weltgeschichte. „Ich musste Zarathustra, einem Perser, die Ehre geben. Perser haben zuerst Geschichte im ganz Großen gedacht. Eine Abfolge von Entwicklungen, jeder präsidiert ein Prophet. Jeder Prophet hat … sein Reich von tausend Jahren.“ (KSA 11, S. 53)

In der Figur des mythischen Zarathustra wollte Nietzsche folgende Figuren unterbringen:

- den Wahrsager
- den Vernichter
- den Schaffenden
- den Verbinder
- den Entdecker
- den Tänzer und Lacher
- den Fliegenden und Siegenden (KSA 10, S. 596)

Die Antagonismen von Dionysos und Apollon, seines persönlichen Mythos aus seiner Zeit als Professor in Basel, sollen in der Zarathustra-Figur ihre Einheit finden, aber es ist eine hochexplosive Einheit. Nietzsches Zarathustra wird der Gottlose. Zarathustra spricht vom Tod Gottes (KSA 3, S. 480ff.). Noch nie hat eine Religion Wahrheit enthalten, sagt Zarathustra (KSA 2, S. 109f). Zarathustra ekelt sich vor den Menschen, die keine Übermenschen werden wollen. Aber Zarathustra ist auch zugleich der Prophet des neuen Gottes, des Dionysos und seiner Lehre von der ewigen Wiederkehr der kosmischen Zyklen. Der gottlose Zarathustra ist ein Schöpfer neuer Mythen, in deren Zentrum die Verklärung des diesseitigen Lebens steht.

Übung:
Wie stehen Sie zur Zarathustra-Figur Friedrich Nietzsches?

Am Ende seines kurzen Lebens steht für Nietzsche ein neuer Mythos, der antagonistische Mythos von „**Dionysos gegen den Gekreuzigten**". Der antike Rausch-Gott steht gegen den christlichen Gott der Leiden. Im „Anti-Christ" von 1882 hat Nietzsche die grundlegende Kritik am christlichen Mythos vorgetragen. In seinem letzten Lebensjahr setzt er in den „Dionysos-Dithyramben" einen Gegensatz gegen den christlichen Mythos.

Es gelingt Nietzsche nicht, seinen persönlichen Mythen-Konflikt zu lösen. Daran zerbricht er und endet im Wahnsinn. Beide Götter waren für Nietzsche „Selbstbezeichnungen".

Nietzsche ist ein Beispiel für die Notwendigkeit in der Moderne im Umgang mit dem persönlichen Mythos Distanz zu halten, die Mythen zu verfremden und das eigene Ich durch Individuation vor der Kraft der Mythen zu schützen. Nietzsche hat es, nach dem tiefenpsychologischen Urteil von C. G. Jung, nicht vermocht.

Übung:
Wie schützen Sie sich vor der energetischen Kraft der Mythen, wenn Ihr Ich von unbewussten Energien aus den Mythen überflutet wird?

5.2 Der König Ödipus: Sigmund Freud

Sigmund Freud, der atheistische Vater der Psychoanalyse, hat nicht nur eine umfassende persönliche Mythologie entwickelt, sondern auch eine psychoanalytische Deutung der persönlichen Mythologie des Mannes.

Für Freud schildert jede persönliche Mythologie folgende Aspekte: „Der Held ist das Kind vornehmster Eltern … Seiner Entstehung gehen Schwierigkeiten voraus … Nach seiner Geburt befindet der Vater seine Tötung … Herangewachsen, findet er auf seinen sehr wechselvollen Wegen die vornehmen Eltern wieder, rächt sich am Vater einerseits, wird anerkannt andererseits und gelangt zu Größe und Ruhm." (S. Freud: Gesammelte Werke (GW), Bd. XVI, S. 107) Ein Held ist also, wer sich mutig gegen den Vater erhoben hat und ihn besiegt. Für Freud spiegelt sich in dieser Revolte der Wechsel der Überschätzung des Vaters durch den Sohn in der Kindheit und die Überwindung des Vaters durch den Sohn in der Pubertät. „Der erste Mythos war sicherlich … der Helden-Mythos." (S. Freud: GW, Bd. XIII, S. 153) Für Freud ist auch klar, wie es zum Schreiben von persönlichen Mythen in der Moderne kommt: „Ein starkes aktuelles Erlebnis weckt im Schreiber die Erinnerung an ein frühes, meist der Kindheit angehöriges Erlebnis, auf, von welchem nun der Wunsch ausgeht, der sich im Schreiben seine Erfüllung schafft." (S. Freud: GW, Bd. VII, S. 221) Persönliche Mythen zu schreiben, sind also Wunscherfüllungen, in denen sich das Ich als Held und Vater- oder Göttertöter bewährt.

Freuds Kenntnis des persönlichen Mythos entstammt seinem eigenen Leben. „Freuds gesamtes Leben folgt dem klassischen Lebensweg des Helden so genau, dass es die Vermutung nahe legt, er habe seine unbewussten heroischen Erwartungen direkt ausagiert." (F. J. Sulloway: Freud. Köln 1982, S. 646)

Freuds persönliche Mythologie beginnt mit seiner Bewunderung für große Feldherren. Sein frühester Held war der Punier **Hannibal**. „Die Identifizierung mit Hannibal hielt lange Zeit vor. Noch als 40-Jähriger empfand Freud eine tiefe Sehnsucht, wie Hannibal … in Rom einzuziehen." (E. Fromm: Gesamtausgabe. Bd. VIII, S. 195) Neben Hannibal trat **Alexander der Große**, dessen Taten Freud auswendig kannte.

1897 erkannte Freud in König **Ödipus** aus der olympischen Religion der Griechen einen Seelenverwandten. Ödipus hatte seinen Vater erschlagen und seine Mutter geheiratet. Freud schrieb ergriffen: „Ich habe die Verliebtheit in die Mutter und die Eifersucht gegen den Vater auch bei mir gefunden … Jeder war einmal … in der Phantasie ein solcher Ödipus." (S. Freud: Aus den Anfängen der Psychoanalyse 1887–1902. Frankfurt 1962, S. 193) Der Ödipus-Mythos wurde für Freud ein besonderer Baustein seiner persönlichen Mythologie. Er half ihm, seine frühesten seelischen Ursprünge zu verstehen.

Übung:
Welche Kindheitsmythen haben in Ihrer persönlichen Mythologie einen Platz erhalten?

Freud war selbst ein Ödipus aufgrund seiner ambivalenten Gefühle gegenüber seinen Eltern. Im Ödipus-Mythos spiegeln sich Freuds Kindheitsgeschichte und seine Sexualgeschichte. „Uns allen vielleicht war es beschieden, die erste sexuelle Regung auf die Mutter, den ersten Hass und gewalttätigen Wunsch gegen den Vater zu richten." (S. Freud: GW, Bd. II/III, S. 269) Persönliche Mythen erscheinen also auch als Spiegelbild der eigenen Sexualgeschichte.

Übung:
Welche sexuellen Konflikte spiegeln sich in Ihrem persönlichen Mythos?

Während der Zeit der Abfassung seines Hauptwerkes „Die Traumdeutung", das 1900 erschien, hatte Freud oft das Gefühl, dass er im Banne des biblischen **Josef** stand, dem seine Traumdeutung den höchsten Rang im Reich des Pharaos Ägyptens eingebracht hatte. Freud erkannte später, dass die Helden des persönlichen Mythos auch gesellschaftliche Wirkung besaßen.

Hinter allen Heldengestalten der Mythologie erkannte Freud den **Ur-Vater**. Dieser Ur-Vater, aus der Zeit der Ur-Horde der Jäger und Sammler, ist für den modernen Massenmenschen noch eine Autorität, besonders in Situationen des Krieges und der Revolution. „Der Führer der Massen ist noch immer der gefürchtete Ur-Vater, die Masse will immer noch von unbeschränkter Gewalt beherrscht werden, sie ist im höchsten Grade autoritätssüchtig … Der Ur-Vater ist das Massenideal, das anstelle des Ich-Ideals das Ich beherrscht." (S. Freud: GW, Bd. XIII, S. 142)

Übung:
Welche Stelle nimmt der Ur-Vater in Ihrer persönlichen Mythologie ein?

Der kollektive Mythos, denkt Freud, kann zur Überwältigung des Ichs, zur Beseitigung aller anderen Ich-Ideale der persönlichen Mythologie führen und das Individuum in Kriegen und Krisen in der Masse verschwinden lassen.

Übung:
Listen Sie alle Ich-Ideale auf, die Eingang in Ihre persönliche Mythologie gefunden haben.

Die Arbeit an der persönlichen Mythologie dauert auch für Freud das ganze Leben. „Bekanntlich gibt es eine lange Serie mythologischer Figuren, mit denen sich Freud nacheinander oder gleichzeitig, im Wach- wie im Traumleben identifiziert hat." (I. Grubich-Simitis: Freuds Moses-Studie als Tagtraum. Weinheim 1991, S. 45)

Während der Zeit des Faschismus wurde der biblische **Moses** für den Atheisten Freud die zentrale Figur seiner persönlichen Mythologie. In seinem letzten Buch „Der Mann Moses und die monotheistische Religion" zeigt Freud, wie die Moses-Figur ihm half, Ängste von hilfloser Abhängigkeit, den Sog regressiver Wünsche abzuwehren und den Zwang zur Sublimierung zu unterstützen. Dabei war diese Moses-Phase in der persönlichen Mythologie von Freud nicht ungefährlich. Moses schien oft von Freud Besitz ergreifen zu wollen. Denn Freud gestand: „Moses hat mich wie ein unerlöster Geist gequält." (E. Jones: Das Leben und Werk von Sigmund Freud. Stuttgart 1962, Bd. 3, S. 267) Aber das Resultat seiner Moses-Besessenheit zeigt auch, dass Freud, dank seiner lebenslangen Selbstanalyse und der Rettung vor dem Faschismus durch den Gang ins Exil von Wien nach London, sich schließlich befreit im mythologischen Spielraum bewegen konnte.

Freuds persönliche Mythologie macht noch einmal sehr deutlich, dass die Menschen infantil bleiben und schutzbedürftig, besonders im hohen Alter, sind. Freuds Beispiel zeigt aber auch, dass die Arbeit am Mythos und der erklärte Atheismus kein Gegensatz sind. Die Kraft der antiken Mythen hilft gerade dem modernen atheistischen Menschen in seiner extremen Identitätsbehauptung in der Phase des Katastrophenkapitalismus.

5.3 Der Mythos von Sisyphos: Albert Camus

Der Existentialismus erkennt im Mythos eine Kraft, die die Existenz des Einzelnen erhellen kann. Die Mythen ergreifen den Menschen, erweitern ihn, vertiefen ihn, geben ihm einen geschichtlichen Hintergrund.

Besonders Albert Camus, 1913 in Algerien geboren und 1960 in Frankreich bei einem Autounfall getötet, findet im antiken Mythos die existentielle Suche nach Sinn vorbildlich dargestellt. Camus schreibt: „Die Welt, in der ich mich am wohlsten fühle: der griechische Mythos." (A. Camus: Tagebücher 1935–1951. Reinbek 1995, S. 296) Camus versteht sich „als Künstler, der nach Maßgabe seiner Leidenschaft und seiner Angst Mythen schafft. Aus dem gleichen Grund haben mich auf Erden stets nur die Menschen mit Begeisterung erfüllt, die die Stärke und die Ausschließlichkeit dieser Mythen besaßen" (A. Camus, a.a.O., S. 300).

Da Gott für Camus tot ist und die Welt absurd, interessiert sich Camus besonders für zwei antike griechische mythische Helden, die gegen die Götter revoltierten: Sisyphos und Prometheus. Beide Figuren werden zum Schwerpunkt seines persönlichen Mythos.

Sisyphos gehört zu den Helden, die ein absurdes Schicksal in der Unterwelt durch Verachtung überwinden. Durch das ständige neue Hinaufrollen des Steines, auch wenn er immer wieder herabrollt, protestiert Sisyphos gegen seine Bestrafung. Der absurde Held in einer gottlosen Welt ist „ein Sisyphos, der zu seinem Stein zurückkehrt" (A. Camus: Der Mythos von Sisyphos. Reinbek 1950, S. 101).

Übung:
Kehren Sie wie Sisyphos auch immer wieder zu Ihren Lebensproblemen zurück, um sie durch Verachtung zu lösen?

Sisyphos schafft mit seiner Arbeit, die Lebenssteine auf den Berg des Absurden zu rollen, für Camus einen persönlichen Sinn, der ihn in der Sinnlosigkeit der Welt ergreift und tröstet. „Camus identifiziert sich mit Sisyphos." (O. Todd: Albert Camus. Reinbek 2001, S. 325) Sisyphos repräsentiert für Camus „die höhere Treue, die die Götter leugnet und Felsen hebt. Auch Sisyphos findet, dass alles gut ist" (A. Camus: Der Mythos..., a.a.O., S. 160).

Der Sisyphos-Mythos löst für Camus das einzig philosophisch relevante Problem, nämlich die Frage des Selbstmordes. Sisyphos gibt Camus den Lebensmut zurück und macht die Gefahr des Selbstmordes gegenstandslos.

Deshalb schreibt Camus: „Der Kampf gegen Gipfel vermag ein Menschenherz auszufüllen. Wir müssen uns Sisyphos als einen glücklichen Menschen vorstellen." (A. Camus: Der Mythos..., a.a.O., S. 101) Camus will das Heidentum des antiken Helden für sich selbst, „das Christentum ist für die anderen"(A. Camus: Tagebücher..., a.a.O., S. 296).

Camus' persönliche Mythologie umfasst noch einen anderen antiken Helden: **Prometheus**. Prometheus steht für Camus für Revolte. Prometheus hat für die Menschen den Göttern das Feuer gestohlen und muss nun ewig leiden. Am Felsen ist er festgeschmiedet und der Adler frisst ihm täglich die Leber auf, die immer wieder nachwächst.

Die Mythen „schildern uns Prometheus am Ende der Welt an eine Säule gekettet, ein ewiger Märtyrer, ohne Gnade für alle Zeit, der es ablehnt darum zu bitten" (A. Camus: Der Mensch in der Revolte. Hamburg 1953, S. 31). Die Mythen zeigen uns in Prometheus „den größten Mythos der rebellierenden Intelligenz" (A. Camus, a.a.O.). Prometheus repräsentiert „die Urform des Aufstandes" (A. Camus, a.a.O.). Noch heute, sagt Camus, leben in unseren Kämpfen gegen den Tod noch „prometheische Züge" (A. Camus, a.a.O.).

Prometheus ist für Camus der Held, der „sich gegen die Schöpfung als Ganzes aufbäumt ... der metaphysisch Revoltierende erklärt sich von der Schöpfung betrogen" (A. Camus: Der Mensch..., a.a.O., S. 28). Prometheus ist für Camus „ein revolutionäres Ideal" (A. Camus: Tagebücher..., a.a.O., S. 89). Wenn auch die sozialistischen Revolutionen gescheitert sind und seine Hoffnung angesichts des Gulags in der Sowjetunion grausam zerstört worden ist, in Camus' persönlicher Mythologie lebt in Prometheus Camus' revolutionärer Wunsch weiter und schützt ihn vor dem Absturz in die Selbstzerstörung.

Übung:
Kann die Identifikation mit Prometheus Ihren Willen zur Revolte unterstützen?

Prometheus hat mit seinem Mythos für Camus die Menschen im Kampf gegen den Tod unterstützt, er hat ihnen die unbedingte Hoffnung eingepflanzt und die Menschenliebe gefeiert. Für Camus zeigt auch die Tragödie über Prometheus bei Aschylos, dass „die Herrschaft des begnadigten Rebellen sich ankündigt" (A. Camus: Der Mensch..., a.a.O., S. 35). Alle Revolutionen der kommenden Geschichte haben in Prometheus ihren Stammvater. Indem Camus sich in diese Tradition einordnet und Prometheus als seinen Stammvater akzeptiert, kann er auch in einer völlig absurden Welt der Weltkriege, von Gulag und Auschwitz überleben.

Übung:
Haben Sie ein mythisches Vorbild, das Sie auch in einer völlig absurden Welt überleben lässt?

5.4 Buddha begegnen: Karen Horney

Wenn Frauen ihre persönlichen Mythen schreiben, sollten sie an Karen Horney denken. Sie lebte von 1885 bis 1952. Sie war Medizinerin, Psychoanalytikerin und Mutter von drei Töchtern. Sie erkannte, dass das Frauenleben radikal vom Männerleben unterschieden ist. Es ist ihr auch zu danken, dass die Unterschiede zwischen weiblichem und männlichem persönlichen Mythos durch ihre Lebensgeschichte offen zutage liegen.

Karen Horney wurde 1885 als Tochter eines Kapitäns in Hamburg geboren. Sie lehnte die christliche Religion ihrer Eltern ab und ihr persönlicher Mythos begann mit der Verehrung des griechischen Gottes **Dionysos**, der sich besonders für die Befreiung der Frauen eingesetzt hatte. In ihrem Tagebuch schrieb sie mit 17 Jahren das dionysische Bekenntnis der endlosen Reise: „Ich bin heimatlos, ich lebe in einem Haus, das in tausenden von Jahren für mich gebaut wurde. Ich denke nichts. Ich fühle nichts. Ich sehe aber die Helle des Lichtes und ich fühle mich motiviert zu wandern, um die Welt zu erfahren. Ich weiß nicht, welches Ziel meine Reise hat." (Zit. n. D. P. McAdams: Stories We Live By, a.a.O., S. 212f.)

Die große schwedische Feministin **Ellen Kay** wurde ihr großes Vorbild. Karen Horney las viele Bücher von Karl May und schwärmte für den Indianer **Winnetou**, der ihr in der Jugend als androgyner Übermensch vorkam.

Sie studierte Medizin. 1909 heiratete sie. Sie fand Kontakt zur Psychoanalyse von Sigmund Freud. Sie erkannte aber bald, dass Freud über den weiblichen Ödipuskomplex nicht genug wusste. Freud betonte die Vaterschaft in der Sozialisation und in der Struktur der Psyche. Und Karen Horney betonte die Mutterschaft.

Horney erkannte: Die ganze Kultur ist ein Produkt der Männer. Sie begann zuerst Freuds Theorien zu bekämpfen, als weiblicher **David** gegen den männlichen Goliath. Die Frauen leiden nicht, wie Freud dachte, am Kastrationskomplex, sondern sie sind im Gegenteil stolz auf ihre Gebärfähigkeit. Die Männer leiden dagegen an der weiblichen Kraft Menschen zu gebären.

Horney fand in ihren Töchtern die Grundlage für ihren persönlichen Mythos, der in der Lebensmitte **drei Heldinnen** umfasste: einmal die Schauspielerin, die ihre erste Tochter war, zweitens die Heilerin, die sie selber war und drittens die Mutter, die sie selbst und ihre Tochter war. Damit wird Horneys Lebensmitte durch die große Göttin bestimmt. Horney kämpfte mit der Kraft ihrer inneren Heldinnen gegen Sigmund Freud.

1932 emigrierte Horney aus Angst vor Hitler in die USA. Sie wurde zur Sprecherin der Neo-Analyse, die die geschlechtsspezifischen Unterschiede der Entstehung der männlichen und weiblichen Neurose betonte.

Nach der Krise der Lebensmitte wurde Horney stärker vom Helden des **alten Weisen** bestimmt. Die Folge war, dass sie die Praxis der östlichen Philosophie, besonders Zen-Buddhismus, zu praktizieren begann. Sie lernte Meditation bei dem Zen-Meister T. S. Suzuki in New York. Satori wurde nun, durch die Begegnung mit ihrem inneren **Buddha**, zum Ziel ihres Lebens. Sie bereiste Japan und besuchte Zen-Klöster. Sie sagte: Wenn das Unbewusste von Satori erleuchtet wird, verschwinden die Störungen des Ichs.

Übung:
Ist Ihnen nach der Krise der Lebensmitte im Traum oder Tagtraum der alte Weise oder die alte Weise begegnet?

Ende 1952 erkrankte Horney an Krebs. Zwei Tage vor ihrem Tod sagte sie ganz unter dem Einfluss Buddhas: „Ich bin zufrieden. Ich kann gehen." Am 4. Dezember 1952 starb sie im Schlaf.

Ihr persönlicher Mythos hat typisch weibliche Züge. Er wird vom Frauenfreund Dionysos in der Jugend von den Heldinnen der Schauspielerin, der Heilerin und der Magierin sowie von der großen Mutter ihrer Lebensmitte geprägt. Sie stand also lange unter dem Einfluss der „großen Mutter" und der großen „Heilerin und Magierin". Am Ende des Lebens umfasste ihre Mythologie die Begegnung mit Buddha in Gestalt des Zen-Meistes T. S. Suzuki. Auch Horney hat damit ihren Beitrag geleistet, die Welt zu romantisieren.

Aber befassen wir uns nun mit dem männlichen persönlichen Mythos bei C. G. Jung.

5.5 Leben als Nachtmeerfahrt: C. G. Jung

Für die Abfassung eines persönlichen Mythos sind die Erkenntnisse der Tiefenpsychologie von C. G. Jung von großer Bedeutung. Er hat versucht, sein Leben im Lichte der Mythen zu deuten und seine eigene Mythologie zu entwickeln. Gleichzeitig hat er nicht nur Methoden zur Entwicklung der eigenen Mythologie entdeckt, sondern auch die Gefahren benannt, die die Entwicklung einer eigenen Mythologie begleiten. C. G. Jung steht also ganz im Einflussbereich des Programms der Romantik, die die Welt romantisieren wollte.

C. G. Jung wird 1875 in der Schweiz als Sohn eines evangelischen Pfarrers geboren. Er studiert Medizin. 1903 bis 1905 arbeitet er in der Psychiatrie. 1905 bis 1913 ist er Privatdozent an der medizinischen Fakultät der Universität Zürich. 1907 wird er Schüler des Psychoanalytikers Sigmund Freud. 1910 bis 1914 war C. G. Jung Präsident der „Internationalen Psychoanalytischen Vereinigung". Seit 1912 beginnt er sich von Freud abzugrenzen. Diese Abgrenzung hat Gründe, die weit in seine Kindheit zurückreichen. Schon als Kind, in einem Pfarrhaus aufwachsend, hatte er begonnen, seinen eigenen Mythos zu erleben. Als Vierjähriger träumte er von einem **Gott als Menschenfresser**. Lange glaubte er, dass Jesus dieser Menschenfresser sei.

Jung war schon früh einem weiteren eigenen Gottesbild begegnet, dem „unterirdischen Gott", der die Form eines Phallus hatte. Als Schüler war Jung fasziniert von dem blendenden Licht und der Finsternis des Abgrundes seiner Götterwelt (vgl. M.-L. von Franz: C. G. Jung. Leben, Werk und Visionen. Kiel 2001, S. 31).

Die Gestalt des **Mephisto** beeindruckte Jung tief. Jung schöpfte wie Goethe aus dem gleichen mytho-poetischen Unbewussten, aus dem schon der große Dichter seine Privatmythologie des „Faust" aufgebaut hatte.

Nietzsches **Zarathustra**, der neue Mythen vom Übermenschen predigt, beeinflusste Jung in seiner Studienzeit. Mit diesem Wissen musste sich Jung mit dem Rationalisten Freud bald zerstreiten.

Nach der Trennung von Freud gerät Jung in eine tiefe Krise. Er begann seine „Nachtmeerfahrt" oder „Jenseitsreise", die profan als Psychose, wissenschaftlich als Selbstexperiment eines Arztes zur Erforschung des kollektiven Unbewussten und der Schaffung seines persönlichen Mythos gedeutet werden kann.

Die mythischen Inhalte des kollektiven Unbewussten, die er als Weltuntergangsvisionen und Heldenreisen erlebte, stellten ihn vor die Frage: „Aber was ist dein Mythos? Der Mythos, in dem du lebst." (C. G. Jung: Erinnerungen, Träume, Gedanken. Stuttgart 1962, S. 174) Um diesen eigenen Mythos zu erforschen, entwickelte er die aktive Imagination.

Der Ausgangspunkt der aktiven Imagination ist das Unbewusste, wie es sich in Bildern, Stimmungen und Träumen gerade manifestiert. Der Imaginierende konzentriert sich auf dieses Bild und muss warten, bis es sich selbst wandelt. Es wandelt sich assoziativ und der Imaginierende kann in diese Wandlungen eintreten und Gespräche mit den auftauchenden mythischen Personen führen. Alle auftauchenden Phantasien werden anschließend notiert oder in Bildern oder im Modellieren festgehalten (A. N. Amman: Aktive Imagination. Olten 1984, S. 9ff)

Diese bildorientierte Meditation wurde für Jung der Königsweg ins kollektive Unbewusste. Diese Methode wurde ergänzt durch das Spiel mit Sand und Wasser, durch die Yoga-Meditation, durch den inneren Dialog mit den inneren mythologischen Gestalten, durch das Malen von Mandalas und von Träumen. Sein persönlicher Mythos, der auf diese Weise erarbeitet wurde, umfasste den Schatten, den Anti-Helden, den Mephisto der Zerstörung und des inneren Gegensatzes. Jung erkannte damit die Anima als inneres Gegenbild des Mannes und den Animus als Gegenbild der Frau. Er erkannte das Selbst, das innere Bild von der Unendlichkeit, das die Psyche steuert. Sein persönlicher Mythos wurde von ihm einmal in den „7 Reden an die Toten" dargestellt.

Die 7 Reden handeln von

1. der Weltschöpfung aus dem Nichts,
2. der Entstehung des Gottes des Lebens,
3. der Verborgenheit Gottes,
4. der Spaltung Gottes in Götter und Teufel,
5. der Entstehung von Mann und Frau und ihr Kampf auf dem Heldenweg,
6. dem Gegensatz von Geist und Körper und von
7. den endlichen Menschen und der unendlichen Gottheit.

(vgl. 7 Reden an die Toten. In: C. G. Jung: Erinnerungen, Träume, Gedanken, a.a.O., S. 389-398)

Jung lässt diese Reden von einem Gnostiker Basilides aus dem 2. Jh. n. Chr. halten. Mit diesem rhetorischen Trick distanziert Jung sich von der Gefahr, durch seinen Mythos besessen zu werden. Andererseits entwickeln diese 7 Reden das Grundproblem der Jung'schen Archetypenpsychologie: Das Verhältnis von Bewusstsein und kollektivem Unbewussten. Das kollektive Unbewusste wird in Rede 1 bis 4 als selbstschöpferische Kraft, als Gott des Lebens, als dem Bewusstsein Verborgenes und als Spaltung in Götter und Teufel dargestellt. Das Bewusstsein des Ichs, gespalten in männlich und weiblich, muss sich in Rede 5 bis 7 auf den Heldenweg des Lebens gegen das kollektive Unbewusste aus Rede 1 bis 4 behaupten.

Das Ich muss und kann um seine Individuation und seine Realisierung als Individuum kämpfen. Das endliche Bewusstsein wird auf seinem Heldenweg schließlich mit dem Tod als scheiternder Held oder scheiternde Heldin enden. Das unendliche Unbewusste wird aber überdauern.

Diese Botschaft wird von C. G. Jung an das Totenreich gerichtet. Sie soll die Toten trösten und zugleich die Lebenden in ihrem Heroismus stärken.

Mit dieser persönlichen Mythologie stärkt sich Jung auf seiner Nachtmeerfahrt selber. Sein Bewusstsein (sein Ich) gewinnt in der Sprache seines Mythos eine rationale Orientierung: Das Ich muss sich gegenüber dem Unbewussten individuieren. Es muss erst zum Ich werden, indem es sich mit dem Unbewussten auseinandersetzt. Diese Orientierung entdeckt Jung auch bei den Gnostikern und Alchemisten, über die er später große Bücher geschrieben hat.

Bei den **Gnostikern** bestand der Heldenmythos in Geschichten, wie sich die Seele aus der Höllenwelt der Erde des bösen Gottes befreit und in die Lichtwelt des guten Gottes zurückkehrt, als Ich überwunden und gerettet. Bei den **Alchemisten** erzählt der Heldenmythos die Geschichte der Suche nach dem Stein der Weisen, der das Ich aus den Widersprüchen der Welt gerettet darstellt.

Übung:
Schreiben Sie Ihre Geschichte der Befreiung aus der Höllenerde oder Ihrer Suche nach dem Stein der Weisen.
Berücksichtigen Sie bei der Abfassung Ihrer gnostischen Reise folgende Stationen. Schreiben Sie zu jeder Station einen Clustertext:

1. ***Das Leben in der Hölle des bösen Gottes***
2. ***Die Botschaft des fremden guten Gottes***
3. ***Der Aufbruch und der Kampf mit den Wächtern der Hölle***
4. ***Der Durchbruch ins ganz Andere***
5. ***Die Ankunft im Lichtreich***

Bei Ihrer Geschichte der Suche nach dem Stein der Weisen könnten folgende Stationen in Ihren Clustertexten berücksichtigt werden, wobei Sie zu jeder Station erst clustern und dann schreiben sollten:

1. ***Ihre Vision vom Stein der Weisen***
2. ***Die Einrichtung eines Labors als erster Schritt Ihrer Forschung***
3. ***Das Zerteilen der Elemente als Alchemist***
4. ***Das Mischen der Elemente als Alchemist***
5. ***Die plötzliche Entstehung von Gold***
6. ***Der Raub des Goldes durch Räuber***
7. ***Die endliche Eroberer des Goldes als Lebenserfüllung***

Jung erkannte, dass die Gnostiker und die Alchimisten an inneren persönlichen Mythen der Befreiung des Ichs aus der Gewalt des Unbewussten gearbeitet hatten. Jungs Mythos drückte er auch mit dem Bau seines Turmes in Bollingen aus. Er schuf außerdem viele Plastiken und Bilder, die seinen Mythos der Individuation darstellten. Er wies immer auf die Gefahren hin, die den Reisenden auf dem Individuationsweg als Helden drohen, nämlich die Ich-Inflation, das Verschlungenwerden durch die Mythen. Jung warnte vor der Identifikation mit Mythen, aber zugleich sieht er die Notwendigkeit der Auseinandersetzung mit den eigenen mythischen Bildern. Die Methode der Bewältigung der Ich-Inflation in Größenwahn und Realitätsverlust nannte er Amplifikation. Was heißt Amplifikation?

Durch Assoziation werden die persönlichen Beziehungen im Mythos aufgeklärt, durch Amplifikation werden die universellen Beziehungen des persönlichen Mythos zu Vorstellungen und Symbolen der Menschheit hergestellt. Durch die Benutzung eines Symbol-Lexikons (z. B. M. Lurker: Lexikon der Symbole. Stuttgart 2006) lässt sich leicht der kulturgeschichtliche kollektive Hintergrund des persönlichen Mythos aufdecken und seine Tendenzen zur Verabsolutierung und zur Zerstörung des Ichs verhindern.

Das Persönliche am Mythos erweist sich als Spielform des allgemeinen Menschheitserbes an Bildern und Krisenbewältigungen.

C. G. Jung starb 1961. Er schrieb am Schluss: „Der Weg des persönlichen Mythos führt nicht aufwärts, er ist eine Umkreisung der Mitte." (G. Wehr: C. G. Jung. München 1985, S. 263)

5.6 Von der Hure zur Heiligen: Simone de Beauvoir

Der Existentialismus vertritt eine Philosophie der individualistischen Heldenreise. Er ist eine Philosophie der Rebellion gegen die ganze metaphysische Weltordnung, gegen das politische Regime oder gegen die rassistischen Vorstellungen von Menschengruppen. So wird oft Prometheus, der antike Titanensohn, zum Urbild aller Empörer und Rebellen überhaupt. Prometheus regt sich auch in der Seele der Existentialisten. Das Gegenstück zu Prometheus ist im christlichen Mythos Luzifer, der den Aufruhr gegen Gott leitet. Der Dr. Faust schließt dann im Kampf gegen Gott den Teufelspakt. Simone de Beauvoir vertritt eine feministische Version der existentiellen Rebellion.

Simone de Beauvoir wurde 1908 in Paris geboren. 1929 begann sie ihre Beziehung zu dem Existentialisten Jean-Paul Sartre. Beauvoir arbeitete längere Zeit als Lehrerin für Philosophie, ehe sie den Schuldienst aufgab und vom Schreiben lebte.

Mit Sartre fühlte sie sich oft zu Narren, Huren und Bettlern hingezogen, die gegen die Gesellschaft standen. Sie verehrten gemeinsam Jean Genet, den heiligen Märtyrer, Dichter und Mörder. Nach dem zweiten Weltkrieg, nach der Veröffentlichung verschiedener Romane, fand Simone de Beauvoir ihr eigentliches Thema: „Das andere Geschlecht“. Sie erkannte: „Diese Welt ist eine Männerwelt. Meine Jugend wurde von Mythen gespeist, die von Männern erfunden worden waren.“ (S. de Beauvoir: Der Lauf der Dinge. Reinbek 1990, S. 97) Sie zerstört nun in ihrem Buch „Das andere Geschlecht“ die patriarchalischen Mythen, die das weibliche Ich fesseln. Sie entwickelt gegen die männliche Mythologie eine Mythologie der weiblichen Heldenreise. Simone de Beauvoir geht davon aus, dass die Frau nicht als Frau zur Welt kommt, sondern **zur Frau gemacht wird**. Die Frau ist als Ehefrau verloren „inmitten dieser Welt, wie in einem riesigen verschwommenen Nebelfleck“ (S. de Beauvoir: Das andere Geschlecht. Reinbek 1997, S. 750). Die Frau „kämpft sich hilflos durch eine wirre Nacht“ (S. de Beauvoir, a.a.O., S. 757). Um sich in dieser Nacht zu orientieren, entwickelt de Beauvoir in ihrem Werk „Das andere Geschlecht“ eine persönlche Mythologie der Frau. Jede Heldin beginnt ihre Reise als „frigide oder frustrierte Frau, enttäuscht oder von einem autoritären Mann zu einer einsamen und leeren Existenz verurteilt“ (S. de Beauvoir, a.a.O., S. 559).

Die Frau erlebt sich dann als Mutter, als ambivalente Mutter, die sich fürchtet, ihr Kind „als ein Ungeheuer, als Missgeburt in die Welt zu setzen“ (S. de Beauvoir, a.a.O., S. 631). Diese Mütter geraten in die Gefahr, sich mit der Gottesmutter, der mater dolorosa zu identifizieren. Die Mutter nähert sich dem Mythos der **Medea**, die ihre Kinder tötet, um den flüchtigen Geliebten Jason zu strafen. Wenn die Mutter auf ihrer Heldinnenreise aus der Familie ausbricht, verfällt sie vielleicht dem **Mythos der heiligen Hure**. Die heilige Hure, die im Neuen Testament als Maria Magdalena (Lukas 7, 36–50) auftritt, steht in Rebellion gegen die verlogene Männermoral. Weil Frauen oft nichts sind, beschränken sich viele Frauen auf ihr alleiniges Ich, das sie maßlos vergrößern, bis es alles für sie ist. Diese Frau wird dann ihre eigene Heldin (S. de Beauvoir, a.a.O., S. 783). Wie der antike Narziss geraten diese Frauen in die Gefahr, dass sie im Spiegel einer Quelle ihr eigenes Bild erblicken, sich in sich selbst verlieben und von Sehnsucht nach sich selbst verzehrt werden.

Übung:
Kennen Sie die Annäherung an den Narziss-Mythos in ihrem Leben?

Die Narzisstin wird Priesterin und Idol zugleich. „Sie schwebt im Glorienschein hoch über den Wolken in der Ewigkeit, während die Geschöpfe auf der Erde anbetend vor ihr niederknien. Sie ist Gott." (S. de Beauvoir, a.a.O., S. 785) Die Narzisstin steht durchaus in Gefahr, in Paranoia und Größenwahn zu enden.

Beim Ausbruch aus der bürgerlichen Langeweile begegnet die weibliche Heldin auf ihrer Lebensreise oft dem Mythos der **absoluten Liebe**. Sie gerät in den Bann des Mythos von Tristan und Isolde. Tristan ist zu Tode verwundet und stirbt, bevor Isolde ihn retten kann, worauf Isolde auf seiner Leiche ihr Leben beendet. Für Simone de Beauvoir stellt sich dieses Liebesdrama prosaischer dar: „Zwei Liebende, die sich ausschließlich aneinander bestimmen, sind bereits tot: Sie sterben an Langeweile." (S. de Beauvoir, a.a.O., S. 818)

Übung:
Erlebten Sie in Ihrem Leben schon ein Tristan-und-Isolde-Drama?

Die nächste Station der weiblichen Heldenreise ist für Simone de Beauvoir die **Mystikerin**. „Den meisten Mystikerinnen genügt es nicht, sich Gott passiv hinzugeben. Sie betreiben ihre Selbstvernichtung aktiv durch Zerstörung ihres Fleisches." (S. de Beauvoir, a.a.O., S. 837) Der Anblick des gekreuzigten Jesus zeigt diesen Frauen oft, dass der Gekreuzigte nur die unendlichen Leiden der Frau imitiert. „Die Frau ist es, die dann am Kreuz hängt, die in Herrlichkeit auferstehen wird." (S. de Beauvoir, a.a.O., S. 838)

In der Lebensmitte wird die Reise der Heldin angezogen von dem Mythos der selbstständigen und unabhängigen Frau, von dem Mythos der antiken **Nausikaa**, die Odysseus hilft, aber Distanz zu ihm hält. Die selbstständige Frau lehnt alle Männermythen ab und setzt sich mit den Frauenmythen auseinander, „weil sie sich nicht verstümmeln will“ (S. de Beauvoir, a.a.O., S. 844).

Übung:
Erleben Sie schon den Mythos der selbstständigen Frau?

Die Reise der weiblichen Heldin endet im Alter. Im Alter, das Simone de Beauvoir in ihrem Buch „Das Alter“ (Reinbek 1997) kritisch analysiert hat, begegnet sie dem Mythos der **alten Weisen**. Die alte Weise lebt aus einer höheren Weisheit und erkennt, was kein Verstand der Verständigen sieht. Für Beauvoir ist der Mythos der alten Weisen, der alten Magierin, der Mythos der Hundertjährigen. Über diese Hundertjährigen schreibt Beauvoir: „Sie waren aktiv und glücklich. Vor dem Tod schienen sie sich nicht zu fürchten.“ (S. de Beauvoir, a.a.O., S. 471) Beauvoir sieht das weibliche Alter im Banne des Mythos der **Kirke**, die die Männer und ihr Leben völlig beherrscht.

Übung:
Schreiben Sie eine weibliche Heldenreise nach dem Modell von Simone de Beauvoir. Beschreiben Sie dabei folgende Stationen Ihres Lebens:

1. ***Die Tochter, die sich von den patriarchalischen Mythen befreit***
2. ***die verheiratete Frau***
3. ***die Mutter***
4. ***die Prostituierte***
5. ***die Narzisstin***
6. ***die Liebende***
7. ***die Mystikerin***
8. ***die selbstständige und unabhängige Frau***
9. ***die alte Weise***

Beziehen Sie bei der Beschreibung Ihrer Heldinnenreise alle von Simone de Beauvoir benutzten mythischen Motive mit ein.

5.7 Die Reise zum Ursprung: Mircea Eliade

Mircea Eliades persönliche Mythologie kreiste um die Sehnsucht nach dem Ursprung. Die bestehende Gesellschaft war für ihn einem rasenden Fortschritt verfallen, und Eliade suchte als bedeutendster Religionswissenschaftler der Gegenwart nach Möglichkeiten, aus dem Kontakt mit dem Ursprung der Mythen für den modernen Menschen neue Kraft zu gewinnen. C. G. Jung war natürlich ein wichtiger Freund für Eliade. Sie verband das gleiche Interesse an den Mythen und ihrer Herkunft aus dem kollektiven Unbewussten.

Eliade wurde 1907 in Bukarest, Rumänien, geboren. Schon als Kind stellte er sich das **Paradies** vor, als „einen zeitlosen Augenblick ohne Anfang und Ende“ (M. Eliade: Erinnerungen. Frankfurt 1987, S. 14). Mit geschlossenen Augen ließ er Geschichten sich entwickeln und entdeckte für sich die aktive Imagination, von der C. G. Jung schon großen Nutzen gehabt hatte.

Eliade studierte Philosophie. Weil er in indischer Philosophie promovieren wollte, lebte er von 1928–1931 in Kalkutta. Yoga lernte er bei Swawi Shivananda in einem Ashram im Himalaya. Sein Buch über Yoga (1932) ist Ausdruck seiner Begeisterung für die mythische Gestalt des **Yogi**, der sich durch Meditation von der Welt, als „ununterbrochener Folge von Illusion, Leid und Verzweiflung befreit“ (M. Eliade: Yoga. Frankfurt 1977, S. 109).

1933 war Eliade Assistent an der Bukarester Universität. 1940 ging er nach London, und 1945 ging er nach Paris ins Exil. Er forschte nun über die archaischen Ekstasetechniken der Schamanen aus der Zeit der Jäger und Sammler. Die mythische Figur des **Schamanen** vertiefte die Gestalt des Yogi. Der Schamane war ein Meister in der Erforschung der Ursprünge der Menschheit und der Welt. Die schamanistische Höllen- und Himmelfahrt spricht von Erfahrungen, „die der Menschheit seit ältester Zeit gegeben worden sind“ (M. Eliade: Die Religion und das Heilige. Frankfurt 1988, S. 536).

1959 konnte Eliade seine Suche nach dem Ursprung als mythische Heldenreise, die stark von schamanistischen Helden geprägt wurde, begreifen. Er schrieb: „Diese dreißig und mehr Jahre, die ich unter exotischen, barbarischen, unreduzierbaren Göttern und Göttinnen verbracht habe, genährt von Mythen, besessen von Symbolen, eingewiegt und behext von so vielen Bildern, die aus diesen verschollenen Welten bis zu mir gelangten, erscheint mir heute als wie die Wegstrecke einer langen Initiationsreise.“ (M. Eliade: Im Zentrum. Wien 1977, S. 197)

Natürlich erlebte er auf seiner religionswissenschaftlichen Heldenreise die Begegnung mit dem Tod. Er schreibt: „An jede dieser Götterfiguren, Mythen und Symbole knüpft sich eine ins Auge gefasste und überwundene Gefahr. Wie oft hatte ich mich beinahe verloren, mich in diesem Labyrinth verirrt, in dem ich Gefahr lief, getötet, sterilisiert und kastriert zu werden, von einer dieser schrecklichen Muttergottheiten zum Beispiel." (M. Eliade, a.a.O., S. 197)

Eliades Heldenreise führte ihn zu den **Müttern** als Göttinnen des Ursprungs und zur Gefahr des Verlustes seiner Identität. Für Eliade war die Reise in die Unterwelt und in den Himmel so vieler Götter „eine unendliche Reihe intellektueller Abenteuer – im Sinne eines Lebensrisikos" (M. Eliade, a.a.O.). Aber er konnte seine Heldenreise immer mit der Rückkehr in die Realität beenden. Er erfuhr als Rettung, „dass ich ein Ziel hatte, dass ich nach etwas unterwegs war, in ein Zentrum gelangen wollte" (M. Eliade, a.a.O.).

Seine private Mythologie verband sich mit dem Ritual des Eintauchens in heilige Texte. Er wurde lesend eins mit den heiligen Mythen dieser Texte. „Wenn ich spüre, dass ich beim Lesen mythischer Texte keine Luft mehr bekomme, dass ich ersticke, steige ich wieder zur Oberfläche. Abstieg ins Zentrum der toten Materie, einem Höllenabstieg vergleichbar. Indirekt ein Todeserlebnis. In Dokumenten ertränkt, verschwindet in mir, stirbt, was in mir persönlich ist. Wenn ich mich wieder finde, wenn ich ins Leben zurückkehre – sehe ich die Dinge anders, verstehe ich sie." (M. Eliade: Im Zentrum, a.a.O., S. 215)

Die Suche nach seinem eigenen Mythos vermittelte ihm den Ursprungsmythos in tausend Gestalten, die Begegnung mit dem Helden, der die Fesselung an die Welt überwindet und das Ursprungslicht erreicht und dann die Welt versteht. Der Mensch tendiert nämlich für Eliade dazu, von Zeit zu Zeit zum ersten Anfang des Kosmos zurückzukehren, zu den „reinen ekstatischen Zuständen" (M. Eliade: Im Zentrum, a.a.O., S. 18) Eliades Ziel seines persönlichen Mythos war es, die eigene Geschichte und das Ich aufzulösen, „um ins reine Dunkel, in vollkommene und grenzenlose Gestaltlosigkeit, mit einem Wort, zur Einheit des Ur-Chaos zurückkehren zu können" (M. Eliade: Im Zentrum, a.a.O., S. 147). Auf dem meditativen Weg ins mystische Ur-Chaos erschienen Eliade dann die zentralen Gestalten seines persönlichen Mythos.

Eliades Lesereisen erschlossen ihm deshalb die Mythen, die sein Leben bestimmten: „**Orpheus und Euridike** vorzüglich." (M. Eliade, a.a.O., S. 267) Er fühlte sich dann Rainer Maria Rilke verwandt, der sein Leben im Orpheus-Mythos gedeutet sah und der in seinen „Sonetten an Orpheus" diese Nachricht literarisch gestaltete. Rilke schuf für Eliade damit einen modernen persönlichen Mythos, der „archaische Mythen für das moderne westliche Bewusstsein neu zugänglich macht" (M. Eliade, a.a.O., S. 267).

„Keine religiöse Verhaltensweise“, schreibt Eliade, „so archaisch sie auch sein mag, wird jemals für immer ausgelöscht. Eine tiefe Krise, ein von Verzweiflung ausgelöster Synkretismus, vermögen jede Gottheit zu aktualisieren, sei sie noch so exotisch und peripher.“ (M. Eliade, a.a.O., S. 232) Die Quellen des persönlichen Mythos liegen also ganz dicht unter der Oberfläche des alltäglichen Bewusstseins des modernen Menschen. Krisen und Verzweiflung können diese Quellen leicht zum Fließen bringen und den persönlichen Mythos produzieren. Dabei spielen Träume eine wichtige Rolle.

Übung:
Haben Sie schon mythische Träume geträumt?

Eliades wichtigster mythischer Traum war ein Traum der **Unterweltfahrt**, in dem er auf dem Ganges als Totenfluss, aus einem Boot in ein anderes übersteigt und plötzlich versteht: „Alles: Das Leben, der Tod, der Sinn des Lebens.“ (M. Eliade, a.a.O., S. 222) In einem anderen Traum verwandelt sich Eliade in den ewigen Helden: „Mitunter gehe ich auf dem Wasser wie auf der Erde. Ich vollbringe andere Yoga-Wunder … Ich lebe in Yoga versunken am Ufer des Sees.“ (M. Eliade, a.a.O., S. 90) In den Träumen, sagt Eliade, findet der Mensch seine historische Existenz wieder, von der jeder Mythos spricht.

Als sein Lehrer gestorben war, hatte Eliade den gleichen Unterweltstraum: „Ich sehe meinen toten Lehrer mein Zimmer betreten. Die Hand auf der Türklinke sagt er: Du siehst, Mircea, das ist das ganze Geheimnis, man macht eine Tür auf und geht durch sie hindurch auf die andere Seite.“ (M. Eliade, a.a.O., S. 223) Für Eliade war aber klar, dass, wer aus dem Christentum aussteigt, „zum Heidentum zurückkehrt, zu den kosmischen Hierophanien und er erlebt als Heide das Heilige“ (M. Eliade, a.a.O., S. 261).

Bei allen Lebensprüfungen sagte sich Eliade im Sinne seines persönlichen Mythos: „Ich muss durch alle diese Prüfungen hindurch, um anderswo als ein anderer aufzuerstehen.“ (M. Eliade, a.a.O., S. 135)

1955 ging Eliade als Professor für Religionswissenschaften an die Universität von Chicago. Er erweiterte seinen persönlichen Mythos durch seine Lehre von der **Initiation**. Er schrieb: „Jeder Mensch hat in seinem Leben periodisch den Wunsch, bestimmte gefährliche Situationen kennenzulernen, und sich in die andere Welt der Mythen vorzuwagen.“ (M. Eliade: Das Mysterium der Wiedergeburt. Frankfurt 1988, S. 227)

Die letzte Initiation ist für Eliade der persönliche **Tod**, der „den Zugang zu einer Seinsweise eröffnet, die der verheerenden Wirkung der Zeit entzogen ist" (M. Eliade: Das Mysterium…, a.a.O., S. 243). Der eigene persönliche Mythos kann die Einbrüche des Heiligen in die eigene moderne Welt beschreiben und bannen (M. Eliade: Mythos und Wirklichkeit. Frankfurt 1988, S. 15f.).

In Eliades Hauptwerk „Geschichte der religiösen Ideen" (1976–1990 in vier Bänden erschienen) stellt er die vielen Einbrüche des Mythischen in unsere Welt dar und die meditativen und imaginativen Methoden, mit denen viele Menschen aus dem Alltag in die heilige Welt des Mythos gelangt sind. Der Ursprung der Menschheit lag für Eliade in seinem persönlichen Mythos immer im Erlebnis der „Glückhaftigkeit der gesetzlosen Anfänge" (M. Eliade: Das Okkulte und die moderne Welt. Salzburg 1978, S. 98). Über diese Anfänge der Welt spricht für Eliade der Mythos, dessen Welt der Weg des Helden erschließt, noch heute.

1986 ist Eliade in Chicago gestorben.

Übung:
Beschreiben Sie Ihren Versuch, zu den mythischen Ursprüngen der Welt zurückzukehren.

Berücksichtigen Sie dabei, mit Hilfe von Cluster-Texten, folgende Stationen, die für Eliade auf seiner Heldenreise wichtig waren:

1. ***Das Paradies des Anfangs***
2. ***Das Leben des Yogis***
3. ***Die Wunder der Schamanen***
4. ***Die Göttinnen des Ursprungs***
5. ***Die Leiden des Orpheus***
6. ***Die Unterweltfahrt***
7. ***Einweihungserlebnisse***
8. ***Begegnung mit dem Tod in Träumen***
9. ***Der Schatz der religiösen Ideen***

5.8 Arbeit am Prometheus-Mythos: Hans Blumenberg

Die Arbeit am Mythos ist aus der modernen Philosophie nicht wegzudenken. Ein gutes Beispiel für moderne Mythenarbeit gibt Hans Blumenberg.

Hans Blumenberg (1920–1996) studierte erst Theologie, um nach dem zweiten Weltkrieg zur Philosophie zu wechseln. Ab 1955 erkennt er, dass an die Stelle der verschwundenen Metaphysik die Metapher getreten ist (H. Blumenberg: Paradigmen zu einer Metaphorologie. Frankfurt 1998, S. 193). Blumenberg sucht nach der absoluten Metapher und findet sie im Prometheus-Mythos. In seiner „Arbeit am Mythos" sieht er in **Prometheus** den hervorragenden Kulturstifter: „Nur dieser als Titan konnte das Feuer gestohlen haben … denn nur er konnte aushalten und überdauern, am Ende darüber triumphieren, für das Delikt bestraft zu werden." (H. Blumenberg: Arbeit am Mythos. Frankfurt 1979, S. 330) Gegen Götter und Priester wird Prometheus zum Helfer des Menschen. Erst Herkules befreit ihn nach der Anschmiedung an den Felsen des Kaukasus vom Adler, der seine Leber frisst, die ständig nachwächst. Zeus will die Menschen vernichten, weil sie zu dumm sind, da wird Prometheus, der Feuerbringer, zum wahren Schöpfer der Menschen, die sich gegen Götter wehren können.

Blumenberg weiß, der Kosmos ist gleichgültig gegen den Menschen. Der Mensch kann sich im Vertrauen auf Prometheus allerdings von dieser absurden Wirklichkeit distanzieren durch Wissenschaft und Mythos. Die zerstörerische Weltangst als Angst vor der Einsamkeit der Menschheit in einem unendlichen All, verwandelt sich im Lichte der Mythen in einen aktiven Umgang mit dieser Welt. „Die Mythen … geben zwar keine Antwort auf die Sinnfrage der modernen Menschen, sie nehmen sich aber so aus, als bliebe nichts zu fragen." (H. Blumenberg, a.a.O., S. 319) Der Mensch sollte sich mit den großen Mythen abfinden, mit dem, was ihm zugemutet wird. Die Sorge um die Welt sollte der Mensch verabschieden, um in der entzauberten Welt das Licht der Mythen zu suchen. Der Zentralmythos des Prometheus ist niemals in der Geschichte der Menschheit erloschen. Prometheus taucht bei Goethe auf: „Der 25-jährige Goethe identifiziert sich mit Prometheus … als Empörer gegen den himmlischen Vater. Goethe nennt Prometheus mit anderen Leidensfiguren des Mythos: Thantalus, Ixion und Sisyphos meine Heiligen." Der 25-jährige Karl Marx nimmt Prometheus im letzten Satz der Vorrede zu seiner Dissertation als vornehmsten Heiligen und Märtyrer in einen imaginären philosophischen Kalender auf", schreibt Blumenberg mit intensiver Selbstidentifikation (H. Blumenberg, a.a.O., S. 632f.). Marx wie Blumenberg identifizieren sich mit der Aussage des Prometheus: „Ich hasse alle Götter." (H. Blumenberg, a.a.O., S. 637) Noch auf dem Höhepunkt des „Kapitals" erwähnt Marx noch einmal

Prometheus: Das Proletariat ist wie Prometheus an den Felsen des Kapitals angeschmiedet und es wird wie Prometheus diese Fesseln brechen.

Für Sigmund Freud ist Prometheus – nach Blumenberg – in jedem Akt der Kultur gegenwärtig. Der Mensch muss nach Freud immer wieder lernen zu verzichten, auf das von Prometheus gestiftete Feuer zu pissen.

Franz Kafka ist ganz im Sinne von Hans Blumenberg ein wichtiger moderner Text zu Prometheus gelungen: „Berichtigung des Prometheus-Mythologems" von 1918. Kafka erzählt vier Versionen von Prometheus. Die erste Version lautet: Prometheus wurde am Kaukasus festgeschmiedet, weil der die Götter an die Menschen verraten hatte. Die zweite Version lautet: Die Adler hätten Prometheus mit ihren Schnäbeln immer tiefer in den Fels gedrückt, bis er mit ihnen eins wurde. Die dritte Version heißt: Prometheus wurde vergessen. Die Götter vergaßen, die Adler, er selbst. Die vierte Version heißt: Die Götter wurden müde, die Adler wurden müde, die Wunde schloss sich müde. (H. Blumenberg, a.a.O., S. 686f.) Kafka schließt: „Der Mythos versucht das Unerklärliche zu erklären. Da er aus einem Wahrheitsgrund kommt, muss er wieder im Unerklärlichen enden." (H. Blumenberg, a.a.O., S. 687)

Es hat den Anschein, als würde Kafka das Letzte über den Prometheus-Mythos gesagt haben, aber Blumenberg glaubt, die Arbeit am Prometheus-Mythos ist bis heute nicht beendet. Aus diesem Mythos entspringt immer wieder die neue revolutionäre Kraft, die Goethe und Marx motivierte. Sie hat auch Blumenberg motiviert, am Mythos zu arbeiten, um aus ihm einen persönlichen Mythos zu machen, der seinem Leben einen unerklärlichen Sinn gibt.

Übung:
Betrachten Sie Ihr Leben aus dem Blick des Prometheus, der in Ketten liegt und gefoltert wird, aber weiß, dass Herkules ihn bald befreien wird.

Übung:
Schreiben Sie einen Brief an Goethe über seine Heiligen.

Übung:
Schreiben Sie einen „imaginären philosophischen Kalender der Helden".

Übung:
Schreiben Sie nach Anregungen von Franz Kafka weitere Versionen der Prometheus-Sage.

5.9 Die maßgebenden Helden: Karl Jaspers

Karl Jaspers ist der wichtigste deutsche Existenzphilosoph, der seine Existenz nur im Licht von Mythen aus der 1. Achsenzeit erklären konnte. Er wurde 1883 in Oldenburg geboren und starb 1969 in Basel, als Professor für Philosophie. Sein Leben lang war Jaspers an Bronchien und Herz erkrankt. Er litt an Depressionen. Im Dritten Reich, mit einer Jüdin verheiratet, musste er in einer ständigen Selbstmordbereitschaft leben. Nach dem Ende des Dritten Reiches nahm er einen Lehrstuhl für Philosophie in Basel an.

Obwohl Jaspers eine strikte Trennung von Philosophie und Mythos forderte, hat er doch vier mythischen Gestalten eine existenzerhellende Funktion im Kontext der Existenzphilosophie zugesprochen.

Im ersten Teil seines philosophiegeschichtlichen Hauptwerkes „Die großen Philosophen" von 1957 hat er im Abschnitt „die maßgebenden Menschen" seine persönliche Heldenmythologie vorgestellt. Jaspers' mythologische Helden heißen: Sokrates, Buddha, Konfuzius und Jesus. Diese vier Helden sind für Jaspers von überragender historischer Bedeutung, die alle Zeit bis heute überdauert hat. Sie entstammen alle der „Achsenzeit", die Karl Jaspers zwischen 500 v. Chr. bis 200 n. Chr. ansetzte (K. Jaspers: Vom Ursprung und Ziel der Geschichte. 1949). In dieser Zeit der Entstehung des modernen Menschen stehen die vier maßgebenden Helden „im Dienste der Gottheit, sie sind von ihr berufen (Sokrates, Konfuzius, Jesus) oder im Dienste der Heilsnotwendigkeit (Buddha)" (K. Jaspers: Die großen Philosophen. München 1997, S. 219). Diese besonderen Menschen wurden im Laufe der Zeit zu Urbildern, „wie sie in der Vorzeit für Mythos und Dichtung da waren" (K. Jaspers, a.a.O., S. 221). Alle vier sind als maßgebende Menschen aufgetreten und unterlagen den Gesetzen der „Gottwerdung", wie sie die Gesellschaft braucht (K. Jaspers, a.a.O., S. 226). Als Menschen sollte man aber mit ihnen umgehen wie mit ganz normalen Menschen. Aber keiner der vier wird uns gleichgültig lassen, schreibt Jaspers. Denn alle vier sind den Weg des mythischen Helden gegangen mit Aufbrüchen aus dem Alltag, Eintauchen in die Anderswelt und einem oft erschütternden Tod. Für Jaspers „wissen wir nur, was wir sind und tun, wenn wir es im Schatten von ihnen her sehen" (K. Jaspers, a.a.O., S. 228).

Übung:
Was ist für Sie das Identische an Sokrates, Buddha, Konfuzius und Jesus? Schreiben Sie dazu drei Sätze.

Sokrates vermittelt für Jaspers den absoluten Mut angesichts des über ihn verhängten Todes durch den Schierlingsbecher. Er praktiziert das Wissen des Nicht-Wissens, behauptet sich gegen die Mächte Athens, seiner Götter und der Allmacht des Todes. Er ist der erste Rebell der Philosophie.

Übung:
In welchen Lebenssituationen hat Sokrates für Sie eine Vorbildfunktion gewonnen? In welcher Lebenssituation wollten Sie wie Sokrates denken und handeln?

Buddha, auf dem Meditationsweg der Askese und Versenkung, der die Götter hinter sich ließ und ins Nirwana einging, ist für Europäer nicht einfach zu verstehen. Buddha ist für Jaspers der außerordentliche Mensch, der „in der Welt die Welt verlässt"(K. Jaspers, a.a.O., S. 154). Buddha kämpft nicht. Er widersteht nicht. „Er will nur als dies durch Nicht-Wissen gewordene Dasein erlöschen." (K. Jaspers, a.a.O.)

Übung:
Haben Sie Versuche der Weltflucht in Ihrem Leben erlebt? Beschreiben Sie diese Versuche.

Konfuzius „hat keine religiöse Erfahrung, kennt keine Offenbarung, vollzieht keine Wiedergeburt seines Wesens, ist kein Mystiker" (K. Jaspers, a.a.O., S. 178). Seine Leidenschaft ist die Schönheit, Ordnung, Wahrhaftigkeit und das Glück in der Welt. Konfuzius versteht sich auf langen Wanderschaften im Zeitalter der tausend kämpfenden Reiche in China als Lehrer des Humanismus, der zu Lebzeiten scheitert, um dann bis heute in Asien unübersehbar zu wirken.

Übung:
Wirkt Konfuzius für Sie offen, hell und natürlich? Sind Sie in Ihrem Leben von seinem Humanismus beeinflusst worden, von seiner goldenen Regel? Beschreiben Sie Ihre Begegnung mit Konfuzius.

Jesus hat gelitten bis zur Vernichtung. „Jesus ist der Gipfel des Leiden-Könnens." (K. Jaspers, a.a.O., S. 207) Er hat durch sein Handeln selber sein Leiden und seinen Tod provoziert. „Sein Leiden ist nicht ein zufälliges, sondern ein echtes Scheitern." (K. Jaspers, a.a.O., S. 207) Jesus rechnete immer mit dem baldige Weltende. Erst nach seinem Tod machten die Weltmächte Jesus zum Gottmenschen, der er selbst ja nie war. „Der Christusglaube ist nicht durch

Jesus gestiftet. Er entstand erst nach seinem Tode.“ (K. Jaspers, a.a.O., S. 211) Die Kirche verlieh Jesus alle Merkmale der Heldenreise, die für ihn selbst in der Selbstverlorenheit am Kreuz endete. Man kann sich an Jesus orientieren, glaubt Jaspers, ohne seine Nachfolge anzutreten. Er ist dann ein Lehrer für alle Ketzer, für alle Rebellen gegen Rom und gegen den tyrannischen Gott des alten Testamentes.

Übung:
In welcher Lebenssituation hat Sie Jesus beeinflusst? Beschreiben Sie den Einfluss von Jesus auf Ihr Leben. Stellen Sie auch Ihren Umgang mit dem Jesus-Mythos dar.

Jaspers gewinnt aus dem Blick auf die vier großen Helden die Kraft, in einer entgötterten Welt des Faschismus zu leben und das Scheitern als Mensch zu ertragen. Aber er unterschlägt die maßgebenden Heldinnen der Achsenzeit.

Er erwähnt nicht folgende Heldinnen:
- Aspasia aus Milet (460–401 v. Chr.): Sie war die Lehrmeisterin von Sokrates. Sie lehrte ihn den sokratischen Dialog. Sie war Vertreterin der Aufklärung.
- Diotima von Mantinea (um 430 v. Chr.): Sie lehrte, dass der Eros die Liebe zu den Ideen antreibt und gab damit Platon wichtige philosophische Anregungen.
- Leontion (um 300 v. Chr.): Sie war die Geliebte des Epikur. Sie wurde Leiterin der Schule des Epikurs nach seinem Tod. Sie verteidigte die Frauen gegen die Übermacht der Männer.
- Hypatia aus Alexandria (370–415 n. Chr.): Sie lehrte neuplatonische Philosophie an der Universität von Alexandria und wurde in der Vorosterzeit des Jahres 415 von einer fanatischen christlichen Menge grausam ermordet, die Hypatia Glied um Glied in Stücke rissen. Sie war die erste philosophische Märtyrerin.

(Vgl. M. Rullmann: Philosophinnen. Zürich 1994, Bd. 1, S. 23–64)

Übung:
Wählen Sie Ihre maßgebenden Heldinnen der 1. Achsenzeit aus und begründen Sie Ihre Vorbildfunktion für Ihr Leben.

Übung:
Schreiben Sie Ihr eigenes Leben als Leben für die Aufklärung, für die Philosophie, für den Kampf gegen die Männer oder als Märtyrerin.

5.10 Der Mythos vom letzten Gott: Martin Heidegger

Martin Heideggers persönliche Mythologie ist ein Spiegelbild der deutschen Geschichte im 20. Jahrhundert. Zugleich zeigt Heideggers Lebensweg alle Elemente des Weges des mythischen Helden. Heidegger bricht aus der katholischen Theologie und dem Jesuitenorden aus. Er geht den Weg der Prüfungen, die ihn mit dem einsamen unbekannten Soldaten des ersten Weltkrieges und später mit braunen Halbgöttern konfrontierten. Er erlebte die Wende zur Seinsmystik und entdeckte die Spuren des letzten Gottes. Schließlich gewinnt Heidegger die Freiheit des Denkens nach der Rückkehr aus dem Mythos des Seins (vgl. J. Campbell: Der Heros in 1000 Gestalten. Frankfurt 1987).

Heidegger wird 1889 in Meßkirch im Schwarzwald geboren. Er macht Abitur und wird Jesuitennovize. In dieser Zeit wird **Christus** seine Verkörperung des Heiligen in seiner ersten persönlichen Mythologie. 1911 verlässt Heidegger den Jesuitenorden und gibt auch das Theologiestudium auf. 1914 war Heidegger voller Kriegsbegeisterung, wenn er im ersten Weltkrieg auch vom aktiven Wehrdienst befreit wird, wegen Herzbeschwerden. 1918 versieht er dann den meteorologischen Dienst an der Westfront. Heidegger hat 1915 über einen Philosophen des Mittelalters, nämlich Dons Scotus, promoviert. Er kann 1923 bis 1927 eine Professur in Marburg bekleiden. Er verfasst nun unter dem Einfluss der Lebensphilosophie sein Hauptwerk „Sein und Zeit“, das 1927 erscheint. In ihm setzt er dem **heroischen einsamen Soldaten** der Westfront ein Denkmal. Die soldatische Existenz des Vorlaufes zum Tode, der das Sein vergessen hat, oder vom Sein vergessen wurde, und dem Nichts in der Schlacht vor Verdun ausgesetzt wird, wird Heideggers neuer Held in seiner Mythologie. Natürlich ist Heidegger nun militanter Atheist.

1928 wird Heidegger Professor in Freiburg. Er gerät in den Sog des Nationalsozialismus. In seiner Rektoratsrede von 1933, als Rektor der Freiburger Universität, entwickelt er für sich den „wahren Nationalsozialismus“. In dieser Denkphase rückt **Adolf Hitler** an die Spitze von Heideggers persönlicher Mythologie. „Der wahre und je einzige Führer weist in seinem Sein allerdings in den Bereich der Halbgötter. Führersein ist ein Schicksal und daher endliches Sein.“ (M. Heidegger: Gesamtausgabe (GA). Bd. 39, S. 210) In der Rektoratsrede hatte Heidegger über seinen Halbgott Hitler gesagt: „Nicht Lehrsätze und Ideen seien die Regeln eures Seins. Der Führer selbst und allein ist die heutige und künftige deutsche Wirklichkeit und ihr Gesetz. Lernet immer tiefer zu wissen: Von nun an fordert jedes Ding Entscheidung und alles Tun Verantwortung.“ (M. Heidegger: GA Bd. 16, S. 184f.)

Übung:
Spielt Adolf Hitler, zum Beispiel als Verkörperung des absolut Bösen, in Ihrer persönlichen Mythologie eine Rolle?

1935 erfolgte bei Heidegger eine gewisse Distanzierung vom realen Nationalsozialismus und von Adolf Hitler.

In seinem zweiten Hauptwerk „Probleme der Philosophie“ von 1939 entwickelt Heidegger eine neue Phase seiner persönlichen Mythologie. Heidegger erkennt nun: „Die Flucht der Götter muss erfahren und ausgestanden werden.“ (M. Heidegger: GA Bd. 65, S. 27) Der Mensch lebt in der Weltnacht der Seinsverlassenheit. Er unterliegt dem Tod des „moralisch-christlichen Gottes und der scheinbaren Bewältigung der Welt durch Technik. Aber wenn die Götter geflohen sind, erscheint der Nihilismus. Die Vorbereitung der Überwindung des Nihilismus ist die Erfahrung, dass der Mensch gebraucht wird von der Gottheit.“ (M. Heidegger: GA Bd. 65, S. 140)

Der Dichter **Hölderlin** und die Philosophen **Kierkegaard** und **Nietzsche** haben in der Entwurzelung der Weltnacht „ihre Götter am innigsten erahnt“ (M. Heidegger: GA Bd. 65, S. 204).

Übung:
Haben Hölderlin, Kierkegaard oder Nietzsche einen Platz in Ihrer persönlichen Mythologie?

Heidegger spricht nun vom „**letzten Gott**“. Er spricht vom „Vorbeigang des letzten Gottes“ (M. Heidegger: GA Bd. 65, S. 406). Heidegger schreibt: „Der letzte Gott ist nicht das Ende, sondern der andere Anfang unermesslicher Möglichkeiten unserer Geschichte.“ (M. Heidegger: GA Bd. 65, S. 411) Der letzte Gott ereignet sich im Ereignis. „Das Ereignis übereignet Gott an den Menschen.“ (M. Heidegger: GA Bd. 65, S. 26) Heidegger lehnt es ab, „Götter innerhalt des Seienden zu suchen“ (M. Heidegger: GA Bd. 65, S. 400). Da das Sein göttert, sind Götter weder Sein noch Seiendes. Heidegger schreibt: „Wir stehen im Kampf um diesen letzten Gott.“ (M. Heidegger: GA Bd. 65, S. 412)

Übung:
Haben Sie in Ihrer Mythologie eine Vorstellung von einem letzten Gott?

Heidegger weiß, dass seine persönliche Mythologie vom letzten Gott, als messianische Geschichtsdeutung, nur wenigen verständlich wird. „Nur die großen und verborgenen Einzelnen werden dem Vorbeigang des Gottes die Stille schaffen.“ (M. Heidegger: GA Bd. 65, S. 414)

Der letzte Gott ist kein Ende, sondern das In-Sich-Einschwingen des Anfanges. Dieser Anfang findet für Heidegger nicht in „bisherigen Kulten und Kirchen statt“(M. Heidegger: GA Bd. 65, S. 416). Heidegger erkennt damit, dass die persönliche Mythologie weder Kulte noch Kirchen braucht, sondern in der Stille meditativen Denkens entsteht.

Nach dem zweiten Weltkrieg erklärt Heidegger in seinem Aufsatz „Wozu Dichter?“ den neuen Stand seiner persönlichen Mythologie. Der Dichter **Hölderlin**, den er 15 Jahre gelesen hat, wird für Heidegger nun der Prophet des letzten Gottes. „Hölderlin ist für mich der Dichter, der in die Zukunft weist, der den Gott erwartet.“ (M. Heidegger: GA Bd. 16, S. 678)

Übung:
Welche Dichter haben für Ihre persönliche Mythologie besondere Bedeutung gewonnen?

Hölderlin dichtet vom erwartbaren Gott in der Weltnacht. „Seitdem die ‚einigen drei‘ Herakles, Dionysos und Christus die Welt verlassen haben, neigt sich der Abend der Weltzeit ihrer Nacht zu. Die Weltnacht breitet ihre Finsternis aus. Die Weltnacht ist durch das Wegbleiben des Gottes, durch den Fehl Gottes bestimmt … Die Weltnacht ist so dürftig geworden, dass sie nicht mehr vermag, den Fehl Gottes als Fehl zu merken.“ (M. Heidegger: Holzwege. Frankfurt 2003, S. 269) Im Weltalter der Weltnacht „muss der Abgrund der Welt erfahren und ausgestanden werden. Dazu ist aber nötig, dass solche sind, die in den Abgrund reichen. Die Wende des Weltalters ereignet sich nicht dadurch, dass irgendwann nur ein neuer Gott oder der alte neu aus dem Hinterhalt hereinstürzt.“ (M. Heidegger: Holzwege, a.a.O., S. 270)

Heideggers persönliche Mythologie unterstellt, dass die Weltnacht auf ihre Mitte zugeht und dass die Spuren der entflohenen Götter und des letzten Gottes der Zukunft von den Dichtern erfasst werden. Hölderlin hat mit diesem Mythos einen Anfang gemacht. Hölderlin hat „Dionysos, den Weingott, den Gott-Losen, unter das Finstere ihrer Weltnacht herabgebracht“ (M. Heidegger: Holzwege, a.a.O., S. 271). Der gottlose Mensch kann im Kultus der Rebe Spuren der entflohenen Götter finden. Dichter sind die Sterblichen, die mit „Ernst dem entflohenen Weingott singen“ (M. Heidegger: Holzwege, a.a.O., S. 272). Auch der späte **Nietzsche** hat im Sinne Heideggers für Dionysos Zeugnis abgelegt und sich als letzter Anhänger des Dionysos bezeichnet.

Übung:
Welche Rolle spielt Dionysos in Ihrer persönlichen Mythologie?

In neuester Zeit sieht Heidegger im **Rainer Maria Rilke** mit seinen Werken „Das Stundenbuch", die „Sonette an Orpheus" und die „Duineser Elegien" einen Dichter, der der Spur der entflohenen Götter und der Ankunft des letzten Gottes folgt. Rilke feiert Orpheus: „Überall wo es singt, ist Orpheus." Und Rilke sagt auch: „Einzig das Lied über Land, heiligt und feiert." (M. Heidegger: Holzwege, a.a.O., S. 275)

Übung:
Ist Orpheus eine Person in Ihrer persönlichen Mythologie?

Rilke hatte es schwer durchzudringen. Denn in der Weltnacht ist die Technik entstanden, die mit der „Atomphysik das Lebendige als solches angreift" (M. Heidegger: Holzwege, a.a.O., S. 290). Die Technik bedroht für Heidegger mit dem Atomkrieg den Menschen. Heidegger sieht in der Technik den ambivalenten guten wie bösen Gott, der die Spur der alten Götter völlig verstellt hat. Allerdings können die Dichter vom letzten Gott sprechen, wenn sie vom letzten Gott dichten. Die vom kommenden letzten Gott sprechenden Dichter sind Sterbliche, die „eher in den Abgrund der technischen Weltnacht reichen" (M. Heidegger: Holzwege, a.a.O., S. 296). Die Rettung vor der Atomtechnik „muss von dort kommen, wo es sich mit den Sterblichen in ihrem Wesen wendet"(M. Heidegger: Holzwege, a.a.O., S. 296). Die Wendung des menschlichen Wesens geschieht in der Erscheinung von **Engeln**, von denen Rilke in den „Duineser Elegien" spricht. Rilkes Engel haben die Qualität von Nietzsches Zarathustra, sagt Heidegger.

Übung:
Kennt Ihre persönliche Mythologie Engel? Beschreiben Sie sie.

Derartige Dichter „bringen den Sterblichen die Spur der entflohenen Götter in das Finstere der Weltnacht" (M. Heidegger: Holzwege, a.a.O., S. 319). Hölderlin ist der Prophet des letzten Gottes, Rilke ist der Prophet vom kommenden Gott in der Weltnacht. Heidegger stilisiert sich mit seiner Mythologie letztlich zum Propheten des letzten Gottes nach der Mitte der Weltnacht. In einem „Spiegel"-Interview, das nach seinem Tod 1976 erscheint, sagt Heidegger: „Nur ein Gott kann uns retten."

Übung:
Berücksichtigt Ihre persönliche Mythologie das Kommen eines letzten Gottes? Hat Ihre Mythologie messianische Züge?

5.11 Die Mythen des aufrechten Ganges: Ernst Bloch

Für Ernst Bloch gibt es keinen kommenden Gott, sondern die kommende neue Gesellschaft. Von dieser neuen Gesellschaft wird für Bloch geträumt.
In Tagträumen wird sich jedes Ich erkennen, während es sich in den Nachtträumen versteckt. Tagträume haben ein Ziel: Sie träumen von der Vollendung des Ichs, von der Erfüllung seiner Wünsche und von der Vollendung der Welt. Werden die Tagträume von Bildern einer neuen Welt geprägt, dann können sie die Heraufkunft einer Revolution ankündigen. Mit diesen Thesen tritt der kritische Freudo-Marxist Bloch auf. Von den Mythen des aufrechten Ganges in Tagträumen handelt der Philosoph Ernst Bloch.

1885 wurde Ernst Bloch in Ludwigshafen geboren. Als ihn die Schule langweilte, floh er in die Welt der Tagträume. Der erste Held seiner Tagträume wurden Karl Mays abenteuerliche Gestalten Sam Hawkins, Old Surehand, Old Firehand, **Winnetou**, der Übermensch und Old Shatterhand. Dazu kamen bei Bloch bald **Karl Marx** und **Friedrich Engels**. Blochs erster philosophischer Aufsatz hieß: „Das Weltall im Lichte des Atheismus". Für Bloch war die Materie die Mutter alles Seienden. Sie hat alles hervorgebracht und kein Gott. Die Materie ist für Bloch kein mechanischer Stoff, sondern Kraft. Die Spur der materiellen Kraft ist, vermittelt über das Unbewusste, die menschliche Phantasie. Die Verwirklichung der Tagträume, die den Menschen sein Leben lang begleiten, ist die Aufgabe des persönlichen Lebens oder der Revolution.

Bloch schrieb: „Es gibt nur Karl May und Karl Marx. Alles dazwischen ist eine unreine Mischung." Bloch studierte Philosophie. 1907, im Alter von 22 Jahren, entdeckte Bloch das Noch-Nicht-Bewusstsein. Die Psychoanalyse Sigmund Freuds hatte vom Unbewussten als Ort des Verdrängten gesprochen. Bloch nennt das Unbewusste Freuds das Nicht-Mehr-Bewusste und erweitert Freuds Unbewusstes um das Noch-Nicht-Bewusstsein, das in Tagträumen von der Zukunft in Bildern spricht. Die Tagträume handeln von Dingen, die erst noch kommen und die im Entstehen begriffen sind. Sie basieren auf der Kraft der Materie, die von ihrer Vollendung im Menschen, auch im Einzelnen träumt.

Übung:
Können Sie sich vorstellen, dass die persönliche Mythologie Produkt der Materie und Ihres Noch-Nicht-Bewusstseins ist?

Im Umkreis der russischen Revolution von 1917 schrieb Bloch sein erstes Werk „Der Geist der Utopie". In diesem Buch stellt er die Umrisse seiner persönlichen Mythologie dar. In unserem Noch-Nicht-Bewusstsein, schreibt Bloch, „schläft der letzte, **unbekannte Christus**, der Kälte-, Leere- und Gott-Besieger Dionysos, der ungeheure Theurg, von Moses geahnt, von dem milden Jesus nur umgeben, aber nicht verkörpert."

Übung:
Zeigt Ihre persönliche Mythologie Spuren von Christus, Dionysos und Moses?

Der Anfang der wirklichen Welt liegt für Bloch in der Zukunft und damit erst jenseits der sozialistischen Revolution. Der große Held von Blochs persönlicher Mythologie wurde dann **Thomas Müntzer**, der Führer des Bauernkrieges von 1524. In Thomas Müntzer vereinigte sich für Bloch Marxismus, Utopie und revolutionärer Tagtraum.

Bloch flieht vor den Nazis in die USA. Dort schreibt er sein zweites Hauptwerk „Das Prinzip Hoffnung". In diesem Buch entwickelt er die utopischen Archetypen, die aus dem Noch-Nicht-Bewusstsein kommend das Bewusstsein erweitern können. Diese Archetypen heißen: „das Schlaraffenland, der Kampf mit dem Drachen, der Winterdämon, der die Sonne töten will, die Befreiung der Jungfrau, die der Drache gefangen hält, die Drachenzeit und das Drachenland". Vom Übergang in die bessere Welt spricht der Archetyp „Auszug der Kinder Israel aus Ägypten und Reich des Antichrist, vor Beginn des neuen Jerusalem". (E. Bloch: Das Prinzip Hoffnung. Frankfurt 1959, Bd. 1, S. 186)

Archetypen der persönlichen Mythologie sind in der Jugend die ideale Geliebte: „Die Straße oder die Stadt, wo die Geliebte wohnt, vergoldet sich, wird zum Fest." (E. Bloch, a.a.O., S. 36f.) Es folgt der Abenteurer, der eine Welt erobern will. In der Lebensmitte wird die private Mythologie von Haremsbesitzern bevölkert. Im Alter werden Wein, Weib und Gesang als archetypische Bilder voneinander getrennt. „Die Flasche hält länger vor." Mußebilder bevölkern für den Greis nun die mythologischen Tagträume.

Der wahre Held in der persönlichen Mythologie ist für Bloch im „Prinzip Hoffnung" **Karl Marx**. „Philosophen haben die Welt verändert: Marx, Engels, Lenin." (E. Bloch, a.a.O., S. 326) Das Ziel der Weltveränderung ist die Heimat des Menschen in der Zukunft, wo der Mensch sich mit der Natur versöhnt.

Übung:
Besitzt Ihre Mythologie Bilder von der Versöhnung von Mensch und Natur in der Zukunft? Kennen Sie Bilder vom Paradies am Ende der Geschichte?

Nach dem zweiten Weltkrieg geht Bloch als Hochschullehrer in die DDR. Nach dem Mauerbau kehrt er nicht mehr in die DDR zurück. Der reale Sozialismus war für ihn gescheitert. Der Kern seines späten Tagtraumes bleibt die allmächtige Materie. Gegen das Scheitern des realen Sozialismus steht der „Reichtum der Materie … Von der Materie, als einer offenen, kann nicht groß genug gedacht werden." (E. Bloch: Das Materialismusproblem. Frankfurt 1972, S. 469)

Die revolutionärsten Tagträume findet Bloch im Alter in der Bibel. Besonders der Revolutionär **Jesus** hat es Bloch nun angetan. Jesus „blieb bei den Armen, den Aufbegehrenden, gegen alles Oben, wo der Mensch nicht vorkommt" (E. Bloch: Atheismus im Christentum. Frankfurt 1973, S. 173). Der echte atheistische Marxismus liebt den echten Jesus, der für die „Mühseligen und Beladenen gekämpft hat und gestorben ist" (E. Bloch: Atheismus im Christentum, a.a.O., S. 299). Für Bloch ist Jesus „als Empörer von den Römern hingerichtet worden" (E. Bloch, a.a.O., S. 147). Jesus und **Prometheus** stehen für Bloch in der gleichen Reihe.

Übung:
Kennt Ihre persönliche Mythologie Helden der Empörung gegen die Götter, wie Jesus und Prometheus?

1977, mit 92 Jahren, ist Bloch gestorben. Ihm ist die Verortung der privaten Mythologie in der Kraft der Materie, im Noch-Nicht-Bewusstsein und in den Tagträumen zu danken. Die persönliche Mythologie kann, wenn sie nicht nur die Alltagssorgen kompensiert, deshalb durchaus revolutionäre Utopie auf der Basis der archetypischen Bilder der großen Empörer sein.

Übung:
Schreiben Sie einen persönlichen Mythos, in dem die Worte Schlaraffenland, Kampf mit dem Drachen, Winterdämon, Jungfrau, Drachenzeit, Drachenland und die Worte Auszug aus Ägypten, Reich des Antichrist und neues Jerusalem vorkommen.

5.12 Die große Göttin: Mary Daly

Persönliche Mythologien werden auch im Feminismus entwickelt. Mary Daly, die radikalste feministische Philosophin, wurde 1928 im Staate New York (USA) geboren. Schon als Schülerin wollte sie Philosophin werden. Sie schloss ihr Studium mit einer Dissertation über Thomas von Aquin in Fribourg (Schweiz) ab. 1966 kehrte Daly in die USA zurück und unterrichtete lange und schwer umstritten am Jesuitischen Boston College feministische Ethik. Sie hatte früh „nicht den leisesten Wunsch zu heiraten und Kinder zu haben" (M. Daly: Auswärtsreisen. München 1994, S. 40). Durch Anregungen von Simone de Beauvoir wird Daly zur radikalen Kritikerin der patriarchalischen Kirche. In ihrem Buch „Jenseits von Gottvater, Sohn & Co." (Berlin 1980) erklärt sie, dass Gott in Wirklichkeit eine Göttin ist.

Übung:
Haben Sie in Ihrer persönlichen Mythologie Platz für eine oberste weibliche Gottheit?

Gegen die Macht des Patriarchats setzt Daly auf eine feministische Spiritualität. Der christliche Gott ist für sie ganz und gar tot. „Im Gegensatz dazu war die Göttinnen-Symbolik beweglich und komplex." (M. Daly, a.a.O., S. 187) Im Zentrum dieser Spiritualität stehen für Daly neue mythologische Gestalten. Daly erlebt die „**Crone**", die erfahrene weise alte Frau, die Geheimnisse kennt und bewahrt. Sie erlebt die „**Spinster**", die geistig unabhängige Frau. Diese Frauentypen sind Gestalten der Göttin im weiblichen Alltag. Daly will das „wilde Reich der ‚**Häxen**' und weisen Frauen" wieder zugänglich machen, die sie auf ihrer Reise ins Innere ihrer Seele erlebt hat.

Daly will, dass die Frauen auf dem Weg der Häxe ihr antipatriarchalisches Selbst entdecken, im Reich des inneren Feuers ihre Leidenschaft entwickeln und im Grunde ihrer Seele wieder ihre ursprünglichen Häxenkräfte entdecken. Daly erlebt die berauschenden Kräfte der Natur als Göttin: „Der Geruch von verbrennenden Blättern und von frischem Schnee brachte berauschende Botschaften." (M. Daly, a.a.O., S. 151) Auf ihren Reisen besucht sie auch die Mittelmeerinsel Kreta und folgt den Spuren der matriarchalischen minoischen Kultur. Sie begegnet „den minoischen Schlangengöttinnen im Museum von Heraklion" (M. Daly, a.a.O., S. 267). Sie eignet sich die Doppelaxt der Schlangengöttin an und trug „sie immer an ihrem Schlüsselbund" (M. Daly, a.a.O., S. 267).

Übung:
Haben Sie Symbole Ihrer persönlichen Mythologie in Ihrem Alltag aufgestellt oder tragen Sie sie sogar am Körper?

Daly entdeckte nun selbst ihre „wahre Identität als Häxe" (M. Daly, a.a.O., S. 269) und entschlüsselte mehr und mehr die vom Patriarchat ver-kehrten Symbole des Weiblichen. In ihrem Buch „Gyn-Ökologie", von 1980, fordert sie die Frauen auf, ihre Doppelaxt selbst zu finden. In ihrem Buch „reine Lust" von 1986 will sie helfen, alle männlichen Aspekte aus der weiblichen Seele zu vertreiben. Das Männlich-Böse erscheint ihr als „Bohrer, Metzger, Böcke, Schläger, Schlitzer und Knilche" (M. Daly, a.a.O., S. 291).

Übung:
Haben Sie männliche Teufelsaspekte in Ihrer persönlichen Mythologie?

Daly sieht auf einer Flugreise den Vulkan Mount St. Helens. Dabei erkannte sie, dass die Frauen biophile Kräfte besitzen „und dass sie völlig anders sind als die zerstörerischen, von Männern gemachten nuklearen, chemischen und politischen Pseudokräfte" (M. Daly, a.a.O., S. 294).

In der Natur taten sich für Daly als Abkömmlinge der großen Göttin **Elementargeister** auf: „Intelligenzen, die die Sterne beseelen und die Prozesse von Erde, Luft, Feuer und Wasser beleben." (M. Daly, a.a.O., S. 311)

Übung:
Haben Elementargeister in Ihrer persönlichen Mythologie einen Platz?

Daly erlebte auch die **Engel** der Elemente. In Irland erfasste Daly die Magie des Mondes als Zentralsymbol der großen Göttin. Sie bekam die Idee nach „grünen Frauen" zu suchen, weil „grüne Frauen, wie alle Göttinnen, Häxen, weise Alte, schwer wahrzunehmen sind" (M. Daly, a.a.O., S. 481). Daly nahm damit wahr, dass die Archetypen der persönlichen Mythologie auch in der Realität auftauchen können. Für Daly sind natürlich die „grünen Frauen" Frauen, die die Kraft der großen Göttin und ihrer großartigen Natur repräsentieren. Die Kraft „grüner Frauen" kommt für Daly „aus vorchristlichen heidnischen und archaischen Quellen" (M. Daly, a.a.O., S. 482).

Übung:
Wie weit ist Ihre persönliche Mythologie vorchristlich, heidnisch oder archaisch?

Mary Daly bezeichnet sich in den 90er Jahren des 20. Jahrhunderts als „selbstidentifizierte heidnische Philosophin“ (M. Daly, a.a.O., S. 488). Sie hat eine Gemeinde „heidnischer Häxen“ um sich versammelt und ihr Schlachtruf lautet: „Wir werden nie unterworfen werden, niemals!“ (M. Daly, a.a.O., S. 493)

Übung:
Hat Ihnen Ihre persönliche Mythologie schon die Kraft gegeben, niemals aufzugeben, niemals unterworfen zu werden?

Kritik an ihrer persönlichen Mythologie begegnet Daly mit den Worten: „Während wir bis zu den Knien im Frauenblut waten, soll ich über Freud, Derrida oder Foucault plaudern?“ (M. Daly, a.a.O., S. 406)

Übung:
Schreiben Sie mit Hilfe von Cluster-Texten eine persönliche Mythologie mit folgenden Stationen:

1. ***Abschied von Gottvater, Sohn & Co.***
2. ***Die Begegnung mit Cronen, Spinstern und Häxen***
3. ***Eine Reise nach Kreta ins Reich der Schlangengöttin***
4. ***Die Begegnung mit dem Teufel***
5. ***Die Erfahrung von Elementargeistern und Engeln***
6. ***Ihr Leben mit „grünen Frauen“***
7. ***Ihre Verteidigung in einer feindlichen Welt bis zum Ende***

5.13 Resultate der Revue persönlicher Mythologien in der 2. Achsenzeit

Unsere Revue persönlicher Mythologien von PhilosophInnen und TiefenpsychologInnen der 2. Achsenzeit hat folgende Resultate erbracht:

1. Dem atheistischen Menschen der Moderne sind die Begegnungen mit mythischen Gestalten völlig vertraut. Die persönliche Mythologie begleitet die Menschen des Westens in der atheistischen Weltnacht.

2. Besonders die heidnische Mythologie des Nordens, heretisch interpretierte christliche oder gnostische Mythologeme sowie asiatische Mythenhelden sind im modernen Ich in psychischen Krisen sehr präsent. Dabei werden in Lebenskrisen der 2. Achsenzeit die Heldinnen- und Heldengestalten der Antike besonders wirksam, die gegen die Götter gekämpft haben. In modernen Gesellschaften kämpfen der Prometheus-Impuls oder der Orpheus-Impuls gegen das Kapital, den Staat oder, wie der Sisyphos-Impuls, gegen das Absurde, wie z. B. einen 3. Weltkrieg. Das moderne Individuum kann seine Kraft des Widerstandes aus diesen mythischen Kräften gewinnen. Es wird damit in der 2. Achsenzeit das Ende des Kapitalismus und den Übergang zu einer neuen Gesellschaft besser bewältigen.

3. Diese persönliche Mythologie ist Bestandteil des Über-Ichs und des Ich-Ideals westlicher Individuen und trägt zur Identitätsfindung in Zeiten des Katastrophen-Kapitalismus bei.

4. Damit ist die persönliche Mythologie ein wichtiger Bestandteil der Tiefenautobiographie, der im autobiographischen Schreiben bisher völlig vernachlässigt wird.

5. Die Ursprünge der persönlichen Mythologie entstammen – nach C. G. Jung – dem Unbewussten, wenn sie sich auf das Vergangene beziehen oder – nach Ernst Bloch – dem Noch-Nicht-Bewusstsein, wenn sie sich an der Zukunft orientieren.

6. Neben wirklich mythologischen Helden können in der persönlichen Mythologie auch vergöttlichte Menschen der Zeitgeschichte treten, wie Karl Marx oder Barack Obama.

7. Die persönliche Mythologie wird nicht nur in persönlichen Krisensituationen erneuert, sondern auch in Gesellschaftskrisen als Manipulationsmittel belebt, dabei besteht die Gefahr, dass das Individuum seine Identität in der Masse verliert. Dieser Identitätsverlust kann in der Folge zu grauenhaften Verfolgungen des Bösen, als „Untermensch", als „Achse des Bösen" oder „Reich des Bösen" tituliert, führen, das auf Sündenbock-Kulturen projiziert wird. Schon aus diesem Grund hat die Bewusstmachung der persönlichen Mythologie einen hohen politischen Stellenwert. Sie müsste eigentlich Bestandteil jeder demokratischen politischen Bildung und Aufklärung sein, die sichern will, dass Gulag und Auschwitz nicht wiederkehren.

8. Auffällig ist der gravierende Unterschied zwischen der männlichen und weiblichen persönlichen Mythologie. Bei Frauen ist die persönliche Mythologie mit weiblichen Heldinnen von der Hure oder Häxe bis hin zur großen Göttin besetzt, wogegen die persönliche Mythologie bei Männern von Gestalten des Ur-Vaters und Helden der Rebellion und des Aufstandes bestimmt sein können.

9. Die Arbeit in autobiographischen Schreibgruppen muss diese geschlechtsspezifischen Unterschiede in der persönlichen Mythologie in der Anordnung der Übungen und Textsorten ebenso berücksichtigen, wie die altersspezifischen und schichtspezifischen Unterschiede in der persönlichen Mythologie.

10. Die Arbeit an der persönlichen Mythologie ist nicht nur notwendiger Bestandteil privater Identitätsarbeit, sondern sollte auch Teil professioneller Psychotherapie werden. Die Psychoanalyse wäre ohne Freuds Entdeckung des Ödipus-Mythos nicht entstanden.

11. Die eigene Lebensphilosophie ist ohne die Aufarbeitung der eigenen persönlichen Mythologie unvollständig. Die eigene Lebensphilosophie kann sich noch so sehr materialistisch, darwinistisch oder nihilistisch begründen, die Macht des Mythos reicht weit in die Zukunft weiterer Säkularisationsschübe der modernen Gesellschaft hinein. Die Mythen der 1. Achsenzeit (1000 v. bis 1000 n. Chr.) sind auch in der 2. Achsenzeit der Moderne präsent.

12. In der Weltnacht, die sich durch die Macht des Kapitalismus und der Atomtechnik entwickelt hat, sind zwar die Götter geflohen, aber sie haben ihre mythischen Spuren in der Seele des Einzelnen des Westens hinterlassen.

13. In großen Teilen der islamischen Welt, der hinduistischen und chinesischen Welt sind entweder Mohammed, Krishna oder Konfuzius Zentren der persönlichen Mythologie. Eine Aufklärung über die Unterschiede der persönlichen Mythologien zwischen Ost und West kann den drohenden Krieg der Religionen abbauen und den interreligiösen Dialog befördern. Die westlichen Zentralgestalten der persönlichen Mythologie – Prometheus, Dionysos, Orpheus, die Gestalten der großen Göttin oder der nordischen Mythologie wie Baldur, Siegfried oder die Seherin der Edda – stehen in keinem prinzipiellen Widerspruch zu den asiatischen Helden der persönlichen Mythologien. Sie alle sind nur menschliche Chiffren des All-Einen, das keine Kultur, keine Religion und keinen Mythos zum Eigentum hat.

14. Die Religionsgeschichte der Welt hat eine enorme Tendenz zur Individualisierung. Allerdings ist diese Tendenz in säkularisierten Gesellschaften erheblich stärker als in Gesellschaften, die am Beginn der Modernisierung stehen. Eine Vernetzung der Kommunikation der Tiefenautobiographien von Individuen unterschiedlicher Kulturen und von Mitgliedern der Dritten Welt in der ersten Welt könnte zur Durchsetzung der politischen Demokratie einen wichtigen Beitrag leisten.

Die folgende Fallgeschichte einer persönlichen Mythologie ist als Geschichte der persönlichen Mythologie eines westlichen Mannes nur ein erster winziger Schritt im Prozess der tiefenbiographischen Kommunikation der globalisierten Welt. Sie ist ein erster Schritt eines großen Utopie-Projektes. Dieses Projekt heißt: Von der Romantisierung der Welt.

Teil 2

Die persönliche Mythologie des Lehrers O.

Kapitel 1: Die Geburt

Kapitel 2: Die Einweihung

Kapitel 3: Der Rückzug

Kapitel 4: Die Suche

Kapitel 5: Das Königreich des Todes

Kapitel 6: Die Konfrontation mit dem Teufel

Kapitel 7: Die Wiedergeburt

Kapitel 8: Die Verwandlung

Einleitung
zur persönlichen Mythologie des Lehrers O.

Im zweiten Teil dieses Buches wird nun die persönliche Mythologie des Lehrers O. abgedruckt. Der Lehrer O., ein Pensionär von 67 Jahren, hat diese Geschichte in einer Schreibgruppe zur „Kunst des Mythen-Schreibens" in den Jahren 2004–2006 verfasst. Mit der Veröffentlichung ist er einverstanden. Seine persönliche Mythologie hat er auf der Basis folgenden Mind-Maps der Heldenreise entwickelt:

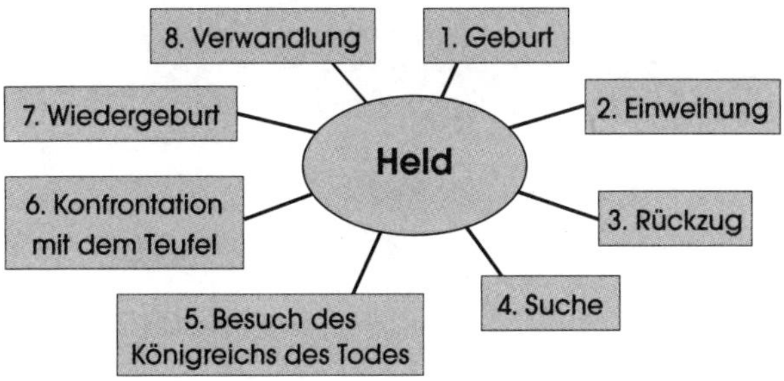

Seine Texte können sehr gut zeigen, wie die Welt des Lehrers O. sich romantisiert. Die Konflikte mit seinem Vater sehen ihn als Sieger. Er schlüpft in die Rolle des „mystischen Kindes". Seine Schulzeit erscheint als Lehrzeit bei einem philosophischen Meister, obwohl sein Klassenlehrer Faschist war. Die Wiederkehr des bösen Vaters kann er im Mythos distanziert gestalten. Von den Erschöpfungen seines Berufes erholt er sich auf einer magischen Insel. Er erkennt, dass sein Leben ein Kampf gegen Riesen war. Er kann im persönlichen Mythos beschreiben, wie er den Kampf mit dem Tod führen würde. Seine Heldenrolle beschreibt er in seiner Reise nach Asien. Mit seinen 68er-Erfahrungen rechnet er ab.

Er begreift, dass auf der inneren Reise Heldenmythos und Psychose, am Beispiel des Senatsrats Schrebers, sich verwischen können. Lange Zeit arbeitete der Lehrer O. am Mythos über seinen Vater. „Stalingrad" ist das Resultat dieser Bemühungen. Auch seine Auseinandersetzung mit den Weltreligionen bekommt schließlich einen Stellenwert in seinem persönlichen Mythos. Der Schluss seiner persönlichen Mythologie bildet eine Collage von Kurzportraits von denen, die bis zur Grenze gingen.

Diese Kurzportraits aus der Feder eines Greises schließen die persönliche Mythologie des Lehres O. ab. Seine Mythen fanden in der Schreibgruppe immer gute Resonanz. So sollen sie auch hier illustrieren, was das Resultat der Kunst des Schreibens persönlicher Mythen heute sein kann.

Kapitel 1: Die Geburt

Der Held, der beginnt, seinen Alltag zu überwinden, Zeit und Raum zu überschreiten und alle Grenzen zu durchbrechen, beginnt als Narr.

Die Figur des Narren legt der Lehrer O. als **mystisches Kind** aus. Das mystische Kind befindet sich in einem Zustand der Unbewusstheit und spielt mit allen mystischen Gedanken aller Zeiten. Das mystische Kind repräsentiert eine neue Stufe des Lebens, einen Neubeginn, einen Anfang. Die Gespräche, die das mystische Kind führt, richten sich an den Vater. Dieser Vater hat magische Kräfte. Er lässt sich vom Kind nicht provozieren und erscheint als große Kraft im Angesicht der Dunkelheit und Verlorenheit, die das mystische Kind artikuliert. Die latente Mordlust des Kindes am Vater beantwortet dieser mit Liebe. Der Vater repräsentiert den Geist, der das unentwickelte Ich des Kindes auf den Boden der Welt zieht.

Nach C. G. Jung spiegeln die Mythen unser inneres Leben. Sie reflektieren die innere Erfahrung des Menschen, die diese Mythen schreiben. Der Lehrer O. entdeckt also in sich das närrische mystische Kind im Kampf mit dem Vater. In diesem Kind spiegelt sich durchaus der Archetyp des ägyptischen Horus-Kindes. Damit spiegelt sich im mystischen Kind die Kindheit des Lehrers O. und sein Konflikt mit seinem Vater. Der Lehrer O. sieht sich erst geboren, als er sich in die Auseinandersetzung mit seinem Vater begibt. Die Reise des Helden O. beginnt im mythischen Spiegel seiner Angst und seiner Angstlust vor dem Vater. Es fällt hier schon auf, dass beim Lehrer O. die Mutter keine Rolle spielt.

Übung:
Schreiben Sie auf, was Sie an wichtigen Gefühlen und Erfahrungen mit Ihrer eigenen Geburt, als Sie sich selbst entdeckten, verbinden.

1.1 Das mystische Kind

In einem Wohnblock am Rande einer Großstadt lebten einmal Peer und sein Vater. Ihr Verhältnis war gespannt, seitdem die Mutter die Familie verlassen hatte. Peer ist eigenwillig, altklug und seltsam. Der Vater hat seine Not mit dem Sohn. Es kommt zu schlimmen Szenen, die fast mit einem Mord beginnen. Das Wichtigste sind aber die Gespräche zwischen Peer und seinem Vater. Diese Gespräche sollen im Folgenden mitgeteilt werden.

1.

Peer: Ich würde Dir gern mal mit einer Flasche eins über den Kopf schlagen.
Vater: Aber das ist doch nicht Dein Ernst.
Peer: Doch ein bisschen könnte ich Dir schon etwas antun.
Vater: Das versucht doch jeder Junge.
Peer: Ich will wieder ein Baby sein. Das ist nicht so ätzend.
Vater: Gib auf, Dich zu winden. Es ist ganz natürlich, sich über den Vater zu ärgern. Ich habe meinen Vater auch wütend gemacht.
Peer: Ich werde sehr wütend. Ich bin schon sehr stark. Ich könnte Dich töten.
Vater: Gut, wir werden es uns nicht leicht machen. Kämpfe.
Peer: Ich bin so stark, dass es mich fast zerreißt.
Vater: Mich zerreißt es nicht. Ich muss mit meiner Kraft haushalten.
Peer: Ich bin Goofy und Du bist Micky, und bald stell ich Dir ein Bein und Du rollst über die Rampe.
Vater: Gut so, so können wir zum Tanzen kommen. So wird was aus der Sache.
Peer: Die Sache soll mit einer Flasche beginnen und mit einem leichten zärtlichen Schlag auf Deinen Kopf, bis das Blut spritzt.
Vater: Dazu wird es nicht kommen. Die Väter sind bald völlig out.
Peer: Soweit kommt es. Es sei denn, wir philosophieren.
Vater: Endlich mal ein produktiver Vorschlag. Fangen wir an.

2.

Peer beobachtete genau: „Die Häuser haben Dächer. Alle Häuser haben Dächer. Nur die Welt hat kein Dach.“
„Doch“, sagte der Vater, „das Sternenzelt.“
Peer: „Dadurch pfeift aber der Wind.“

3.

Der Vater kam mit Peer an einer Kirche vorbei.
„Warum ist die Kirche leer?“ fragte Peer.
„Da wohnt Gott“, sagte der Vater.
Peer: „Nein, da hängt doch nur ein Toter drin.“

4.

„Ich will nicht alt werden“, sagte Peer, „ich bleibe vier Jahre.“
„Warum?“
„Wer alt wird, stirbt. Sein Blut wird alt, seine Zähne faulen, und er kann nicht mehr lachen.“

5.

Mit Peer durch die Stadt zu gehen, ist ein Abenteuer. Er tanzt und singt und erblickt alles zum ersten Mal.
Peer: „Ist das alles die Welt?“
Vater: „Nein, sie ist viel größer.“
Peer: „Dann ist die Welt ein Riese.“
Wir gehen durch die dunkle Nacht und Peer kennt nicht das Gefühl, der Weg könnte enden. Er hat noch den Übermut der ersten Weltumsegler, so klein wie er ist.

6.

Peer macht ein ernstes Gesicht.
Vater: „Die Welt ist so groß!“
Peer: „Wie groß?“
Vater: „Größer als das Haus, als der Baum, als die Sonne, als die Sterne.“
Peer: „Und was ist hinter den Sternen?“
Vater: „Da ist Gott.“
Peer: „Und hinter Gott ist die größere Welt? Kommen wir dorthin?“
Vater: „Wir sind hier und dort, das ist das Andersland, das Weg-Land, das Fernland, das Land in der Sternenflut“.
Peer lachte. „Dort ist unser Land: in der Sternenflut.“

7.

Peer: „Ich will wissen, wie alles entstanden ist! Was war am Anfang?“
Vater: „Am Anfang war der Ur-Nebel.“
Peer: „Was war vor dem Ur-Nebel?“
Vater: „Das All.“
Peer: „Was war vor dem All?“
Vater: „Die Mutter Natur.“
Peer: „Hat die sich selbst geboren?“
Vater: „Ja“
Peer: „Das ist toll.“
Peer lacht über das ganze Gesicht. Er schlägt sich auf die Schenkel. Er tanzt. „Was kam dann?“ fragt er.
Vater: „Dann kamen die Sonnen, die Erde, die Fische, die Affen, die Arbeiter, Berlin, dann kamen Deine Eltern und dann kamst Du, Peer.“
Peer wirbelt lachend auf der Straße. Dann stockt er: „Was kommt in der Zukunft?“
Vater: „Das Paradies, das Licht am Ende des Tunnels, das neue Jerusalem, das vom Himmel fährt.“
Peer: „Kann die Welt untergehen?“

Als der Vater schweigt, sagt Peer: „Ich weiß es. Ich sehe das Licht am Ende des Tunnels. Wir reisen ins Licht.“

8.

Peer: „Ich nehme ein Messer und schneide die Erde kaputt. Die Erde zerfällt dann in Stücke. Die kleinen Stücke zerbrösele ich zwischen meinen Händen. Die Erde ist dann weg und ich fliege frei im Weltall. Ich besuche andere Sterne. Ich stelle den Computer an und funke in alle Richtungen. Ich suche. Ich suche meine Mutter. Die Welt kann ruhig zerplatzen. Ich brauche nur meine Mutter. Wo ist sie?“
Vater: „Du darfst die Erde nicht verlassen.“
Peer: „Du weißt nicht, auf welchen Sternen Ströme von Milch fließen. Du kennst die Himmel nicht ohne jede Schwere.“
Vater: „Hier ist Dein Ort!“
Peer: „Ich weiß es nicht. Ich bin noch so klein.“

9.

Peer sagt: „Ich male jetzt die Welt."
Er nimmt Filzstifte und Papier. Er macht einen Kreis. In diesen Kreis zeichnet er kleinere Kreise: Afrika, Amerika, Berlin, Griechenland, Spanien, die Alpen. „Alles fliegt im All. Um die Erde sind Sonne und Sterne und der Mond. Und hinter dem Mond schläft meine Mutter. Dort ist mein Ort."

10.

Peer ist erstaunt: „Irgendjemand muss die Welt doch erfunden haben. Wenn ein grüner Schlumpf die Welt auffrisst, dann kann er noch gehen. Er wird dann ganz dünn, aber er geht. Er geht weiter durch die Sternenmilch und trinkt sich an den Tränen satt, die die Leere weint."
Der Vater schweigt.

11.

Vater: „Die Welt war doch auch mal ein Kind. Da spielte sie und ließ den Wind blasen und die Wolken wandern."
Dann sagt Peer: „Ist die Welt jetzt eine alte Frau? Wo geht sie hin, wenn sie tot ist? Wo gehen wir hin?"

12.

„Was ist, wenn wir sterben?" fragt Peer.
Der Vater sagt: „Wir teilen uns. Unsere Seele fährt in den Himmel, unser Körper fällt in die Erde."
„Hab ich auch eine Seele?" fragt Peer.
„Ja", sagt der Vater.
Peer: „Dann will ich die Seele eines Engels haben, und dann gehe ich in die Hölle und werde ein Teufel."
„Warum", fragt der Vater erstaunt.
Peer: „Auch Gott ist in die Hölle gegangen und ein Teufel geworden."
„Nein", sagt der Vater, „in der Hölle sind wir alle."

13.

Peer: „Ich hätte Dir den Schwanz abgeschnitten, wenn ich Dich nicht geliebt hätte."

Vater: „Was ist das nur, dass wir uns lieben?"

Peer: „Es ist ein Wunder."

Vater: „Hätte ich nur so etwas meinem Vater sagen können, meine Kindheit wäre nie so einsam und verzweifelt gewesen."

Peer: „Dann sag es ihm doch noch."

Vater: „Mein Vater ist tot. Er ist eine einsame Wolke zwischen Nowosibirsk und Krasnojarsk, wo er zehn Jahre gefangen war und niemals mehr nach Hause kam."

Peer: „Wir gehen nach Haus, wenn es auch keine Türen hat und das Licht wie gespenstisch blinkt."

Vater: „Wir sind die Flügellosen, wir kriechen nur am Boden."

Peer: „Los, lass uns kriechen, um die Wette!"

14.

Peer: „Ich will die Nacht sein, das Böse, der Ekel."

Vater: „Warum?"

Peer: „Die Nacht ist das Stärkste. Das Gute unterliegt immer. Ich will nicht verlieren. Ich will auf der Seite der Sieger stehen: der Dunklen, der Bösen, der Nächtigen."

Vater: „Du irrst. Das Kleine wird groß und die Besiegten werden zu Siegern."

Peer fragt: „Wie lange dauert das noch?"

15.

Vater: „Heute pflanzen wir die Kastanienbäume. Wenn sie groß sind, kannst Du unter ihnen sitzen und auf Deinen Vater fluchen. Der ist dann schon lange tot."

Peer: „Sag das nicht. Wenn ich an Deinen Tod denke, werde ich ganz traurig. Ich muss weinen. Du sollst noch ein paar Tage leben, bis ich groß bin."

16.

Peer: „Geh raus aus meinem Zimmer!“
Vater: „Warum?“
Peer: „Sonst bring ich Dich um!“
Vater: „Ich weiß es doch nicht.“

17.

Peer: „Erst kommen die Dinosaurier, dann die frühen Säugetiere, dann entwickeln sich die Affen und schließlich die Ur-Menschen.“
Vater: „Was bedeutet das für Dich?“
Peer: „Am Anfang war der Morgen. Säugetiere, das ist der Mittag. Die Affen, das ist der Abend. Der Ur-Mensch, das ist die Nacht.“

18.

Peer: „Der Peer war ein Baby, das Haus war ein Baby. Der Baum, der Fluss, die Berge, die Welt, das Weltall, alles waren mal Babys. Was aber war davor?“
Vater: „Die große Mutter aller Babys.“
Peer: „War da kein Vater?“

19.

Vater: „Was hältst Du von einem Geschwisterchen?“
Peer: „Gar nichts.“
Vater: „Und wenn Du eins bekommst, was dann?“
Peer: „Gar nichts. Ich schmeiß es sofort weg.“

20.

Peer: „Pass bloß auf, Papi!“
Vater: „Warum?“
Peer: „Ich hau Dir mit meiner Faust ein Loch in den Kopf.“
Vater: „Nein!“
Peer: „Doch! Ich bin stärker als Du, viel stärker. Du weißt es nur noch nicht.“

21.

Vater: „Was versteckst Du vor mir?“
Peer: „Ich habe ein Tier in mir.“
Vater: „Was für eins?“
Peer: „Ich habe einen Alles-Tiger in mir, der will die ganze Welt fressen. Der hat ein großes Maul, da passen Berge hinein. Die Sonne fasst er mit seinen Zähnen, die Sterne kullern durch seinen Bauch. Er hat einen Schwanz aus Kometen.“
Vater: „Wie hältst Du das nur aus?“
Peer: „Ganz einfach, ich bin doch noch ein Kind.“

22.

Vater: „Was willst Du werden?“
Peer: „Ein Zauberer, der alles kann.“
Vater: „Was soll der zaubern?“
Peer: „Eine neue Welt, die bestehende gefällt mir nicht.“

23.

Peer erzählt einen Traum: „Da kam ein Tier. Das hatte den Kopf eines Büffels, den Bauch einer Schlange, die Füße eines Adlers, den Schwanz einer Kuh. Das Tier flog durch mein Zimmer und forderte mich auf: Setz dich auf meinen Rücken. Da habe ich Nein gesagt“, sagte Peer, „und da hat das Tier geweint.“ Der Vater schweigt.

24.

Der Vater fragte Peer: „Und wenn die Welt untergeht?“
Peer: „Wir sind aus Sternenstaub und werden wieder Sternenstaub.“
Vater: „Was macht Sternenstaub?“
Peer: „Sternenstaub dreht sich im Kreis.“
Vater: „Was passiert dabei?“
Peer: „Es entstehen neue Sterne.“
Vater: „Und dann?“
Peer: „Neuen Erden, neue Sonnen, neue Galaxien, in denen unser Sternenstaub dabei ist.“

Vater: „Und dann?“
Peer: „Dann gibt es wieder eine neue Erde, neue Tiere, neue Menschen.“
Vater: „Und dann?“
Peer: „Dann stehen wir wieder hier und unterhalten uns über Weltuntergang und Sternenstaub.“

25.

Peer fragte den Vater: „Was war vor meiner Geburt?“
Vater: „Da schwebtest Du im Bauch Deiner Mama.“
Peer: „War das schön?“
Vater: „Das weiß ich nicht.“
Peer: „Ich weiß alles noch, ich lebte wie ein Fisch. Ich trank Milch und Honig. Ich hörte die große Herztrommel von Mama.“
Vater: „Das weißt Du doch gar nicht. Das hast Du doch alles erfunden.“
Peer: „Ich weiß noch, wie die Höhle sich verengte. Ich weiß noch, wie ich starb, wie ich wiedergeboren wurde. Ich weiß noch, wie ich ins Licht gerissen wurde. Ins Licht dieser Welt.“
Vater: „Nichts weißt Du, gar nichts.“

26.

Peer fragte seinen Vater: „Und was war vor der Zeit, als ich in Mamas Höhle war?“
Vater: „Das kann man nicht wissen. Du warst im Nirgendwo, in der Nirgendzeit, am Nirgendort, im Nirgendland.“
Peer: „Das stimmt doch nicht.“
Vater: „Wieso?“
Peer: „Ich bin durch alle Schichten der Welt gefahren. Ich war in der Materie, ich war in einer Pflanze. Ich war ein Fisch. Ich war ein Krebs. Ich war ein Löwe. Ich war ein Mensch. Ich war bei den Eskimos, bei den Indianern. Ich war ein Schamane. Ich war bei den Pyramiden. Ich war Jäger in der Wildnis.“
Vater: „Das stimmt doch auch nicht.“
Peer: „Das stimmt. Als Kind weiß ich viel mehr als Du. Du hast doch nur alles vergessen.“

27.

Peer: „Papa, weißt Du, wie die Welt entstanden ist?“

Vater: „Das war so: Erst gab es einen Nebel, dann bildeten sich Sterne, dann Planeten. Eine Sonne gab es, die ließ die Erde kreisen. Auf dieser Erde entwickelten sich Bakterien. Die wurden Mehrzeller und schließlich entstanden zwei Geschlechter.“

Peer: „Das meine ich nicht. Ich wollte wissen, wie ist die Welt entstanden, nicht, wie sind die Dinge in der Welt entstanden!“

Vater: „Das weiß ich nicht. Was vor dem Nebel war, meinst Du das?“

Peer: „Das meine ich. Und ich denke, da war die Dunkelheit, die fühlte sich einsam, die wollte mit etwas zusammensein. Da schuf sie das Licht. Aber das Licht bekämpfte die Dunkelheit. Da war die Dunkelheit traurig, sie weinte. Aus ihren Tränen sind wir entstanden. Wenn wir weinen, dann spüren wir, die Dunkelheit ist noch da. Sie weiß nur nicht, wie sie alle Kämpfe, die dann begannen, beenden soll, sie weiß es nicht.“

Vater: „Ich weiß es auch nicht.“

28.

Peer: „Papa, was wird in der Zukunft?“

Vater: „Du wirst zur Schule gehen. Du wirst lernen. Du wirst Dich verlieben. Du wirst heiraten. Du wirst Kinder haben. Du wirst alt werden. Du wirst sterben.“

Peer: „Das ist doch nur die alte Kinderleier!“

Vater: „Du bist frech, Du bist so völlig altklug.“

Peer: „Was ist altklug.“

Vater: „Altklug ist, wenn man so viel weiß wie ein alter Mensch.“

Peer: „Das möchte ich nicht. Alte werden trottelig. Ich möchte wissen, was aus der Menschheit wird.“

Vater: „Wir werden im Wohlstand leben, wir werden leben im Kristallpalast. Wir sind verwöhnte Tiere.“

Peer: „Quatsch. Einige sind arm, einige sind reich. Die Welt, so sagt das Fernsehen, wird vom Geld regiert, vom großen Geld.“

Vater: „Ja, Peer, das musst Du noch lernen, das mit dem Geld.“

Peer: „Was gibt es denn da zu lernen. Du redest doch dauernd vom Geld. Und wie lieb Du es hast. Und dass Du es auch oft verloren hast.“

Vater: „Ich habe viel Geld verloren.“

Peer: „Wird die Menschheit in Zukunft auch ihr Geld verlieren?“

Vater: „Sie wird mit dem Geld kämpfen.“

Peer: „Sie kann das Geld nicht besiegen. Es macht mit dem Menschen, was es will.“
Vater: „Sag mir eine Lösung.“
Peer: „Gib Dein Geld aus. Gib alles aus.“
Vater: „Dann müssten wir alle sterben.“
Peer: „Siehst Du, das ist die Angst vor der Zukunft. Die Zukunft ist ein Vorhang aus Geld. Und Du weißt nicht, was passiert, wenn der Vorhang fällt.“

29.

Peer: „Überall sind diese Kirchen, was soll das?“
Vater: „Es gibt Kirchen, Moscheen, Synagogen, Bethäuser, Sektenzentren.“
Peer: „Ich kann die nicht unterscheiden. Warum gibt es so viele Kirchen, die mit Religion Geld verdienen?“
Vater: „Da gibt es Konkurrenz um den richtigen Weg.“
Peer: „Was ist das Ziel?“
Vater: „Da gibt es Gott.“
Peer: „Wo und wer ist das?“
Vater: „Er ist unsichtbar. Er ist unendlich.“
Peer: „Ich verstehe. Weil er unendlich ist, gibt es unendlich viele Religionen und unendlich viele Wege.“
Vater: „Ja, sehr gut, Peer.“
Peer: „Gut – ich weiß nicht. Was ist denn mein Weg in diesem Chaos?“

30.

Vater: „Peer, es gibt sieben Weltreligionen.“
Peer: „Warum?“
Vater: „Es gibt so viele Dogmen und so viele Autoritäten, denen man glauben soll.“
Peer: „Woher wissen wir, was wir sollen. Doch nur durch die eigene Erfahrung.“
Vater: „Die ist doch sehr beschränkt.“
Peer: „Ich halte mich an meine Gefühle. Die sagen, es ist alles eins und es ist alles gleich.“
Vater: „Dann willst Du nicht an die Kirche glauben?“
Peer: „Es sind zu viele. Ich glaube an gar nichts. Ich erfahre, dass ich aus der Nacht komme und in die Nacht gehe. Ich lache darüber und weiß nicht, warum. Ich bin doch noch so klein.“

31.

Vater: „Was passiert in Deinen Erfahrungen?“
Peer: „Es passiert in der Natur.“
Vater: „Was passiert?“
Peer: „Alles ist eins. Ich bin in allem. Alles ist in mir.“
Vater: „Aber wie passiert das?“
Peer: „Ich weiß es doch nicht. Es passiert einfach.“

32.

Peer: „Ich bin so oft allein, so leer. Alles fällt von mir ab. Ich verschwinde. Was ist das, Papa?“
Vater: „Dein Ich ist noch so schwach. Manchmal macht es Pause.“
Peer: „Woher kommt mein Ich.“
Vater: „Dein Ich kommt von weither.“
Peer: „Wie weit?“
Vater: „Sternenweit. Trillionen Jahre weit.“
Peer: „Wie hat es zu mir gefunden?“
Vater: „Es hat Dich geliebt, schon vor der Zeit.“
Peer: „Da bin ich aber froh.“

33.

Peer: „Ich bin schon lange unterwegs. Woher komme ich? Wohin gehe ich? Wer bin ich?“
Vater: „Du kommst aus dem Kosmos. Du bist im Kosmos. Du reist durch den Kosmos auf dem Stern Erde.“
Peer: „Und Du reist mit mir?“
Vater: „Ich gehe früher als Du. Du wirst eine lange Zeit allein reisen.“
Peer: „Aber ich möchte immer bei Dir sein.“
Vater: „Das wird nicht gehen, Peer. Der Pilger muss durch die große Einsamkeit, worin die Sterne weinen.“

34.

Peer: „Papa, früher waren überall Götter. Sie waren Holzstücke, Tiere, Pflanzen. Wo sind die Götter geblieben?“
Vater: „Sie wurden bald unsichtbar. Sie waren Wind, Blitz, Donner, Regen und Dürre.“
Peer: „Was wurde aus diesen Naturdingen?“
Vater: „Es kamen die Menschen, die sagten: Es gibt nur einen Gott.“
Peer: „Woher wussten sie das?“
Vater: „Sie wussten es einfach. Sie waren außer sich.“
Peer: „Warum waren sie außer sich?“
Vater: „Sie waren besessen. Sie konnten sich kaum auf den Beinen halten.“
Peer: „Da werden alle Götter geflohen sein, denn diese Menschen waren doch den Göttern unheimlich.“

35.

Peer: „Manchmal verlassen mich die Sinne. Ich gerate in eine dunkle Nacht. Ich fürchte mich so.“
Vater: „Du versuchst aus der Sinnenwelt auszusteigen. Dann schwindelt Dir.“
Peer: „Mir schwindelt oft. In der Nacht habe ich böse Träume. Da kommt der Traummörder zu mir.“
Vater: „Lass die Träume sich selbst entwerten.“
Peer: „Das verstehe ich nicht. Was heißt das?“
Vater: „Wach sofort aus den Mordsträumen auf. Sage Dir, hier bin ich.“
Peer: „Das nützt doch nichts, ich reise durch viele Nächte und ich suche und suche. Ich bin wie ein Sandkorn im Meer.
Vater: „Aber ich hab Dich lieb.“

Peer und sein Vater redeten und redeten und redeten.
Und wenn der Vater nicht gestorben ist, dann reden sie noch heute…

Übung:
Schreiben Sie einen Cluster-Text zum Thema „Geburt“.

Kapitel 2: Die Einweihung

Nach der Geburt erfährt der Held seine Einweihung. Die Einweihung erfährt Peer, der sich nun zu **Jan** gewandelt hat, um die Überflutung des Ichs durch die Macht des Mythos abzuwehren, durch den einsam wandernden Philosophen.

Der wandernde Philosoph hat für Jan eine Botschaft, die seine eigenen Kräfte mobilisiert, so dass er mit dem bösen Menschen und dessen destruktiver Botschaft fertig wird. Mithilfe des wandernden Philosophen kann Jan den Widerspruch in seiner Seele erfassen: den Kampf des geistigen Prinzips mit dem Trieb-Prinzip. Jan liest durch den wandernden Philosophen im Buch seines Lebens. Er erfährt die Bruchstücke seines Denkens und den Impuls, sein Denken zu ordnen.

Jan macht dann in einer zweiten Geschichte seine Erfahrung mit dem bösen Vater. **Der böse Vater** beherrscht die Welt, wie Franz Kafka in seinem „Brief an den Vater" schrieb. Der Vater setzt Gesetze, die dem Sohn das Leben schwer machen. Mythen werden wach, dass Zeus Kronos besiegt und Laios dem Ödipus nach dem Leben trachtet. Diesen inneren Gestalten begegnet Jan und erfährt, dass auch in einer wissenschaftlich-technischen Welt die alten Gesetze der Initiation, der Einweihung, gelten. Das sind die Gesetze des „Stirb und Werde", die Mircea Eliade beschrieben hat (M. Eliade: Das Mysterium der Wiedergeburt. Versuche über einige Initiationstypen. Frankfurt 1988).

Jan erlebt nicht den heiligen Aspekt seiner Seele. Die Begegnung mit den vielen Heiligen der christlichen Tradition geht den Lehrer O. offensichtlich gar nichts an. Der Lehrer O. ist Agnostiker mit einem Hang zu den atheistischen Religionen Asiens, z. B. dem Taoismus oder dem Konfuzianismus. Der Lehrer O. hat sich offenbar auch schon intensiv mit der Ablösung von seinen Eltern befasst.

Übung:
Beschreiben Sie Ihre Gefühle und Einsichten bei Ihrer Einweihung in die Reise des Helden, der Sie selber sind.

2.1 Jan und der einsame Philosoph

Es war einmal ein Schüler, der hieß Jan. Jan hat es eines Tages zu Hause nicht mehr ausgehalten. Er ist mit 12 Jahren seinen Eltern fortgelaufen.
Er ist weit gewandert und hat in einer Großstadt den einsamen Philosophen getroffen. Er ist sein Schüler geworden. Wie ein Schatten wurde er aber nun von einem aggressiven Menschen verfolgt. Der wandernde einsame Philosoph hielt immer so seine Reden, die niemand hören wollte. Nur Jan.
Immer aber gab der aggressive Mensch seine Meinung dazu: Seine Lehre von der Notwendigkeit der Zerstörung.

1. Rede: Der eine Geschmack

Der einsame Philosoph saß auf der Straße mitten im Verkehr der Großstadt und hielt seine erste Rede:
„Manchmal ist da der eine Geschmack. Er ist voller Freiheit. Er lässt den Kosmos voller Leben erscheinen. Der Tod liegt schon lange zurück. Du stehst im Regen und spürst, dass es ist.
Der eine Geschmack ist nicht bitter. Er ist nicht süß. Er ist nicht bissig. Er ist nur das Gefühl auf der Zunge, dass alles Leiden gar nichts mehr ist.
Natürlich hat Buddha den einen Geschmack zuerst gekostet und 40 Jahre lang nicht verloren.
Der eine Geschmack fasst die Welt von ihrer besten Seite auf. Er erhofft in allem einen guten Ausgang. Er glaubt an einen immer wachsenden Fortschritt der Menschheit zur Erlösung. Er schmeckt in der Welt das Beste an ihr. Er glaubt an die Vernunft der Erlösung.
Der eine Geschmack macht die einen passiv, die anderen aktiv. Die einen lassen sich im Strom der Zeit treiben, die anderen greifen ein. Sie beginnen bei sich die Suche nach dem einen Geschmack, und dann sorgen sie sich, wie viele den einen Geschmack nicht finden können.
Der eine Geschmack ist nicht Melancholie. Er ist die reine Ekstase, die eintritt, wenn man aus sich auch nur etwas heraustritt. Der eine Geschmack eröffnet das kosmische Bewusstsein. Da ist dann kein Tod, kein Leiden, keine Sorge, keine Angst, kein Elend, kein Bangen, keine Verzweiflung, kein Ekel, sondern nur noch die überwältigende Macht der reinen Gegenwart."

Jan war nun der einzige Zuhörer des Meisters, wie es schien. Jan sagte zum Meister:

„Du hast lange geredet. Du hast gut geredet. Ein bisschen bin ich besoffen von so viel schönen Worten. Aber wenn der Tod kommt, zerfallen alle Worte. Wo sind die Worte, die nicht zerfallen, Meister?"

Da ging ein aggressiver Mensch vorbei und sagte:

„Wieder ein neues Opfer des einsamen Philosophen, dem sonst keiner zuhört."

2. Rede: Gipfelsturm

Der einsame Philosoph wurde von irgendjemandem gefragt: Was ist die Mystik? Da sagte der einsame Philosoph:

„Bisher gab es 5000 Mystiker in der Geschichte der Menschheit. Sie haben es erlebt, auf das Ich kommt es nicht an. Sie haben jenseits der Sonne das ewige Licht gesehen. Im Kern jeder Religion entstehen die Mystiker, die gegen das Dogma polemisieren. Sie wissen, dass der, der etwas weiß, nicht redet, und der, der redet, nichts weiß."

Jan antwortete wieder als einziger Zuhörer:

„Alle reden von Mystik, alle Kirchen loben ihre Mystiker. Was soll das Reden über Mystik. Mystik ist doch nur ein Tun in Trance. Es kann nicht beschrieben werden."

Der aggressive Mensch hielt sich im Hintergrund und sagte:

„Das ist bloßer Schwindel. Das taugt nicht. Ich gehe jetzt."

3. Rede: Ich verschmilzt mit Du

Der einsame Philosoph war verliebt. Und seine Geliebte wollte wissen, was Liebe ist. Da sagte der einsame Philosoph:

„Wenn Ich und Du verschmelzen, öffnet sich eine Tür und alles wird Licht. Wenn der Mann die Frau liebt, besteht die Gefahr, dass er sie tötet. Wenn die Frau den Mann liebt, besteht die Gefahr, dass sie ihn vernichtet. Es gibt nur den tantrischen Weg, der völligen Hingabe. Das Gespräch von Seele zu Seele. Dieses Gespräch ist aber dabei, in der Welt zu erlöschen."

Jan, der als einziger intensiv zugehört hatte, sagte:

„Ich bin fast noch ein Kind. Ich onaniere. Aber meistens schäme ich mich dann. Ich weiß nicht, woher diese Schuld kommt. Sie vergiftet alles. Ich möchte niemals lieben."

Der aggressive Mensch hatte genau zugehört und meinte:

„Ich bin ein Asket. Die Liebe interessiert mich nicht. Sie bringt kein Glück. Man kann schon dankbar sein, wenn sie keinen Ärger macht."

4. Rede: Der Lebenswille

Der einsame Philosoph hatte sich auf den Weg nach Indien begeben. Darüber sprach er:

„Das ist nicht zu übersehen. Du lebst aus einem unbändigen Willen. Dieser Wille hält Dich über dem Abgrund.
Dieser Wille ist etwa 3,5 Milliarden Jahre alt. Er hat viele Katastrophen überlebt, die bis zu 98 % aller Arten auf der Erde vernichteten. Manche glauben noch heute, Gaia stabilisiert diesen Willen in ihrer Autopoesis, in ihrer ständigen Selbstschöpfung.
Der Wille entspringt dem Unbewussten, das hineinreicht bis in den unbändigen Lebenswillen der Pflanzen, der Bakterien, ja der ersten Lebenskeime und der Materie.
Diese Lebenskeime kommen aus dem Kosmos. Der Kosmos ist voller Keime, die auf Meteoren durch das dunkle All reisen und überall auf Planeten die Evolution des Lebenswillens entzünden.
Das wird doch ein Ziel haben!"

Jan sagte als einziger Zuhörer:

„Den Willen zum Leben spüre ich in mir. Aber auch den Willen zum Tod. Ich spüre die großen Weltängste in diesem einsamen Universum, wo uns keiner hört. Diese Weltangst macht den Willen klein, so klein, wie ich es bin. Und der Kern der Weltangst ist die Angst vor dem Weltuntergang, die Angst vor dem Untergang des Weltwillens."

Der aggressive Mensch lachte in sich hinein:

„Ich halte mich an gar nichts. Ich bin bloß einsam. Ich weiß nur, die Decke meines Zimmers fällt mir auf den Kopf. Daran sollte der „eilige" Philosoph auch mal denken."

5. Rede: Der ganz große Tagtraum

In bestimmten Wenden seines Lebens hatte der einsame Philosoph ganz große Tagträume. Darüber sagte er:

„Das Paradies ist in Deinem Herzen. Du hast es unter dem Herzen der Mutter gehört. Es wird Dich niemals verlassen.
Aus dem Uterus ist die Welt zu rechtfertigen.
1968 war die Luft voller Blumen, ohne dass es eines Wortes bedurfte.
1989 wurde das Ende der Geschichte erkannt. Dieses Ende dauerte bis zum 11. September 2001 in New York. Dann ging, weil Atta zugeschlagen hatte, die Weltgeschichte wieder los."

Jan als einziger Zuhörer antwortete:

„In meinem Herzen träume ich so groß ich kann. Aber oft verstehe ich diese Träume nicht. Oft kommen Alpträume von einer Welt ohne Menschen. Wo sind wir dann, wenn die Erde vergangen ist?"

Der aggressive Mensch war erstaunt:

„Jede Gattung lebt 10 Millionen Jahre auf der Erde. Der Mensch hat da nicht mehr viel Luft. Aber ich rege mich darüber überhaupt nicht auf."

6. Rede: Die adlerhafte Materie

Der einsame Philosoph betrachtete einen Stein. Und dann sprach er über die Materie:

„Die Materie hat eine lange Reise hinter sich, bis sie den Menschen schuf. Sie hat diese Reise nicht ohne Grund getan, ob Du das nun glaubst oder nicht. Die Materie ist Drang und Wille, vielleicht auch Geist. Sie wird am Ende Geist sein, wenn es stimmt, dass es nur noch aufwärts geht."

Jan antwortete als einziger Zuhörer:

„Die Materie ist eine harte Nuss. Sie ist im Inneren leer. Aber aus der Leere kommt alle Kraft. Ich muss noch viel studieren, um das zu verstehen. Meine Lehrer haben einen verkniffenen Mund, wenn sie über die Materie reden. Sie kauen an Einsteins Erkenntnis: Materie ist Energie."

Der aggressive Mensch sagte:

„Alles ist Materie. Und alles ist nicht zu erklären, warum also so viele Worte machen."

7. Rede: Das Elend des Pessimismus

Alle Welt schrieb pessimistisch-nihilistische Literatur. Das ärgerte den einsamen Philosophen und er hielt folgende Rede:

„Das Leben schlecht zu machen, hilft nichts. Wer es schlecht macht, fühlt sich selber schlecht. Die Pessimisten gehen wie im Schlaf durch die Welt, die sie nur langweilt. Sie sind gefangen in ihrem Ekel. Gegen den Optimismus hat der Pessimismus keine Chance, denn er gibt die Erde auf, ohne eine Alternative zu haben. Pessimisten provozieren Widerspruch. Sie scheinen immer einiges zu übersehen. Sie betonen das Geheul des Leidens, verschweigen aber das Lachen auf Buddhas Gesicht.

Die Geschichte der Philosophie ist ein Kampf zwischen Pessimismus und Optimismus, nicht zwischen Idealismus und Materialismus, wie Marx immer behauptete.Der Pessimismus wird auch metaphysisch. Dann argumentiert er so: Der Demiurg, der Weltschöpfer, erkannte nach dem Urknall, dass er die falsche Formel der Weltschöpfung gewählt hatte. Es blieb ihm nur noch die Möglichkeit, der Schöpfung ein Selbstmordprogramm zu implementieren. Diese Metaphysik des implementierten Weltendes scheint heute auch nicht sehr weit hergeholt. Wer dem Pessimismus aber ganz folgt, muss sich umbringen, das ist der Preis. Oder er wohnt im Hotel ‚Abgrund' und liebt nur noch seinen Hund. Oder er fällt für drei Tage in eine Todesstarre. Und erst als er erwacht, isst er einen Apfel und lächelt. Es gibt auch den Pessimisten, der täglich mit dem Selbstmord kämpft und dann Kaviar isst.

Aus der totalen Weltverneinung ergibt sich die Selbstverneinung, die Menschenverneinung oder der dialektische Umschlag zur Selbstbejahung und Weltbejahung um jeden Preis. So ist es, dass alle zu ihrer Zeit und auf ihre Art der Erde treu bleiben.

Die Theologie und die Metaphysik sind oft pessimistisch, selbst die Seinsgeschichte ist nur eine Abwesenheitsstory. Dagegen verteidigt die Philosophie den Optimismus, weil sie weiß, er ist es wert. Aber einer hat gesagt: „Ich wünsche nicht das Allerweltsgewinsel, dass die Monate leer sind, der Boden nur Schlamm und Kot.

Schon die Geburt widerlegt den Pessimismus. Diese Monate des Embryos in völliger Sicherheit. Diese Fahrt ins Licht, es ist wie es ist. Das Sterben ist sicherlich ganz anders als je einer gedacht hat. Und glücklicher.

Philosophie gibt es nur, wenn das Geheul der gemarterten Seele in ihr spricht. Philosophie kommt aber erst zu sich selbst, wenn in ihr auch die ekstatischen Schreie der orgiastisch sich Liebenden zur Sprache kommen."

Vielleicht ist die beste aller Welten gerade die, in der wir leben. Das war doch Leibniz These."

Jan als einziger Zuhörer sagte:

„Gut gesprochen. Ich muss Dich, den einsamen Meister, loben. Aber nimmst Du mir auch meine Melancholie? Machst Du mir eine tiefe Ruhe in meinem jungen Herzen? Oder machst Du mich abhängig, zum Sklaven, zum Süchtigen schöner Worte?“

Der aggressive Mensch schwieg und dachte bei sich:

„Ich bin nicht Pessimist, ich bin nicht Optimist. Ich bin Realist. Das sollte dieser Klugscheißer mal begreifen!“

8. Rede: Die Absurdität der Apokalypse

Lange hatte der einsame Philosoph daran gedacht, dass die Welt untergeht. Dann wandelte sich seine Meinung und er hielt folgende Rede:

„Sollte die Erde ins Nichts fallen, am Ende der Tage, dann ist das die pure Absurdität. So viele Projekte und Hoffnungen, so viel letztes Hoffen über die Nacht hinaus, das kann doch nicht alles gewesen sein.
Alle Apokalyptiker sind Lügner. Wenn sie wahr reden, ist keiner mehr da, der ihnen Glauben schenken kann. Die Apokalypse hat sich säkularisiert. Sie ist jetzt in den Händen der Menschen und Gott ist für sie überhaupt nicht mehr zuständig. Ist sie in den Händen der Menschen richtig aufgehoben, fragt sich der freie Geist. Die Menschheit hat etwas Besseres verdient, als in einem großen Endknall unterzugehen.
Gegen die Tradition der Apokalypse steht die Tradition derjenigen, die trotz der großen Leiden und der vielen Schmerzen in der Welt versucht haben, aus der Welt einen besseren Ort zu machen. Statt der christlichen Weltuntergangsangst kultivieren wir lieber den Heidenspaß.
Die Dummheit der Menschen könnte zur eigentlichen Ursache des Weltunterganges werden. Das ist ein sehr starkes Argument für eine permanente Bildungsreform.“

Jan kommt nun mit dem aggressiven Menschen ins Gespräch:

Der aggressive Mensch sagt:

„Zuerst die Ökologie und die Kosmologie: Umweltkatastrophen, Ozonloch, Überfischung der Meere, Pandemien, wie HIV, Grippe oder Ebola, genmanipuliertes Gemüse mit kanzerogenen Folgen, neue geklonte Menschen ohne Identität wie Roboter, Tsunamis und Erdbeben, Vulkanausbrüche, Meteoritenstürze auf die Erde, die Änderung der Erdachse, Eiszeiten oder Wärmezeiten,

die die Zivilisation stürzen, Planetenkollisionen, Fall der Erde in ein schwarzes Loch im Zentrum der Milchstraße, Galaxienkollisionen, Versiegen der Boden- und Energieschätze, Verschwinden der Arten, Entartung des Menschen, Menschenflucht von der Erde.

Dazu folgende ökonomische Fakten: Todeskrise des Kapitalismus, Bankenkrach, Weltbürgerkrieg, Untergang des Abendlandes in der Konkurrenz mit China, Indien, Russland und Amerika, Untergang der USA, Sturz des Dollars, Globalisierung führt doch letztendlich zum Aufstand der Armen. Und dann die Überbevölkerung, die asiatische Industrialisierung fordert Gaja zur Revolte heraus. Überalterung der Menschheit, Vandalisierung der Jugend, antisemitische und rassistische Ekzesse, neue populistische Cäsaren stürmen die Demokratien. Die Wiederkehr von Hitler und Auschwitz, ABC-Waffen, Terror und Dritter Weltkrieg, Big-Brother-Staat, Distupien weltweit, Krieg der Religionen, Verfall des Humanismus.

Und in der Kultur: Rückkehr der Idiotie, Islamisierung der Welt, Verblödung durch Medien, Weltkrieg der überflüssigen Generationen, Verschwinden der Männer, weil der Ypsilon-Chromosom degeneriert, neues Matriarchat nach dem brutalen Krieg der Geschlechter. Verlust jeder Sinn-Perspektive.

Ich höre jetzt auf, denn was ist da noch zu sagen?“

Jan antwortete:

„Ich habe 43 Utopien zu bieten, die Deine Angstszenarien blass werden lassen.

Also, zu Ökologie und Kosmologie: Ausbleiben der Klimakatastrophe, weil alles Klimaschwindel ist, neue Umwelttechnik, Kontrolle der Meere, Erfindung neuer Impfstoffe, Kontrolle des Klonens, bessere Frühwarnsysteme vor Meteoriten, Erdachsendrehung, Eis- und Wärmezeitbrüche werden kontrolliert, Planeten- und Galaxienkollisionen werden technisch verhindert. Machen wir doch endlich den Kosmos zu unserer Heimat.

Aber weiter: Neue Energiequellen wie Sonne, Wasser, Wind, Erdwärme, Wasserstoffwerke, Artenschutz, produktive Charaktere tauchen unter den Menschen auf.

Und nun zur Ökonomie: Eine nachkapitalistische Produktion entsteht, nachdem die Systemfrage gestellt und beantwortet wurde. Weltkrisenmanagement greift. Die Uno wird zum Weltfriedensstaat. Die USA bleibt Weltmacht. Die Globalisierung wird kontrolliert, ebenso die destruktive Familienentwicklung. Es expandiert der Umweltschutz. Es gibt mehr Krippen, bessere Erziehung und bessere Bildungsforschung. Aufklärung kippt Rassismus und Antisemitismus. Wir können mehr Demokratie wagen. Krieg allen Kriegen. Kontrolle der ABC-Waffen.

Und schließlich die Kultur: Überwindung der Religion durch Mystik und Philosophie. Engagierter Humanismus. Zerstörung der Apokalypse-In-

dustrie. Entzauberung des Islam. Verhinderung der Jugendüberschüsse, die ins Militärische ausweichen. Züchtung der Neuen Männer. Transsexualität unterläuft den Krieg der Geschlechter. Transpersonale Psychotherapie schafft neuen Sinn für viele."

Der aggressive Mensch antwortete:

„Naja, ganz schön utopistisch."

Jan erwiderte:

„Besser als so gruselig apokalyptisch. Der Apokalyptiker ist notorisch pessimistisch. Die heutige Welt ist eine Welt des Überflusses. Die Apokalypse ist ein Ammenmärchen verbiesterter Theologen.
Der Weltüberfluss muss weder Gott noch der Natur missfallen. Alle Schuldgefühle sind überflüssig."

Und der aggressive Mensch sagte:

„Wir werden ja sehen, wer Recht hat. Schluss mit dem labern."

9. Rede: Die Stellung des Menschen im Kosmos

Schon in seiner Jugend war dem einsamen Philosophen die Frage gekommen: Was ist der Mensch und seine Stellung im Kosmos? Später gab er folgende Antwort:

„Der Mensch ist eine Ausnahmeerscheinung, kein bloßes Tier, kein Engel, aber ein kreativer Impuls im Kosmos der Unendlichkeit. Wenn alle Impulse auf allen Erden im Kosmos zusammentreffen, ergibt sich ein großes Licht, wie Henri Bergson sagt.
Die Erde ist eine Ausnahmeerscheinung im Kosmos. Nicht viele Planeten werden Leben entwickeln oder entwickelt haben. Wir auf der Erde haben die seltene Chance, am Experiment Leben im Kosmos teilzunehmen.
Man schätzt, es gibt zwischen ein bis drei Billionen Planeten in unserer Galaxie und etwa 100 Billionen Galaxien im Kosmos. Auf einigen Planeten kann die Lebensevolution gelungen sein. Auf unserer Erde ist sie bisher gelungen. Es wird viele Planeten mit Bakterien geben, einige mit Pflanzen und Tieren. Aber es wird sehr selten sein, dass es bewusste Tiere gibt. Auf unserer Erde ist aber das bewusste Tier entstanden.
Wir leben aber nicht nur auf einem lebensfreundlichen Planeten, sondern in einem lebensfreundlichen Kosmos. Wenn die physikalischen Gesetze beim Urknall sich nur ein wenig anders entwickelt hätten, hätte es auf der Erde nirgends Leben geben können."

Jan sagte als einziger Zuhörer:

„Ja, ich bin ein bewusstes Tier. Ich schäme mich nicht. Nachts höre ich in mir den Löwen und den Wolf. Ich höre die Elefanten schreien. Ich wundere mich eben an jedem Morgen, warum ich so fröhlich bin."

Der aggressive Mensch konnte nur noch lachen:

„Da macht sich ein Affe zum Menschen – ein grandioses Schauspiel."

10. Rede: Die unendliche Leichtigkeit des Seins

Oft war das Sein für den einsamen Philosophen unendlich schwer. Aber dann hielt er folgende Rede:

„Könnte das Sein deshalb nicht zu erkennen sein, weil es so unendlich leicht ist? Vielleicht ist das Sein das Gute, Wahre und Schöne und wir stehen in der Höhle und wollen es nicht wahrhaben, wie Plato sagt.
Du gehst den Feldweg im Schwarzwald und erkennst mit Heidegger die Phänomene, die die lange Geschichte des Seinsentzuges aussprechen.
Die Technik wird aber das Sein nicht verstellen. Die Technik verwöhnt uns und gibt uns im Glaspalast der postmodernen Kultur ein Auskommen, aber die Barbaren sammeln sich schon in den Weiten der Globalisierung.
Es beginnt mit den kleinen Dingen: das Lachen der Kinder, der Geruch frischen Brotes, die Schönheit einer Bachfuge, der Wärme des Menschen, den man liebt. Aber das ist doch nicht alles.
Das Universum, das wir beobachten können, scheint keine Absicht zu haben. Es scheint völlig gleichgültig zu sein. Aber gerade darin besteht doch seine Leichtigkeit. Es ist ohne Warum.
Wer seinem Leben einen Sinn gibt und ihn konsequent verfolgt, fragt auch nicht mehr nach einem Warum. Warum sollte er auch dann noch fragen?"

Jan sagte als einzelner Zuhörer:

„Du machst es Dir leicht. Ich frage immer weiter. Je länger ich Dich höre, umso skeptischer werde ich. Ich bin das lebende Warum. Ich bin das leidende Warum. Ich bin das lachende Warum, und meine einzige philosophische Frage heißt: Warum?"

Der aggressive Mensch hatte sich wieder herangeschlichen. Er war inzwischen doch interessiert, aber er hielt sich immer im Hintergrund:

„Ich bin auch ohne Warum, aber wen interessiert das schon? Ich habe eine Geschichte, eine Lebensgeschichte, die sagt nichts, weil ich nichts bin."

11. Rede: Die ewige Wiedergeburt

Der einsame Philosoph wusste, dass die Wiedergeburt eine sehr esoterische Sache war. Aber er sprach über sie:

„Die halbe Menschheit akzeptiert die ewige Wiedergeburt, und viele fühlen sich plötzlich als Pilger auf einem sehr langen Weg.
Der persische Dichter Milana schrieb: ‚Ich starb als Stern und spross als Pflanze auf. Ich starb als Pflanze und ward Tier darauf. Ich starb als Tier und ward als Mensch geboren. Was graut mir? Hab durch Tod ich je verloren?'
So fragt auch Gotthold Ephraim Lessing: ‚Warum sollte ich nicht so oft wiederkommen, als ich neue Kenntnisse, neue Fertigkeiten zu erlangen geschickt bin?'
Auch Arthur Schopenhauer denkt öfters den Gedanken, dass im Sterbenden ein Willenskern übrigbleibt, der auch zukünftig wieder leben wird.
Und Nietzsche sagt ganz rabiat mit dem Hammer in der Hand: ‚Schon die Lust will Ewigkeit, also kehrt alles wieder.'

Ich sage:
1000 Mal werde ich sterben,
1000 Mal werde ich auferstehen,
1000 Mal werde ich in Vergessen versinken,
1000 Mal werde ich Abschied nehmen und
1000 Mal werde ich erlöst werden."

Jan als einziger Zuhörer sagte:

„Du fasst Dich kurz, das ist gut. Die ewige Wiederkehr, das ist ein schöner Gedanke für Intensivstationen. Ich muss ihn mir merken. Ich lass ihn auf meine Zunge tätowieren. Ich halte mich fest an ihm. Er wird mir die letzte Infusion vor dem absoluten Koma versüßen."

Der aggressive Mensch fing Feuer:

„Ich werde immer wieder geboren. Ich bin die Masse. Die Masse ist immer da. Und sie ist immer gleich."

12. Rede: Die Buddha-Natur der Welt

Das Wesen der Welt hat der einsame Philosoph lange begrübelt. In einer kleinen Stadt hielt er dann folgende Rede:

„Die Welt wird heute materialistisch gefasst. Im Zentrum des Denkens steht der Blick auf das neue Casino-Kapital, das höhere Erträge durch Spekulation

erbringt als als Investition in Landwirtschaft, Industrie und Dienstleistung. Deshalb könnte es sein, dass die Finanzmarktblase jedem anderen Bereich der Produktion den Rang abläuft und der Profitgewinn in der Produktion aufgegeben wird.
Das alles ist aber Spekulation. Wichtig ist zu erkennen, dass der kapitalistische Profit Gier ist und die Profitgier stoppt, wenn die Gier- und Profitfreiheit gezügelt wird. Buddhistische Ökonomie basiert auf Verzicht. Verzicht stoppt die Jagd nach Profit. Sie öffnet die Jagd auf das Nirwana: die Erlösung vom Leid des Jagens.
Leute, das Nirwana ist doch schon in Euch! Wir müssen es nur erfassen und in es eintreten."

Jan sagte als einziger Zuhörer:

„Manchmal fühle ich mich schon im Nirwana. Aber das vergeht. Buddha musste jeden Tag um den Weg ins Nirwana kämpfen. Das war nicht leicht. Aber er hat es 60 Jahre lang getan. Ich will auch 60 Jahre nach dem Nirwana suchen. Vielleicht merke ich dann auch, ich bin schon darin."

Der aggressive Mensch dachte bei sich:

„Das sind doch blöde Esoteriker, die eine Marktlücke gefunden haben. Ich bin froh, dass diese Lücke so unendlich klein ist. Diese buddhistische Ökonomie interessiert ja doch keinen."

13. Rede: Die philosophische Therapie

Die philosophische Therapie war für den einsamen Philosophen eine tägliche Aufgabe. Einmal sprach er über sie im Berliner Tiergarten:

„Es wird nicht ohne die Höllenfahrt der Selbsterkenntnis abgehen. Das Teuflische in jedem Menschen und in jeder Gesellschaftsstruktur zerstört den Lebensimpuls. Ihn aber gilt es zu retten.
Die Reise nach Innen haben so viele angetreten. Aber kaum einer hat die Schätze mitbringen können, bis auf Sigmund Freud. Der nannte nach 1895 282 neue Begriffe sein Eigen als Gewinn seiner Selbstanalyse.
Die besten Erfolge hat die Meditation bei der Besichtigung der inneren Räume. Jenseits der 10000 springenden Affen hörst Du das Rauschen der ewigen Energien.
Die naturwissenschaftliche Erforschung der äußeren und inneren Natur hat gezeigt: Die Realität ist geheimnisvoller als alle religiösen Spekulationen der 1. Achsenzeit von 1000 v. Chr. bis 1000 n. Chr. es erahnen ließen."

Jan als einziger Zuhörer antwortete:

„Ich weiß um meine psychotischen Seiten. Ich leide oft an Wahnvorstellungen. Ich habe Angst, dass ich der Sklave meines Lehrers werde. Ich schreie oft nachts. Ich schwitze. Ich habe Panik. Ich zittere. Ich sehe, dass ich bald ohnmächtig werde. Ich weiß nicht, ob das aufhört. Aber ich hoffe es, wenn ich Dir lange zuhöre, dann muss es besser werden."

Der aggressive Mensch war sich im Klaren:

Selbsttherapie führt nur zum Wahnsinn, und am Wahnsinn hatte er überhaupt keinen Bedarf. Er war doch schon aggressiv genug.

14. Rede: Die Todeserfahrung

Der einsame Philosoph war über seinen Tod sehr panisch. Auch er hatte gewaltige Angst. Aber er sagte:

„Meistens nach einem Unfall oder in der Klinik, nahe des Gehirntodes, öffnet sich ein Spalt. Du siehst einen Tunnel und das große Licht. Du willst nicht mehr zurück. Das muss doch Gründe haben, jenseits der Neurologie. Das ist doch keine chemische Reaktion. So etwas soll das Ende sein? Sehr unwahrscheinlich!"

Jan antwortete als einziger Zuhörer:

„Ich kenne die Nah-Todes-Forschung nicht. Ich weiß nur, alle Mediziner lachen über solches Zeug. Sie halten das für eine esoterische Phantasie, für das letzte Zucken des Gehirncomputers, weil ihm der Sauerstoff ausgeht. Ich will aber nicht ein Computer sein. Mein Gehirn reicht vielleicht doch in höhere Welten, in Parallelwelten, die durch Wurmlöcher zu erreichen sind. Das habe ich in Wikipedia gelesen. Das Internet ist doch der neue Gesamtphilosoph."

Der aggressive Mensch kam vorbei und schnappte ein paar Worte auf. Er dachte:

„Jetzt drehen die endgültig durch. Solche Phrasen müssten verboten werden."

15. Rede: Das Licht am Ende des Geburtstunnels

Die Geburt hielt der einsame Philosoph für ein Wunder. Deshalb hielt er in einer Geburtsklinik folgende Rede:

„Die Geburt wird von Marx und Heidegger nicht gewürdigt. Die Arbeit der Mütter ist ihnen egal. Aber das Leben im Fötus ist ein Schweben. Über dieses

Schweben lässt sich in Metaphern des Wassers sprechen. Schon Thales hat es versucht und den Ursprung der Welt im Wasser gesucht. Die letzten Dinge kann man im Uterus suchen, sagen die heutigen Modephilosophen. Mit der Geburt verbindet der Mensch den Wunsch ins Freie zu kommen. Alle Philosophen sollten die Geburtshöhle betrachten. Im Fötus hatten wir die Plazenta zum Partner, im Grab muss es auch einen Begleiter geben. Vielleicht ist es die Gattung, in die wir eingehen, oder die Natur oder das große Unbekannte. Wer der Welt zu neuen Geburten verhelfen will, sollte Geburtshelfer werden, wie Sokrates, dessen Mutter Hebamme war."

Jan war der einzige echte Zuhörer dieser Rede. Das Klinikpersonal verstand nichts. Jan dachte:

„Diese Uterotheodizee klingt mir sehr nach dem ehrwürdigen Medienpapst Peter Sloterdijk. Auch ein maßlos überschätzter Autor, der das Soziale aus dem Uterus ableitet, also aus der Plazenta, nicht aus dem Warentausch. Nicht sehr geschmackvoll, vielleicht."

Der aggressive Mensch weinte:

„Ich möchte so gern im Uterus wieder sein. Ich möchte die Plazenta auffressen. Milch und Honig, das wäre die richtige Welt für mich."

16. Rede: Das Café am Ende des Universums

Die Weltflucht war auch ein wichtiges Thema des einsamen Philosophen. Deshalb hielt er nachts auf der Straße einer großen Stadt folgende Rede:

„In allen Science-Fiction-Romanen gibt es dieses Café am Ende des Universums. Dort werden wir uns wieder sehen – versprochen? Versprochen!
Es gibt viele Weltfluchten: die Augen schließen, schlafen, Musik hören, in einem dunklen Zimmer das Nichts denken, wie es die Chinesen tun, nach Kant. Aber auch die ‚Mission to Mars' spricht vom Loslassen der Erde. ‚Heimat Weltall' – das könnte eine Lösung sein.
Hier auf Erden gibt es manchmal nur einen Becher Schierling. Eigentlich schade. Aber im Café am Ende des Universums wird der ewige Durst ein für allemal gelöscht. Herr Ober! Können Sie dem Äskulap einen Hahn opfern, aber keinen aus der Käfighaltung.
In der modernen Literatur ist die pessimistisch-nihilistische Strömung nicht wegzudenken. Das stimmt aber nur, wenn man Henry Miller, Walt Whitman, D. H. Lawrence, Jack Keronac, Allan Ginsberg, Th. Wolfe usw. nicht mehr liest. Sie beschreiben alle das Café am Ende des Universums."

Jan antwortete als einziger Zuhörer:

„Meister, Du hast viel gelesen. Du hast viel erlebt. Du hast viel geredet. Aber wenn Du mir auf meinem Weg im Wege stehst, dann werde ich Dich ermorden – versprochen? Versprochen!“

Der aggressive Mensch dachte:

„Sollen sie sich doch umbringen. Ich gehe in aller Ruhe meinen Weg und höre nur, was das endlose Reden so alles zutage fördert. Schon erstaunlich.“

17. Rede: Die Geschichte als unendliche Erlösung

Die Geschichte ließ sich in kein System pressen. Deshalb sprach der einsame Philosoph nur in Bruchstücken von ihr. Seine Geschichtsphilosophie blieb Fragment.

„Auf die Schnelle ist Geschichte nur ein Meer von Kriegen. Auf den zweiten Blick ein Morast. Auf den dritten Blick ohne Ziel. Aber bei langer Sicht erscheint am Ende der Geschichte der Übermensch mit seinem breiten Lachen.
Man sollte sich an das Alte und Neue Testament Homers halten. Die ‚Ilias' ist die Geburt der Welt im Krieg. Die ‚Odyssee' ist die Spur des Messias, der Ithaka nach zehn Jahren Leiden erreicht und in den Armen seiner Ehefrau verstummt. Keiner wird bezweifeln, dass das Werk des Propheten Homer literarisch geschlossener gestaltet ist als die Bibel, als das Produkt der Polyautoren, deren Texte nur mäßig redaktionell überarbeitet wurden. Odysseus ist auf dem Weg zur Erlösung. Dieser Weg führt ihn durch alle Höllen und in die Arme der schönsten Zauberinnen, die ihm den Himmel auf Erden bereiten. Aber er bricht immer wieder auf. Der Horizont ist immer wieder offen. Es gibt kein Halten. Es gibt nur die ferne Geliebte auf einer wilden zerklüfteten Insel im Mittelmeer. Dort tritt er auf als Sieger. Alle Freier werden erschlagen und sein Hund erkennt ihn, den listigen Weltenwanderer, der auf Ithaka auch nicht lange bleibt.
Orpheus verlor Euridike. Er folgte ihr in den Hades. Er sang sie frei. Dann verlor er sie endgültig. Er errichtete auf den Gipfeln der Berge Altäre für den unbekannten Gott. Die Mainaden erfassten ihn. Sie zerrissen ihn. Sein Kopf trieb im Meer bis zur Insel Lesbos. Noch aus dem Grab sang er. Zeus hat diesem Gesang mit schweren Steinen ein Ende gesetzt. Da sangen dann die Nachtigallen jede Nacht. Man kann sich Orpheus als glücklichen Menschen vorstellen.
Vielleicht war es so: Die Gottheit nahm sich die Freiheit zur Schöpfung. Aber sie merkte, dass sich die Schöpfung ins Elend verlor. Deshalb beschloss sie, die Schöpfung wieder zurückzuführen an ihren Ausgangspunkt. Das kann dauern.

Villon hat in allen Kaschemmen seine Lieder gesungen. Er hat gestohlen, vielleicht gemordet, er wurde mehrmals zum Tode verurteilt, dann verschwand er für immer in der Nacht. Aber seine Lieder sind noch zu hören.
Die Dichtung schafft also eine Kontinuität in der Geschichte, die sonst nur in der Geschichte der Produktionsmittel präsent ist. Aber die Dichtung erlöst durch Gesang. Im Stampfen der Maschinen und im Knistern der Computer verkrümelt sich der Mensch. Vielleicht bricht die Menschengeschichte einmal ab, obwohl alles weitergeht: Maschinen und Poesie."

Jan antwortete als einziger Zuhörer:

„Die Geschichte endet gut oder schlecht. Das weiß doch jedes Kind. Die Helden haben den Tod besiegt, das sagt doch jedes Märchen. Jede Sage zeigt den Helden in tausend Gestalten. Aber ich weine in meiner Ohnmacht. Ich bin doch eigentlich immer noch ein Kind und kein Held. Ich werde nie ein Held werden. Ich werde in der Sternenmilch verschwinden. Du, Meister, wirst über mich lächeln, weil ich so dumm bin. In der Geschichte verliere ich mich als Sandkorn."

Der aggressive Mensch sagte:

„Die Geschichte ist die Sinngebung des Sinnlosen. Sie ist ein Leichenberg. Sie ist eine Brücke über einen Strom, den es nicht mehr gibt. Aber was soll's."

18. Rede: Der Tod ist nicht das Letzte

Wenn der einsame Philosoph an sein Ende dachte, dann dachte er: Das ist nicht alles. Darüber hielt er seine 18. Rede bei einem Begräbnis auf einem alten Friedhof:

„Der Tod ist nur das Wechseln des einen Zimmers mit dem nächsten, sagte Mircea Eliade. Wie es vor dem Leben etwas gab, das wir nicht mehr wissen, so wird es nach dem Tod etwas geben, was wir noch nicht einmal denken können.
Wir haben keine Angst vor dem, was vor unserem Leben war, wir brauchen auch keine Angst zu haben vor dem, was nach unserem Leben kommt. Solange wir leben, ist der Tod nicht. Wenn wir tot sind, sind wir nicht. Was also geht uns der Tod an, fragte schon Epikur."

Jan antwortete als einziger Zuhörer an diesem einsamen Grab bei diesem einsamen Begräbnis:

„Ich werde einmal auf einem einsamen Friedhof ohne schöne Reden verscharrt werden. Keiner wird mich kennen, keiner wird um mich weinen. Keiner hat eine Ahnung, was ich gelitten habe."

Der aggressive Mensch sagte:

„Mich hat schon zu Lebzeiten keiner geliebt, aber das macht doch nichts. Das ist doch das Los jedes Großstadtasketen. Alles, was nötig ist, ist, kein Neurotiker zu werden. Aggression hilft dabei am besten.“

19. Rede: Der kommende Gott

In ein Priesterseminar war der einsame Philosoph eingeladen worden. Die Seminaristen waren es zufrieden, dass der Philosoph das modische Thema besprach: Der kommende Gott:

„Nachdem Gott tot ist, kreist das Denken um den kommenden Gott jenseits aller Religionen und Kirchen.
Der kommende Gott kommt auf Taubenfüßen.
Nietzsche nannte den kommenden Gott Dionysos und begann schon zu tanzen. Das reichte dann für die Psychiatrie. Mehr war nicht drin.
Zwei Weltkriege, Auschwitz, Kambodscha, Kosovo, Uganda, China mit der Kulturrevolution, der Gulag in Russland haben gezeigt: Gott ist nicht da. Viele Religionsphilosophen der Moderne reflektieren deshalb sein Verschwinden. Die Übel in der Welt sind nicht zu erklären. Das kann nicht die Beste aller Welten sein – aber sie kann die Beste aller Welten werden. Der Mensch kann sich erneuern, warum denn eigentlich nicht?
Jesus wird ganz unterschiedlich verstanden, als großer Moralist, als Apokalyptiker, als charismatischer Wanderprediger, als Juniorchef des Big Boss, aber er gehört zu den maßgebenden Menschen der 1. Achsenzeit. Vielleicht starb er in Indien, vielleicht wurde er gesteinigt. Jeder Schamane hat sich für die Elenden geopfert, ohne Auferstehungsgarantie. Aber als Rebell gegen Rom, als Vorläufer von Spartakus, der mit 6000 Anhängern gekreuzigt wurde, ist Jesus auch ein Vorläufer von Thomas Müntzer und Karl Marx, sagt der CDU-Philosoph Heiner Geißler, Bestseller-Autor.
Sollte Gott vollkommen sein, wird er mit der unvollkommenen Welt nichts zu tun haben wollen. Ein unpersönlicher Gott, der jenseits unserer Wahrnehmung der ganze Kosmos ist, das ist der kommende Gott. Ein solcher Gott ist nicht zu bestreiten, weil er äußerlich nicht zu beweisen ist. Er ist nur innerlich erfahrbar, aber wer weiß, sagt nichts und wer etwas sagt, weiß nichts. Dieser kommende Gott ist das Ergreifende und das Umgreifende, so viel lässt sich dann doch schon sagen.

Jan sagte als einziger Zuhörer:

„Vielleicht muss ich auch auf einen kommenden Gott warten, Meister. Aber vielleicht begegne ich noch Menschen, die mich trösten, wenn ich wie ein Tier schreie, wenn das Leben mich so quält, so voller Wut auf mich als Individuum, das sich vom Ganzen getrennt hat."

Der aggressive Mensch dachte:

„Ich warte auf den aggressiven Menschen, auf viele aggressive Menschen. Mal sehen, was dann passiert auf dieser Welt. Wir werden sehen."

20. Rede: Die Kraft des Optimismus

Der einsame Philosoph war ein unverbesserlicher Optimist. Jeder wird seine folgende Rede verstehen, die er auf einer leeren Straßenkreuzung in einer großen Stadt in völliger Dunkelheit hielt:

„Die Kraft zu leben, entstammt allen heiligen Texten, und alle heiligen Optimisten bürgen für sie. Die Methode ihrer Produktion muss entschlüsselt werden. Sie wird den Optimismus beweisen.
Der Optimist sagt: Ich diene keinen Göttern. Ich verhalte mich gerecht gegen jedermann und gegen jede Frau. Ich ducke nicht vor Autoritäten, sondern denke selber. Ich mache keinen Mord – nirgends. Ich moralisiere kaum noch. Ich lasse Kritik zu. Ich bin mir meiner selbst nicht so sicher. Ich prüfe alle Informationen. Ich genieße dieses einzige Leben. Ich kämpfe für eine bessere Welt. Ich singe so oft ich kann.
Das Beste am Leben ist das Lachen, sagt Bergson. Es explodiert, wenn eine große Erwartung ins Nichts abstürzt. Es gipfelt im Lachkrampf: Suche immer die Sonnenseiten des Lebens, auch auf der Intensivstation. Manch einer ist vor Lachen gestorben, als er sah, wie alt er schon war. Wer die Großen der Welt auf dem Klo sitzen sieht, kann schon mal lachen. Lache in den Abend hinein, es könnte Dein letzter sein.
Der absolute Optimismus beginnt erst jenseits von Optimismus und Pessimismus. Er ist als Stimmung nicht ganz von dieser Welt.

Viele Quellen des Optimismus gibt es:

Die kosmologische Quelle: Die Erde ist möglich geworden in den 100 Milliarden Galaxien des Universums.

Die evolutionäre Quelle: Das Leben hat 3,5 Milliarden Jahre auf der Erde überlebt.

Die geschichtliche Quelle: Viele Kulturen sind schon untergegangen, die wissenschaftlich-technische Kultur aber globalisiert sich.
Die wissenschaftliche Quelle: Auf alle Defizite der Welt versucht die Wissenschaft eine positive Antwort zu finden.
Die Legitimität der Neuzeit: Aus der langen dunklen Zeit des Mittelalters hat die Renaissance die Aufklärung entwickelt, die uns heute noch erhellt.
Die individuelle Quelle: Es gibt gesunde Seelen, die das Leben in hedonistischer Lust zur höchsten Steigerung bringen können.
Die apokalyptische Quelle: Die Drohung des Weltunterganges hat bisher immer zum Aufgang einer neuen Welt geführt."

Jan, als einziger Zuhörer, sagte:

„Die utopischen Orte als Kraftquelle – die sind so voller Poesie, ich werde sie suchen müssen. Der Glaube an die letzte Revolution, die geht mir nicht aus dem Sinn. Der muss ich weiter nachforschen.
Ich danke Dir, Meister, weil ich Dich jetzt verlasse. Ich muss zu denen gehen, die mit der Welt fertig sind, die alles tun, um die Wahrheit zu finden im All-Einen.
Meister, Deine Worte werden mich begleiten, bis ich sie vergessen habe.
Lebe wohl."

Der einsame Meister lächelte und wanderte weiter und redete weiter.

Auch der aggressive Mensch lächelte:

„Ich werde", sagte er, „das ewige Echo bleiben. Ich werde versuchen, Jan zu ermorden, wenn sich eine Gelegenheit bietet. Es wird keiner merken. Es wird wie ein Unfall aussehen, also ein perfekter Mord. Der erste perfekte Mord überhaupt."

Und er schlich Jan nach, als der sich auf den Weg machte nach Asien, in das große Kloster der Mystiker, mitten im Himalaya. Bevor Jan das Ziel seiner Reise erreichte, besuchte er folgende Orte: Abato, Albur, Alturia, Amazonien, Das andere Ende von Nirgend, Arkadien, das Auenland, Avalon, Barataria, Bensalen, den Berg der Läuterung, den Berg der Wolken, die Burg ohne Namen,

Calonak, Combray, Diranda, Elysion, Famagusta, Feenland, die geheimnisvolle Stadt, die goldene Insel, Harmonia, Heliopolis, die himmlische Stadt, Ikarien, die Insel am Ende der Welt, die Insel der Großen Mutter, die Insel der Poesie, das Labyrinth auf Kreta, das Land hinter den Spiegeln, Laputa, Leandra, Nania, Niemandsland, Nolandia, Shangrila, das Traumreich, Utopia.
Jan fand auch die Welt zwischen den Welten und das Wunderland Xanadu.

Und der aggressive Mensch verfolgte ihn und fand doch keine Möglichkeit, Jan zu ermorden.

Und wenn Jan nicht vom aggressiven Menschen ermordet worden ist,
dann lebt er noch heute…

Übung:
Schreiben Sie einen ersten Cluster-Text zum Thema „Einweihung".

2.2 Vom bösen Vater

Es war einmal ein Vater, der bekam den Sohn Michael. Der Vater war aber sehr böse, denn oft träumte er Mordsträume. Zum Beispiel diesen Traum: „Es brennt in einem KZ. Eine Frau und ein Kind stehen in den Flammen."

Die Mama war ausgegangen. Der Vater war mit Michael allein zu Haus. Zum Abschied hatte die Mama Michael zärtlich geküsst und den Vater nur kurz verabschiedet. Als die Mutter nun weg war, dachte es im Vater plötzlich: „Der Junge nimmt mir alles weg."

Der Vater erinnerte sich an seine Kindheit. Als er fünf Jahre alt war, wurde ihm eine Schwester geboren. Er besuchte die Mutter und seine Schwester im Krankenhaus. Als er die Schwester sah, erschrak er. Sie war blau und klein wie ein gerade abgezogenes Kaninchen. Wie ein Kaninchen auf der Leine, wie er es vor Festtagen immer im Hof hängen sah, und Blut tropfte auf die Erde, und auf der Erde gab es eine Lache, die trocknete bald schwarz an.

Der böse Vater las die Geschichte vom König Ödipus. Er kannte dessen Schicksal: Vatermörder, Muttermann, verjagt und zerstört. Doch nun fiel ihm auf, warum es zu diesem Drama kam. Der Vater von Ödipus, König Laios, hatte den Sohn, dessen mörderisches Schicksal dem Vater geweissagt worden war, aus der Familie verstoßen und aussetzen lassen. Ödipus wuchs in der Fremde auf. Der Vater las: In der Antike galt Laios als Kinderschänder. Der Vater las auch: Sigmund Freud hatte vor der Entdeckung des Ödipus-Komplexes die Verführungshypothese vertreten. Freud nahm als Ursprung der Neurose den Übergriff Erwachsener gegen das Kind an. Freud, las der böse Vater, glaubte auch, in der Ur-Horde habe der Ur-Vater die Kinder erschlagen, wenn sie ihm bei der Mutter gefährlich werden konnten. Der Vater glaubte, er sei einer unausgesprochenen Wurzel des Kampfes der männlichen Generationen auf der Spur, die alle um die Ur-Mutter kämpften. Er verstand nun das Geschick des König Laios. Um die Frau ungeschmälert zu behalten, hatte Laios den Ödipus vertrieben und dem Tode ausgesetzt. Aber es hatte ihm nichts genützt. Ödipus kam zurück, erschlug den Vater und nahm die Mutter doch in Besitz. Der böse Vater sagte zu sich: Laios, du bist einer von uns.

Der böse Vater wachte in der Nacht schreiend auf. Ihm war, als ob er den Sohn bei der Hand genommen hatte und weit weg gebracht hatte in ein fremdes Land. Der Vater stand auf, ging an das Bett des Sohnes, der aber schlief ganz ruhig. Der Vater merkte: Ich bin ja neidisch auf ihn. Ich neide ihm seine

Mutter, seine Jugend, seine Chancen. Ich bin gegen Michael nichts. Seine Mutter zeigt sich von ihm entzückt, mich lässt sie auf der Seite. Ich verliere jeden Tag an Kraft. Michael wird jeden Tag stärker. Er wird mich überleben. Er wird auf mein Grab spucken und lächeln über mich, und seine Mutter wird ihn lieben auf allen Wegen. Ich hatte nie eine solche Mutter. Der böse Vater merkte, wie er sich in eine Wut hineinredete. Er sagte zu sich: „Du blickst nur noch zurück. Was soll das? Blick auf Dein Leben, sonst wirst Du lächerlich. Ein erwachsener Mann stellt sich gegen ein Kind."

Die Erwachsenen führen Krieg gegen die Kinder, hörte der Vater von einem aufgeklärten Pädagogen. Die Erwachsenen fühlen sich von den Kindern entlarvt, um ihre Triebe verkürzt, um ihre Kindheit betrogen. Erziehung ist die Rache der Erwachsenen an den Kindern. Initiationsriten sind Mordversuche an den Kindern, die nur dadurch gebremst werden, weil die Kinder die Versorgung im Alter bedeuten. Der Vater fragte den aufgeklärten Pädagogen. „Was können die Väter tun, damit sie gegen ihre Söhne nicht den Krieg erklären?" Der aufgeklärte Pädagoge sagte: „Verzichten Sie auf die Mütter, lassen Sie endlich ab vom Wunsch, in den Uterus zurückzukehren!"

Der böse Vater hatte jetzt seine Lebensmitte erreicht. Er merkte daran, dass seine Angst vor der Zukunft größer wird als seine Sehnsucht vor der Vergangenheit. Ihm war, als wenn ihm ein zweites Gesicht wächst, das zurückblickt. Aber auch der Blick zurück tröstete ihn nicht, was sich von seinem Leben bilanzieren lässt, ist nicht besonders erstaunlich. Das Leben bröckelt hinter seinem Rücken einfach ab, verschwindet im Dunkel verlebter Tage, versickert in den Zeitbächen, die schon verlanden. Eine schlimme Zeit, denkt der böse Vater, wo die Zukunft den Söhnen gehört und unsere Vergangenheit dem Staub. Das gegenwärtige Leben wuchert ihm über den Kopf. Er steckt im Treibsand. Er versinkt und kann keine Signale geben. Wer wäre denn auch da? Er halluziniert, dass sein Sohn bei der Mutter liegt, sie liebkosen sich sanft. Sie wachsen zusammen. Der Sohn dringt in die Mutter ein und sie öffnet sich dem Sohn. Eine Halluzination, denkt der böse Vater, dem der Sand langsam in den Mund rieselt.

Das gibt es nicht, dass das eigene Blut sich vergnügt und sich einen Spaß auf einen macht. Was soll aus dem Sohn werden, denkt der böse Vater, dieser Muttersohn, dieser Weibersohn, dieser Uterusforscher, dieses elende Geschöpf, das sich aufführt wie ein Ur-Mensch. Der Ur-Mensch hatte vielleicht ein Recht dazu, in den ewig nassen Höhlen bei den Bären und Tigern. Das Matriarchat kehrt wieder, denkt der böse Vater. Die Mütter geben die Söhne nicht mehr frei. Die letzten Väter, das sind die Einsamen. Mit ihnen geht der Aufbruch

des Geistes zu Ende. „Du elender Chauvi, denkt der Vater, Du elender Softi, Du bist nur noch ein Schatten Deiner Väter. Und wie habe ich meinen Vater gehasst. So elend tief, dass ich mir's nicht eingestehen konnte. Wie war ich feige, kroch um ihn, leckte ihm die Hand, wollte ihm nur ans Fleisch, habe wohl oft geträumt, wie ich ihn beseitige. So gehen Männer miteinander um, dachte der böse Vater. Generation um Generation schlagen sie gegeneinander, treten, stechen und würgen, fluchen in die Kissen, lachen auf den Stufen des Lebens. Die Männer haben den Krieg erfunden, denkt der Vater, als Ventil des Hasses auf die anderen Männer. Im Krieg kann jeder Vater die Söhne umbringen, das ist erlaubt. Blutrausch und Amok als Lösung für die männliche Einsamkeit.

Alle Männer verraten Dich an ihre Mütter, an ihre Frau, an ihre Töchter. Der böse Vater hat jetzt seine Lebensmitte erreicht, und das führt dazu, dass er nachts aufwacht und grübelt. Er grübelt über die Kinderfrage der Geschlechter und über die Generationenkämpfe. Er hat wohl diese Frage als Kind nicht lösen können, aufgespart hat er sie aber für die Nächte im 40. Lebensjahr, in dem er im Sand liegt, der ihm immer weiter in den Mund rieselt.

Den bösen Vater befällt die Angst: Wenn Dein Sohn nun ein Hitler wird, ein Menschentöter, ein Menschenverführer, wenn er ein Führer wird und den Atomkrieg auslöst. Der Vater ist verwirrt. Er läuft weg von zu Hause. Er irrt durch die Straßen. „Es gibt doch Weissagungen von der letzten Schlacht von Hamageddon. Vielleicht liegt das Schlachtfeld mitten in Europa, vielleicht ist der Feldherr des Bösen ein Deutscher!" Der Vater bleibt mitten im Menschengewühl stehen. „Das ist doch Unsinn! Der Charakter wird nicht angeboren. Ich werde Michael nicht autoritär erziehen und ihn nicht in die Macht verliebt machen." Der Vater hastet weiter. Er spürt noch Angst vor dem Denken. „Es gibt keinen Menschen, der völlig böse ist oder völlig gut. Auch Michael kann nicht völlig gut oder böse werden. Auch ich selbst bin nicht völlig böse, wenn ich auch meine Destruktivität auf Michael zu übertragen versuche." Der Vater beginnt zu verstehen, was da in ihm denkt. Er fühlt sich der Welt so entfremdet, dass er das Gefühl hat, sie verfällt, sie geht unter. Das moderne Zeitgefühl der Apokalypse wird ihm zum persönlichen Gedanken. Dieser Gedanke wird auf das Vater-Sohn-Verhältnis übertragen. So wird der Sohn zum Urheber des Weltuntergangs. Das denkt in ihm. Die Erlebnisse, dass er als Kind im Krieg war, die denken in ihm, dass sein Vater im Krieg verschwand, und er als Sohn glaubte, er habe ihn in den Tod geschickt, auch das denkt in ihm.

Der böse Vater wird wieder ruhiger. „Die Geschichte ist keine Führergeschichte, sondern eine Geschichte sozialer Konflikte. Wer sich aus den Konflikten heraushält, der steigert sie nicht bis zur Entladung. Wenn Michael das lernt, kann er nie zur Geisel der Destruktion werden. Aber woher kommt dieses Denken in Personen? Ist es nicht ein mittelalterliches Denken, ein Denken aus der Kindheit, ein Denken in mythischen Vorstellungen?" Der Vater steht mitten auf einem großen Platz. Er versteht endlich, dass er einen Rückfall in den Mythos erlitten hat. Er versteht es, weil er weiß, dass er zu Rückfällen neigt, wenn man auf seinen Gefühlen herumtrampelt. Er versteht es und kann langsam nach Hause gehen. Die Großstadt aber brodelt und dampft um ihn herum, und die Sonne verschwindet hinter Schwaden von Smog.

Der böse Vater fühlt sich in der Familie überflüssig. Mutter und Sohn sind sich genug. Er stört nur. Er blockiert die weitere Entwicklung. Der Vater denkt: „Ich gehe zum Briefkasten. Ich komme nicht mehr wieder. Ich fahre nach Bangkok, da sind die Frauen noch Diener für Männer wie mich." So denkt der böse Vater und sieht sich schon in Bangkok, und während er in einem Massagesalon bearbeitet wird, verführt der Sohn die Mutter, und der Vater merkt, wie er ohnmächtig wird, auch in der Fremde, in der Hitze, in der Glut der südlichen Sonne.

Der Vater liest in der Zeitung: „1000 Kinder werden jährlich von ihren Eltern ermordet, erschlagen, verbrannt, verhungert. Die Dunkelzahl ist viel größer." Er erschrickt. Wie sieht es bei ihm aus? Ist er nicht auch in eine tiefe Aggression gegen seinen Sohn versunken? Gehört er nicht auch zu den Menschen, die sich umbringen wollen in ihrem Kind? Der Vater erkennt: „Ich will das Kind in mir, meine eigenen Ursprünge zerstören. Ich bin mein Vater, der mich als Kind bedroht." Die dunkle Spur des Königs Laios in der Geschichte der Familien. Den Laios-Komplex knacken, das ist es, denkt der Vater, den neurotischen Verbrechern helfen. Gil de Rais zu Hilfe kommen, der als verstörtes Kind Kinder zerstört hat. Hunderte. Die Pubertät neu leben. Die Rebellion nicht gegen sich, sondern die Verhältnisse richten. Die Gesellschaft hinter der Neurose öffentlicher Konfrontation herausfordern. Lieber Michael Kohlhaas sein als Gil de Rais. Der Vater legt die Zeitung weg. Er raucht eine Zigarette. Er beruhigt sich: „Den Kampf um die soziale Identität aufnehmen. Die unbewussten Fesseln abwerfen, zur Gemeinschaft wieder finden, zur Gemeinschaft der Weltüberwinder. Das wäre die Lösung."

Der böse Vater sah seine Kindheit wieder, wie er sich über ein Kinderbild beugte, er sah, wie seine Schwester geboren worden war und er ganz allein gelassen wurde. Er ging durch die gläserne Einsamkeit und fühlte, dass ein Riss quer durch die Welt ging. Seine Seele war zersprungen, gerissen, kaputtgegangen. Äußerlich war er artig und achtete auf die Form. Innerlich war er mit einem Tiger verwachsen, der nachts im Urwald Schwestern jagte, kleine Babyschwestern, die alle Liebe stehlen und die kleinen Jungen blöd und allein stehen lassen. Die kleinen Schwestern sind Diebe und Heuchlerinnen. Sie betrügen und hassen und fressen alles, was gut ist, auf der Welt. Für die kleinen Jungen bleibt nur das Böse übrig, an dem sie dann dick werden. Der Vater dachte: „Der Tiger sitzt noch in mir und jagt."

Der böse Vater sah seinen Vater, wie er seinen Bruder angreifen wollte. Der eigene Vater hatte einen Feuerhaken in der Hand und schrie dabei: „Ich schlag ihn tot!" Der eigene Bruder quietschte, als sich die Mutter dazwischen warf. Jetzt dachte der Vater: Wird der Vater den Bruder umbringen? Er wird ihn erst kastrieren und dann massakrieren. „Du Sargnagel", schrie der Vater, „Du bist ein Nagel an meinem Sarg! Du begräbst mich lebendig! Du holst mich ein zu Lebzeiten! Du treibst mir die Mutter ab, die nicht mehr mein Bett aufsucht, seitdem Du ihr schöne Augen machst!"

Der Vater von Michael merkte, wie sein Vater noch in ihm saß und Jagd auf Söhne machte. Er sah die lange Reihe seiner Großväter, die alle den Söhnen nachgestellt hatten, bis hinunter zu Abraham in der Wüste und zum Gott Kronos, der seine Kinder gefressen hatte. Und hinter allen diesen Vätern tauchte dann der Ur-Vater auf, der alle Frauen besaß und alle Söhne schlachtete, wenn sie ihm in die Quere kamen beim Anpirschen. Michaels Vater war nur ein Glied in der Kette der Sohnesschänder. Ein Glied war er in der Männergeschichte, die die Herrschaft der Schwänze war, die früher keine Frau über sich duldeten. Schwanz gegen Schwanz standen die Männer von Grab zu Grab und fraßen sich satt an der Erde der Einsamkeit. „Ich muss den Vater aus mir heraustreiben", sagte Michaels Vater. „Ich will endlich Mensch werden."

Nachts erwachte der böse Vater. Er hörte Michael durch den Flur laufen. Er ging in das Schlafzimmer der Mutter. Dort hörte man leises Sprechen. Es polterte an der Wand. Dem Vater war einsam. Draußen ging der Mond über die eisigen Dächer. Der Vater schlief dann wieder ein. Er träumte: „Er steht in einer Wohnung. Ein Löwe war vor ihm da und hat Mutter und Sohn gefressen. Er geht zu einem Schrank, um zu sehen, ob sie sich dort doch noch versteckt haben. Es lassen sich aber keine Spuren eines Kampfes feststellen. Draußen fiel das Mondlicht auf die vereisten Dächer. Es war Frost."

Der Fernsehsprecher sagte: „In den USA verschwinden jährlich zwei Millionen Kinder, viele werden ermordet, viele tauchen unter, aber alle laufen weg.“ Da dachte der Vater „Die antike Angst des Königs Laios vergiftet nun auch die Väter der modernsten Gesellschaft der Welt. Die Gewalt gegen Kinder ist wohl die Reproduktion der Gewalt gegen die Väter in ihrer Kindheit und in der Konkurrenz um den Arbeitsplatz in der Öffentlichkeit und an der Bettfront mit dem anderen Geschlecht.“
Dann dachte der böse Vater: „Präsident Schreber wollte eine Frau sein, weil das wohl leichter ist als Vater zu werden. Er wurde lieber verrückt als weiter Mann zu sein. Das scheint auch in den USA eine Sucht zu sein.“ Das Fernsehen lief weiter und deckte weitere Assoziationen des Vaters zu. Sein innerer Monolog lief auch unbeachtet weiter.

Der Vater wunderte sich. Die Geschichte des Vater-Sohn-Verhältnisses erscheint schon im Mythos als höchst problematisch. Nicht erst Kronos verschlingt seine Söhne, auch der biblische Gott schickt seinen Sohn Jesus in eine ausweglose, von ihm selbst geschaffene Situation, er schickt ihn in die Welt, in der er dann ermordet wird. Die familiäre Fassung der Beziehung von Gott und Mensch spiegelt nur den Generationskampf. Das heißt, der Generationskampf hat eine elend lange Geschichte. Am Anfang brachte der Gott auch seine Söhne um. Später nimmt er die Tötung des Sohnes in Kauf, schließlich bringen die Göttersöhne den Vatergott um und gründen, nach Sigmunds Freuds Theorie, die Ur-Horde, nämlich den Kern jeder Gesellschaft.

Diese Entwicklung des himmlischen Generationskonfliktes zeigt:
1. den Siegeszug der Söhne, den prometheischen Zug in der Menschheit und
2. den Zwang, die Generationskonflikte rein menschlich zu lösen.
Damit sah der Vater endlich ein: Die Personifizierung und Familiarisierung des Verhältnisses von Mensch und Welt ist historisch überholt. Die prometheische Industriegesellschaft hat den Vater-Gott abgeschafft. Das Verhältnis der Menschen zur Welt wird abstrakt. Es wird ein reines Geld-Verhältnis. Erst wenn der Mensch seine Familie überwunden hat, kann er abstrakt, das heißt philosophisch werden. Der Vater weiß nun: Erst wenn er sein Verhältnis zu seinem Sohn entschärft hat, kann er beginnen, die Welt so zu begreifen, wie sie im Allgemeinen ist. Die Welt, das ist kein Familienkonflikt, sondern das Kapital als Erfahrung, Auslegung und Begriff: das Mystische also, wie Ludwig Wittgenstein immer sagte.

Michaels Vater traf nach langer Zeit seinen alten Freund, den Psychologie-Professor Marrock. Marrock sah, dass der Vater schlecht dran war: „Was ist los?“ Der böse Vater: „Ich leide an meiner Vaterschaft. Ich halte die Herausfor-

derung durch den Sohn schlecht aus. Meine Frau wird mir als Geliebte fremd. Mein eigener Vater bekommt wieder Gewalt über mich.“ Professor Marrock antwortete: „Also voll im Geburtsschock! Zu spät Vater geworden? Wackliger Arbeitsplatz? Krise der Lebenswende? Und nun kommt der Herr Sohn und fordert alles.“ Der böse Vater sagte: „Mir entgleitet der Bezug zur Realität, das ist richtig. Ich krebse in meiner Kindheit herum. Der eigene Ursprung wird mir fragwürdig.“ Professor Marrock antwortete: „Also Anzeichen einer Zwangsneurose. Grübelzwang, verbunden mit narzisstischen Hysteriezuständen. Kein geregelter Geschlechtsverkehr mit der Frau mehr. Du musst zur Selbstanalyse greifen. Als Freud dachte, sein Vater habe ihn verführt, entdeckte er auch die Selbstanalyse.“ Der böse Vater sagte: „Das ist leicht gesagt, ich brauche Hilfe, ich brauche einen Therapeuten.“ Professor Marrock antwortete: „Frag doch Deinen inneren Arzt. Wehr Dich gegen Deine Entmündigung. Schlag Dich zu Deiner Generation, finde zu Männern. Mit ihnen arbeite an Deiner Identitätskrise. Natürlich in einer Selbsthilfegruppe.“ Der böse Vater sagte: „Und wie geht es Dir?“ Professor Marrock antwortete: „Ich lebe allein. Ich muss mich schützen vor der Welt, sonst falle ich den Helfern in die Hände.“ Ein weiteres Gespräch war nicht mehr möglich. Marrock musste plötzlich weg ins Institut. Der Vater stand wieder allein auf der Straße des Lebens.

Der böse Vater kam langsam auf den Kerngedanken seiner Schuldgefühle, die ihn plagten. Mordlust gegen den eigenen Vater, gegen Michaels Großvater also, das war eine Lust, die kam ihm, als er ja noch gar kein Gewissen hatte. Erst die Erkenntnis des Mörderischen dieser Lust hatte heftige Impulse zur Bildung des Gewissens ergeben. Er war also unschuldig-schuldig. Und so auch Michael: Seine Wut auf ihn, daraus würde ja erst Michaels Gewissen entstehen. Michael beseelte eine völlig unschuldige Mordlust auf den bösen Vater. Ihn, als Michaels Vater, braucht dieser Impuls nicht zu reizen. Dieser mörderische Impuls würde in der Gewissensbildung untergehen. Aggression unter Erwachsenen, die Wut der Konkurrenz auf der Arbeit, der Neid und das Desinteresse anderer Erwachsener, das waren die wirklich tödlichen Impulse, die den Vater zur Aggression und zur Schuld führten.

Der böse Vater merkte, er suchte in seiner Wut auf Michael nun einen Sündenbock für die soziale Kälte in seiner Erwachsenenwelt und sein Interesse, diese Kälte mit Gewalt zu durchbrechen. Der böse Vater sah in die Eiswelt der Erwachsenen und wie er selber in ihr fror. Er wusste plötzlich: Das Tauwetter würde beginnen, wenn sein Vater ihn und wenn er Michael verzeihen, wenn er sich selbst verzeihen könnte. Das Tauwetter beginnt, wenn Väter und Söhne sich lieben.

Der Vater wusste nun, dass ihn tiefere Sorgen plagten. Eigentlich stieß ihn die Mutter-Kind-Symbiose ab. Sie ängstigte ihn. Sie wies seine sexuellen Bedürfnisse auf andere Männer. Ja, er merkte, er bekam Angst vor Frauen. Er fühlte, wie er Männerliebe suchte. Tuntenhaft kam er sich nun vor. Er äugte nach Knaben, nach weichen Kindern, die seinen Impulsen keinen Widerstand entgegensetzen würden. Er las vom „Präsidenten Schreber", dessen Wahnsinn begann, als er wünschte, eine Frau zu sein. Und als er sich dann in einen Arzt verliebte, um schließlich den Arzt Flechsig mit höheren Mächten zu vertauschen, indem er glaubte, diese höheren Mächte wollten mit ihm ein neues Geschlecht zeugen, da das alte zur Sintflut reif sei. Also der böse Vater merkte, der Wahnsinn könnte hier beginnen, wenn er die Mutter-Kind-Symbiose nicht sprengen würde. Aber ihre Sprengung durfte keinen verletzen, das war das Problem. Doch später war ihm auch klar, Michaels Geburt setzte ihn erneut seiner eigenen Kindheit aus: seiner vergessenen Liebe zum Vater, als die Mutter ihn enttäuscht hatte. Nur sein Vater war zehn Jahre im Krieg und in Gefangenschaft geblieben, und er hatte vergeblich auf den Geliebten gewartet, und als dieser aus dem Krieg kam, da war er so brutal, dass er ihn am liebsten gleich wieder ermordet hätte. Und weil er sich das nicht gestattete, bekam er nun Hass auf Kinder. Er war also richtig verzweifelt, dass er überhaupt lebte. Er maskierte schon in jungen Jahren seine Sehnsucht nach dem Nicht-Sein, seine Selbstmord-Lage. Michael war also sein Therapeut, der ihn zwang, diesen Fluchtversuch erneut durchzuarbeiten. Deshalb hasste er ihn auch und liebte ihn zugleich trotzdem.

Herr Promesch, etwas dreißig, Berufsschullehrer, Besitzer eines Reihenhauses und Hundehalter, sagte zu Michaels Vater: „Das verstehe ich nicht, sich ein Kind anzuschaffen, da ist doch das Leben zu Ende. Immer zu Hause, die Frau liegt auf der faulen Haut, das zweite Gehalt fehlt, das Kind kostet 650 Euro und 50 Euro beträgt das Kindergeld. Die Frau wird langsam frigide, wenn sie abends nach Hause kommen, ist Terror bis in die Nacht, ständig will der Sohnemann Geschenke, da werden Sie doch alt, Kinder sind doch Sargnägel!" Michaels Vater schluckte, das waren ja auch seine Argumente, und dann sagte er: „Sie vergessen nur eins: Kinder schenken ein weiteres Leben, sie machen sensibel, sie reißen Verkrustungen auf, sie sind ein Stück Unsterblichkeit." Er wusste auch nicht, warum er so sprach. Promesch zuckte die Achseln, er hatte sich in dem Mann vielleicht doch getäuscht. Der schien für seine Karriere etwas opfern zu wollen. Promesch begann sich zu schämen und wurde noch saurer auf den alten Kumpel, den er seit der Geburt von Michael in seiner Kneipe nicht mehr gesehen hatte.

Michaels Vater hatte einen Traum: „Jerusalem. Der König Herodes hat die Kinder, die ihm gefährlich werden konnten, ermorden lassen. Herodes wird von einem Zauberer besucht, der sagt: ‚Da Ihr ein richtiger König seid, braucht Ihr keine Angst vor kleinen Kindern zu haben. Ihr kämpft gegen Eure wirklichen Feinde, die verhindern, dass Ihr König seid.' Der König fragte: ‚Wer sind denn meine richtigen Feinde?' Der Zauberer: ‚Die anderen Könige, Ihr selbst und schließlich der Tod.'"
Michaels Vater brauchte nicht lange zu grübeln. Wenn er nur ein richtiger Vater wäre, dann würde er kämpfen.

Ein Junge hatte sich ein Fleischermesser besorgt, war an das Kinderbettchen geschlichen und hatte das Messer zum Schlag erhoben. Das sah Michaels Vater und erkannte plötzlich: Der Junge bin ich, 12 Jahre alt, am Bett meiner Schwester, die ihm die Mutter abgeluchst hatte, damals, als er den Ersatzvater spielte, der aber trotzdem die Mutter nicht mit der Schwester teilen musste. Als dann sein Vater zurückkam, aus Sibirien und dem Krieg, da wurde seine Ersatzvaterstelle bei der Mutter kurzerhand gestrichen. Und da hatte er wieder diesen Impuls gegen Kinder, weil er der Macht aus dem Wege ging und sich an der Ohnmacht entschädigen wollte.

Der böse Vater fühlte, wie seine Kindergeschichte so lebendig in ihm war, nur hielt sie sich immer versteckt, blieb weitgehend unbewusst. Und als der böse Vater in einen strahlenden Engel verliebt war und dieser ihn mit seinem Sohn betrog, da wollte er auch wieder gegen das Kind etwas unternehmen. Denn die Stärkeren fürchtete er immer noch und er wollte seinen Mut an den Kleinen kühlen. So war er auch gegen Michael böse geworden, als Ersatzvater, als vom Vater Geschlagener, als vom Hilfsvater Zurückgewiesener. Eine lange Geschichte trieb dem bösen Vater im Blut, vielleicht schon aus alter Zeit.

Und dann die Traumexkursionen in den eigenen Kastrationskomplex. Immer hatte er Angst vor Jungengruppen, die in der Nachkriegszeit ihre Raubzüge unternahmen und einzelne Kinder verprügelten. Michaels Vater fühlte sich als einzelnes Kind. Er fühlte sich schwach. Er konnte sich nicht wehren, nicht losprügeln, nicht brüllen, toben, sich in Blutrausch steigern. Wenn die Straßenjungen ihn auf der Straße stellten, dann erstarrte er vor Panik. Er konnte auch nicht wegrennen. Erst später lernte er sich frei zu schwatzen, als er Student war. Noch heute ging er Betrunkenen aus dem Wege und hatte Beklemmungen vor Jungenbanden.

Er musste sich auch vor den Banden im Beruf fürchten, die ihn im Zuge der Konkurrenz aus allen Sätteln heben wollten. Kein Wunder, dass er oft schlapp von ganz kleinen Gegnern träumte, die seinen endgültigen Sieg sicherstellen würden.

Michael und sein böser Vater gingen gemeinsam durch den Zoo. Der Abend sank herab. Die Tiere in den Käfigen wurden stiller. Nur im Wolfsgehege heulten in verschiedenen Tonlagen die weißen Polarwölfe. Da sagte der böse Vater zu Michael: „Ich werde bald Asche sein." Da sagte der Sohn: „Auch ich werde Asche sein. Asche zu Asche. So wird es sein." Da antwortete der böse Vater: „Noch im Staub werden sich unsere Lippen küssen."

Und wenn sie nicht gestorben sind,
lieben sich Vater und Sohn noch heute…

Übung:
Schreiben Sie einen zweiten Cluster-Text zum Thema „Einweihung".

3. Kapitel: Der Rückzug

Nach der Einweihung zieht sich der Held in die Einsamkeit zurück. Der Lehrer O. stellt sich vor, er reist auf seine ideale Insel. Er hofft dort, eine Balance zwischen materieller und geistiger Welt zu finden.

Er lernt dort das Visualisieren, das Denken in inneren Bildern. Schon die Rundheit der **magischen Insel** ist ein Symbol für die Ganzheit.

Der Lehrer O. fühlt, wie das Symbol der Ganzheit des Kreises ihn stärker macht. Der Widerspruch im Lehrer O. zwischen seinem Bewusstsein und seinem Unbewussten, zwischen seinem Ich und seiner Umwelt schwächt sich ab. Der Lehrer O. fühlt sich wie der antike Held Theseus, der im Inneren eines Labyrinths das Zentrum seiner Angst, den Minotaurus, besiegen könnte.

Er erlebt das All-Eine der Natur und des Kosmos als das „Eine" des antiken Philosophen Parmenides oder als die „Sonne" in Platons Höhlengleichnis. Die Erfahrung, dass das Eine eine ewige innere Kraft ist und keine vergängliche äußere Erscheinung, stärkt den Lehrer O.

Der Lehrer O. begegnet auch dem einsamen Denker, der ihn an seinen Einweihungsmeister erinnert. Der einsame Insel-Denker hat sich aus allen Konventionen gelöst und konzentriert sich auf das All-Eine. Der Lehrer beginnt nun, das Unrunde zu akzeptieren. Er weiß nun, wo Sonne ist, ist auch Schatten.

Übung:
Schreiben Sie alle Gefühle und Ideen auf, die das Bild einer magischen Insel in Ihnen hervorruft.

3.1 Die magische Insel

Es war einmal ein Lehrer. Immer am Anfang der Ferien hielt er es nicht mehr in den Städten aus. Die Schule hatte ihn völlig geschafft, die Schüler machten ihn alle. Es ging nicht mehr. Die Stimmung im Lehrerzimmer war zum Zerreißen gespannt. Jeden Augenblick konnte einer ausflippen. Er wollte seinen Unterricht nicht mehr vorbereiten, der die Technik verherrlichte, die Atomenergie verniedlichte und die Zukunft rosa machte. Er wollte keinen billigen Dunst mehr verbreiten für die Null-Bock-Generation. Er war doch selber leer, verfault und einsam. Aber er hatte nun ein Ziel. Er brach auf. Er flog mit den Zugvögeln, den lachenden Freaks, den fröhlichen Teenies nach Süden. Er folgte der Sonne. Er reiste ins Licht. Er ließ sich wieder von der Natur erschüttern. Sie erinnerte ihn immer wieder an ihre Geheimnisse, an ihre Geschichte und unsere vergessene Heimat. Das war eine Reise in sein Inneres, seinen Seelengrund, wo er sich auskannte. Selbst in der Mega-Industriemaschine, die die Natur besiegt hat, die Nacht erleuchtet, die Träume fabrikmäßig herstellt, war er ein Nichts, ein bisschen Staub für die Urne auf den vollen Friedhöfen der großen Städte. Aber noch konnte er fahren, und so fuhr er und suchte die magische Insel im Süden, die dem Meer entsteigt.

Der Lehrer hat am Strand der magischen Insel ein Buch verloren von Mircea Eliade. Mircea Eliades Schamanen schlugen einen Pfahl in den Mittelpunkt der Welt und stiegen in den Himmel. Wölfe waren sie, hungrig, und sie kamen dorthin, wo alle Zeit und aller Raum nicht mehr gilt. Mircea aber irrte durch Paris, sah sich im Bett schon verfaulen, konnte sein Brot nicht mehr bezahlen und horchte begierig auf die Schritte des Bibliothekars. Es waren trübe Tage, ohne Nebel und ohne Frauen. Bevor Du, Mircea, nach den Staaten gingst, hattest Du aber alles. Wein und Brot und den Mittelpunkt des Himmels in Paris.

Denn am Anfang war Eines. Dessen Mitte ist überall. So konntest Du singen und wissen, dass die Clochards unter den Seine-Brücken auch Schamanen sind. Sie wissen es nur noch nicht. Sie hatten lange gefastet, sie schlugen sich mit Reisig und schrien vor Angst. Doch sie konnten fliegen ins bläuliche Licht, ganz ohne Flügelschlag. Verzeih ihnen, Lehrer, wenn sie dabei nicht mehr zurückblickten. Überall findest Du die Spuren der Schamanen. Selbst in der Wüste noch bei Los Angeles. Es war wie Glück, nur viel schöner. „In illo tempore.“ Am Strand der magischen Insel.

Trunken war es klar: Der Flug ins Herz aller Dinge ist möglich. Lass den Sokrates nur draußen unter der Platane diskutieren, die Dorfjugend zu seinen Füßen. Du weißt, ein Strahlenkranz von Ideen war von allen der Anfang. Die Himmelsleiter steht in jeder Seele, die der Eros erfasst.

Trunken steht der Sokrates auf dem Areopag, der von der Reise der Seele durch alle Zeiten träumt. Sollte jetzt ein Kyniker kommen, z. B. Diogenes, und nach Menschen suchen, er würde zu seiner Überraschung einen Menschen finden.

Auf dem Rückweg von Syrakus, im Sturm, als das Boot zu sinken begann, hast Du, Platon, auf den Wellen die Sterne gesehen, im Wasser, das war genug.

Am Schluss von Sokrates' Apologie immer diese Verteidigung des Staates, es ist nicht zu verstehen. Das Wahre, Gute und Schöne, was braucht es da Beamte? Schon der Flügel einer Taube verrät genug. Im leichten Flug liegt das Geheimnis. Aber Du wolltest nach Hause, wie Odysseus, Du warst so müde. Denn die Welt ist gespalten. Das Eine und das verfallene Andere. Da gibt es nur eine Rettung: der Lichtstrahl des Geistes. Alle haben Dich ausgeplündert, Plato, doch keiner kennt Dein ägäisches Licht am Morgen, bevor die Touristen aufstehen und die Strände mit Plastiktüten garnieren.

Einer von der Reisegruppe sprach es aus: „Der unbewegte Beweger. Das Erst-Seiende. Der sich selbst denkt und dabei entsteht die Welt. Materie ist Werden, nach den Maßstäben der Ideen."
Der Lehrer und seine Gruppe sind auf einen Berg gestiegen. Ziegenherden unter Pinien. Die Luft voller Thymian und die ägäische Bläue bis zur Nacht des Horizonts. Ein Vogel kreist und lautlos hebt er sich mit seinen Schwingen in höhere Luftschichten, die von der Wasserkante aus aufsteigen.
Also: Materie ist bewegt vom unbewegten Beweger, der alles auf die Annäherung an Ideen hin lenkt.

Vom Gipfel des Berges sehen sie auf viele Meere. Nur wer den Gedanken folgt, vom Boden der Materie über die Ideen, kommt zum actus purus, aus dem alles entspringt und zu dem alles zurückkehrt.

Das ist das Erschütternde: Die aktive Vernunft weiß den Weg. Warum gehen wir ihn nicht, fragt sich der Lehrer. Wir liegen am Strand und spüren die Stiche der Sonne, flüstern die Sprüche der Liebe, tauchen in die Tavernen, sagen Ja und Amen. Während der Sommer vergeht und unser Lachen.

Wieder am Strand, sprachen sie über das Suchen und Jagen. Dieser ungestillte Hunger im Mülleimer der Dinge, auf den Abfallhalden.

Irgendetwas ist in der Seele, das ist ungeboren, unbegreiflich, unsterblich, Gemüt, Grund, Funke der Seele, Hütte des Geistes, Hafen der Seele, die innere Burg – so spricht man auf der Gasse der mittelalterlichen Städte vom Seelengrund.

Augustinus, nachdem er alle Philosophen und Huren seiner Zeit kannte, will immer nur noch die Ruhe. Seine „Confessionen“ (Bekenntnisse) heulen mit den Raubvögeln über allen Bergen. Afrikas Wüsten haben ihn ans Meer getrieben, und er schwimmt auf dem Wasser.
Das Sein ist ein Kreis, dessen Mittelpunkt überall und dessen Radius unendlich ist. Mit diesem Gedanken kann man noch die Wüsten durchqueren.

Über Begriffe wurde lange gestritten. Haben sie eine Existenz vor den Dingen, in den Dingen oder wurden sie den Dingen von den Menschen angeheftet? Während des Universalienstreites bauten die Venezianer eine Festung auf der magischen Insel. Im Norden, an den steilen Küsten, am brennenden Mittag. Die Lösung im Streit um das Verhältnis der Begriffe zur Realität entwickelte Monisten und Pantheisten.
Der Pariser Magister Amalrich von Bena (gest. 1207) und David von Dinant sagen einfach: Die Dinge und die Begriffe sind identisch. Gott und Welt ist eins: Mensch und Welt ist das gleiche. Alle sind ewig. Alle sind unsterblich. Alle sind Gott. Das wurde zum Zündholz demokratischer Aufstände der Stadtarmut.
Davon blieb die Insel unberührt. Aber das Gleichmaß des Rauschens der Wellen, die ständige Gegenwart des großen Mittags, Salbei- und Thymiangeruch aus den Bergen, grün-blau das Meer – das war die ägäische Antwort.

Die Berge kommen grün zur Gischt des Meeres. Eine weite Bucht wird von Olivenbäumen bewohnt. Zypressen stehen wie Zeugen. Die Sonne sticht jeden Tropfen Wasser von der Haut. Der Eremit mit seinen Schafen, im Gatter gehalten zwischen Zerbrochenem, will ihnen erklären, dass das Sein das Absolute ist. Es ist ungeworden, unendlich, undenklich. Der einfältige Grund. Die steile Wüste. Die einfältige Stille. Die naturlose Natur. Und plötzlich: Aus Eins wird Zwei. Die Leere wird Idee. Ein Strahlenkranz von Ideen, die sich zu Dingen entwerfen. Das Werden ist entstanden. Es fließt aus der Einfältigkeit in die Vielfältigkeit und aus der Vielfältigkeit kehrt es in die Einfältigkeit zurück. Das Sein ist ein pulsierender Kreis ohne Grenzen. Das Eine wird Vieles, und Vieles wird Eines.

Dieses Sein will sich aber wissen. Da ist das Wort. Der Logos, der den Weg abbildet. Und aus den vielen Dingen entwickelt sich der Mensch, der den Logos auch erkennen kann. Er hat einen Begriff vom Ausfluss und Rückfluss der Dinge ins Sein, vom Weg des Kosmos, der wie ein Feuer sich entfacht und erlöscht, um sich wieder zu entfachen.

Langsam geriet der Lehrer ins Staunen. Davon will der Eremit zu uns sprechen. Aber es zieht ein Gewitter über den Bergen auf. Der Weg ist in Gefahr, sich in Schlamm zu verwandeln. So müssen sie gehen mit einem Gruß.

Um die Zyklopenmauer zu bauen, wurden die Steine aus dem Fels gesägt. Ein Felsblock blieb liegen und in ihm wurde ein kleines Kichlein gemeißelt. Weihrauch und Ikonen, der Boden mit Sand bestreut. Der Stein vibriert. Sie sind mitten in der Schöpfung, und hier wird der Logos gefeiert. Stein, Fliege, Vogel, Mensch – alles ist ungeschieden. Kleine Teile des großen Weltenringes im Weltenjahr. Der Logos liebt den Kreis. Er ist ein Archetypus.

Der Lehrer spürt in seiner Seele, dass er das Wichtigste verloren hat. Er hat eine Sehnsucht dorthin, woher die Menschen stammen. Deshalb stammelt er Worte und lauscht auf die Sphärenmusik. Die Ionier haben von ihrer Trennung vom Sein gewusst und sich gefürchtet. Sie haben die Zyklopenfestungen gebaut, um zu verhindern, dass sie umkommen in der Fremdheit: vor dem Meer, von den Sternen bei Nacht, den Schiffen der Feinde. Später ist das alles zur Wissenschaft geworden, verwoben mit christlicher Theologie. Thomas, Albertus Magnus, Dante usw.

Aber auf der magischen Insel in der Felskapelle, da spricht nur noch der Stein vom Weltenring, vom Sein in allem Seienden, das im Menschen zum sehnsuchtsvollen Suchen wird. Die Feier des Logos: „Das Wesen ist sein Ring“, sagt Meister Eckehardt. Wenn Ihr nur mein Herz hättet, Ihr würdet erkennen, dass es die Wahrheit sagt.

Wolkenfetzen über dem Berg. Aus dem Meer gewachsen, von den Wellen nicht zerstört, in das Licht gebaut. „Glaubst Du nicht, dass jede Nacht ein Vorgeschmack des ewigen Todes ist?“ „Aber was ist mit dem Tag?“ „Und was ist mit den Sternen?“, fragt der Lehrer.

Dass das Sein Feuer ist, sagte Heraklit, und hier spürst Du es aus dem Boden der magischen Insel. Über sie ziehen die Hirten mit ihren Herden, liegen in der Stille des Mittags im Schatten der Pinien, am Berghang, spielen auf ihrer Flöte den Pansgesang. Nur der Berg schluchtet sich, wirft sich auf, steht gegen den Himmel, ist wild und klar und fest.

Die Hirten kennen alle Wege. Sie hüten die Herde. Ihr Denken umfasst Ausgang und Eingang. Ungesagt. Nicht der Handwerker, der Arbeiter, der Ingenieur, der General oder der Atomphysiker, die Hirten sind dem Sein noch nah, denkt der Lehrer, der ein Anhänger Heideggers war. Die Hirten sagen uns nichts. Sie schweigen. Ihre Stimme ist aber wie der Berg.

Jeden Morgen fahren die Fischerboote aufs Meer. Die Netze griffbereit, folgen sie der Strömung. Sie gehen mit der Sonne, treiben dorthin, wo der Himmel und das Meer zu einem Strich werden. Der Wind weht sie über alle Tiefen. Weit draußen ist ihnen die magische Insel noch ein Vogel. Sie schweben im Lichtfluss, ohne Blick für die weite Tiefe unter ihnen. So ganz in die Rhythmen der Wellen vertieft, vergessen sie sich. Sie werden zum Teil des Meeres. Sie sind nicht mehr Dimetrius, Georgios, Marcos, sondern Mensch, Lebewesen, Materie, Teil des Lichts, der Wellen, des Wassers, Fisch unter Fischen. Denn sie wissen nicht mehr, wozu und warum. Sie haben keine Zwecke. Achtlos werfen sie die Netze aus, der Fang wird immer gut. Abends kehren die Boote zurück an den Strand. Auf den Gesichtern der Fischer aber ist ein Lächeln.

Zum Kloster hinauf sind es viele Stufen, durch enge Gassen, durch die Viertel verschiedener Bevölkerungsgruppen, durch den Lärm des Marktes und der Läden der Handwerker. Die Mönchszellen sind einfach, Holz und Stein, erkennt der Lehrer. Am Fenster blüht eine Bougainvillea. Das Meer verschenkt in weiter Ferne jenseits der Steilküsten sein Blau. Der letzte Mönch, ein Schüler des Nikolaus von Kues, der hier noch wohnt, erklärt uns sein Leben. Als Junge begriff er: Das Sein ist in seinem Wesen nicht wissbar. Je tiefer wir sein Nicht-Wissen-Können verstehen, umso besser begreifen wir es. Als junger Mann fand er auf seiner Suche: „Dies Sein ist so unendlich groß, dass es jede Ausdehnung überschreitet, und es ist so unendlich klein, dass es gar keine Ausdehnung hat."

Erwachsen, im Anblick des Meeres, von seinem Zellenfenster aus, stellt der Mönch fest: „Das Sein ist das Können-Sein. Der pure Schöpfungsakt, der die Welt entstehen und vergehen lässt. Es ist ohne Gegensatz, jenseits der Gegensätze, jenseits von Entstehen und Vergehen."

Heute im Alter meditiert er häufig nachts und am frühen Morgen. „Das Sein", sagt er, „das ist das unendliche Werden-Können. Die Bougainvillea an meinem Fenster hat es mich gelehrt. Sie blüht auch im Angesicht des Tages und angesichts der Nachtwerke der Sterne."

Langsam geht der Lehrer die Stufen hinunter in die Stadt. Die Händler und die Handwerker haben auch etwas zu bieten. Die Läden sind dunkel, eng, aber voller Dinge. Der Lehrer denkt, ich muss endlich Postkarten kaufen.

Im Süden der Insel wächst der Berg in den rosenfarbigen Himmel am Morgen. Wilde Pferde leben hier in einer kargen Vegetation. Moose, Fichten, Zwergpinien, Disteln, überall fressen Bergziegen die niedrigen Büsche kahl. Über viele Buchten weht der Wind, in vielen Tälern hat der Regen tiefe Rinnen gegraben. Dieser Teil der Insel ist fast menschenleer. Nur die Hütten

der Hirten liegen unter den seltenen Olivenbäumen. Auf dem Meer sind die Fischer. Doch hierher ist der Dichter gekommen. Mit einer großen Yacht fuhr er durch die Ägäis. Er war mehrere Sommer unterwegs, malte, las, saß abends in den Tavernen und spürte mehr und mehr, dass er nichts mehr schreiben konnte. Es war so dicht vor seinen Augen: Das Meer war Meer, Steine waren Steine, Wasser war Wasser, und es war zugleich unsagbar schön, das zu sehen und zu wissen, dass es da noch etwas viel größeres gab, und dass man sterben musste.

Einen Sommer lang war er nun mit seiner Yacht im Süden der Insel. Viele Tage stand er früh auf, beobachtete den Aufgang der Sterne, sah die Hochzeit von Licht und Stein. Und eines Tages verstand er es endlich. Die Rose ist eine Rose ist eine Rose. Das Licht ist Licht ist Licht. Wasser ist Wasser ist Wasser. Alles ist aus einer Tiefe und kehrt in sie zurück. Ja, alles, was abgetrennt ist, strebt nach Einheit. Alles Seiende will Sein werden, und das Sein will vollendet werden. Das dachte auch immer der Lehrer.

Der Dichter schrieb nichts. Er wurde krank und starb auf seinem Boot. Nachts trugen die Matrosen ihn an Land und begruben ihn im Licht der Fackel unter den Olivenbäumen des nächsten Tales. Sein Grab hat der Lehrer gefunden. Es war so einsam dort, dass man die Sterne schneien hörte. Versunken in der Erde war das Grab. Der Wind, die Steine, das Licht und diese schmerzende Stille.

Der Lehrer wurde, wie in der Wüste, sich selber fremd. Er verstand plötzlich etwas von dem entsetzlichen Los der Dichter, die sich ihre Seele verbrennen lassen. Sie schreien und alles bleibt stumm. Sie möchten wie Orpheus sein. Sie möchten singen, denn alles ist so süß. Sie fliegen in der Polarnacht in den Sternenreigen zwischen den Galaxien und sprechen ein Gedicht. Der Lehrer wollte den Dichter aus der Erde holen und ihn küssen, umarmen und trösten. Doch dann verstand er: Dieses Grab in der Ödnis war sein größtes Lied, und von allen einsamen Bergen konnte er die unsagbar bittersüßen Strophen hören.

Am Rande der Bergstadt lag eine alte Villa unter Bäumen. Ihre großen Zimmer waren voll mit Büchern und Skulpturen, öffneten sich auf die Ebene, aufs Meer. Es gab viele kühle Räume dort in der Mittagshitze, und des Nachts waren dort die Sterne viel näher. In dem großen Studierzimmer am hohen Mittag saß dort ein Mann und grübelte. Er saß dort viele Jahre, sein ganzes Leben und die Stunden und die Jahre gingen vorüber. Er las nicht mehr, er fürchtete sich nicht mehr. Er hoffte nicht mehr.

Vielleicht war die Geschichte des Menschen mit dem Sein falsch gelaufen, ein Fehler von Anfang an. Der Mensch hatte den Logos instrumentalisiert, Maschinen gebaut und die Natur bemeistert und sich eingeigelt in sein System der Zwänge und fühlte sich allmächtig auf seiner kleinen Kugel im All.

Vielleicht war eine Denkgeschichte zu wenig, alle Denkzeiten der Welt von Osten nach Westen mussten zusammengefasst, die totale Chiffreschrift des Seins doch darstellbar sein. Ein unendliches Lesen aller Zeichen war nötig. Vor dieser Alternative stand der Mann. Er blinzelte in die ewige Sonne, die Licht vom Licht war, schaute auf die Ägäis, blickte nicht auf, als der Lehrer vorüber ging, abgehetzt, aber glücklich. Der Mann war dem Lehrer schon weit voraus. Erhaltet eine Ahnung von Gaia, der Urmutter der Erde.

Die Zeit des Lehrers war um. Er musste die Insel verlassen. Sie hatte ihn verändert. Er hatte einen Satz ihrer Sprache verstanden. Der Alltag, der Beruf, die Familie greift nach den Menschen und lässt die Seelen wieder klein und eng werden. Der Lehrer durchquerte Italien, überschritt den Brenner, drang wieder in die deutschen Mittelgebirge ein, aß in den unsäglichen Autobahn-Raststätten, las die Bild-Zeitung und hörte von der Berliner Misere. Es ging wieder ums Geld, um Macht, Karriere, Liebe, um die alltäglichen Sorgen in unseren Schlafstätten und Arbeitskäfigen.

Der Lehrer wird die magische Insel bald vergessen haben. Er dachte: Ich komme aus dem Tod ins Leben, um wieder in den Tod zu gehen. Einige aber, die ihre Erlebnisse auf der Insel bei sich behalten, werden denken: Wir kommen aus der Heimat, müssen hier eine kleine Weile leiden und kehren dann in unsere Heimat zurück. Ihnen ragt, wie ein unzerstörbarer Fels, die magische Insel in ihre Tagträume, und sie beschreiten die Salzflut, sie loben die Sonne und den Stein und die Sterne nächtens über dem Traummeer. Sie bleiben einsam, aber ihre Sehnsucht hat keine Grenzen.

Und wenn der Lehrer nicht gestorben ist,
wird er immer wieder und wieder die magische Insel besuchen
und diesen Besuch dann vergessen…

Übung:
Schreiben Sie einen Cluster-Text zum Thema „Rückzug“.

4. Kapitel: Die Suche

Auf der Suche des Helden begegnen ihm die größte Hoffnung und die tiefsten Ängste. Das Leben erscheint als ewiges Rad des Wandels mit einer festen Nabe. Jeder Wandel beinhaltet Krisen und Neubeginn.

Der Lehrer O. konfrontiert sich zuerst mit seiner größten Angst. Hinter den Begegnungen mit den **Riesen** verstecken sich die Gewalten der Natur, der Evolution, des Kapitals und des Staates. Aber die Begegnung mit den Riesen kann den Lehrer O. stärken. Der Lehrer O. erkennt: Nicht alles kann schlecht sein, die Art des Blickes auf die Riesen kann diese durchaus verändern.

Immer wieder hat der Lehrer O. an den Gegensätzen Tod und Leben, Krankheit und Gesundheit gearbeitet. Nun schreibt er in einer zweiten Geschichte von einem **Menschen, der nie starb**, weil er immer gegen die Krankheit gekämpft hat. Durch die Zeiten und Epochen geht der Welt des Heilens, des Äskulaps, den der Lehrer O. nun imaginiert. Die verschiedenen Heiler sind sterblich, aber ihre Heilungsziele sind unsterblich. Das begreift der Lehrer O. nun auf seiner Suche.

Dann fiel dem Lehrer O. als dritte Geschichte die Reise ins **Traumkloster** zu. Er erlebte im Traumkloster: Den Abt zu suchen und ihn nicht zu finden, ist der Beginn des Glücks.

Übung:
Schreiben Sie alle Gefühle und Ideen auf, die in Ihnen die Vorstellung von Ihrer nun anstehenden Suche erweckt.

4.1 Von den Riesen

Der Junge

Es war einmal ein kleiner Junge, der lebte bei einer kalten Mutter. Er sehnte sich so nach seiner Kinderschwester und machte sich auf den Weg, sie zu suchen. Er suchte sie in einem bösen Land, da wurde er klein gemacht, beschimpft, wegen seines Vaters. Dann ging er in den goldenen Westen, aber hinter den Fassaden lauerte Erniedrigung. Er verliebte sich in seine Schwester, die er plötzlich traf und hatte Angst, so große Angst.

Er ging zu fremden Leuten, vögelte deren Tochter und dachte, ich mache wieder alles falsch. Als Student war er zerfahren. Erst als er Philosophie studierte, begriff er etwas vom Geist in der Flasche, aber zur Ali-Baba-Höhle fand er niemals. Er fand nur die Lust an der Selbsterhöhung. Er wurde fast wahnsinnig, weil er sich als „Leidensmann“ fantasierte.

Dann ging er mit den Rebellen ins Zentrum der „Weltrevolution“ und wurde seine großen Aggressionen los.

Er heiratete erneut, begann den Weg nach Innen und begegnete nun den Riesen seines Lebens: dem Riesen „Aggression“, dem Riesen „Macht“, dem Riesen „Mutterliebe“ und „Uterus“. Wie sollte er diesen Riesen begegnen? Denn sie wollten ihn zerreißen. Dazu kam noch ein anderer Riese, der Riese „Eifersucht“.

Aber er fand Helfer: den großen Weisen, der ihn vor der Hysterie warnte, die große Zauberin, die sagte: „Warte auf die Liebe, warte auf Deinen Sohn.“

Und der Geist der Utopie sprach: „Irgendwann eine Tür, ein Tisch, ein Stuhl. Du bist willkommen.“

So lebte der Junge im Schatten der Riesen und wurde von ihnen geduldet und wuchs, bis er fortgehen konnte, und der kleinste Riese kam mit und hielt ihn wach, dass er das Wachsen nicht verlernte.

So kam er dann in ein Haus und fand dort Augen und ein Lächeln, den Sohn und die Frau und lebte glücklich und in Freuden.

Bei den Riesen

Es war einmal ein Junge, der wollte etwas über sich erfahren. Er ging in den Wald und kam zu vier Riesen. Die Riesen brüllten fürchterlich. Da bekam der Junge große Angst und machte sich selber sehr groß. Doch da lachten die Riesen: „Schaut ihn euch an. Der Wurm. Wir werden ihn zerschlagen."

Da machte sich der Junge noch größer. „Das ist zu viel", schrien die Riesen. „Er wird eingesperrt und dann gefressen." Der Junge war plötzlich winzig klein, und als er im Gefängnis saß, konnte er durch die Stäbe seines Verlieses kriechen. Da traf er eine kleine Riesin. Ein Riesenkind. Auch vor der kleinen Riesin hatte er Angst, aber das Kind sagte: „Auch mir machen die Riesen Angst, sie sind so groß. Wir wollen zusammenbleiben. Ich kann dir helfen, denn ich kenne die Riesen." Da war der Junge getröstet. Das Riesenkind nahm den Jungen bei der Hand, uns sie verließen den Wald unbemerkt. Sie gingen auf Wanderschaft und wollten die Welt sehen. Dabei wollten sie wachsen und den Umgang mit Riesen lernen.

Bluffer-City

Es waren einmal zwei Freunde, die kamen in eine große Stadt. Sie trafen dort Menschen, die hatten hochnäsige Gesichter. Sie drangen auf die beiden Kinder ein und machten ihnen mulmige Gefühle. Die Kinder glaubten, dass diese Menschen stark und mächtig und gut waren. Sie fühlten sich schwach vor diesen Menschen. Einer dieser Menschen sagte: „Ich werde Minister, ich mache aus meinem Leben ein großes Beispiel für Mut und Geist." Ein anderer dieser Menschen sagte: „Ich verdiene 8000 Euro. Ich habe eine C4-Stelle. Ich werde ein Werk wie die Bibel schreiben."

Die beiden Kinder schauten sich an, sie waren schwach, klein, mittellos und hilflos. Sie hatten kein Geld und keinen Geist und keine Karriere. Sie waren der letzte Dreck. Der kleine Junge sagte: „Ich werde sie alle umbringen, weil sie mich wie Scheiße behandeln. Ich bin ja ein Nichts."

Der andere Junge sagte: „Ich will mich aufblasen wie ein Riese, dann werden sie mich respektieren."

Sie blickten dann durch die Kleidung dieser Menschen. Doch da mussten sie lachen. Sie sahen die Menschen auf langen Stangen gehen. Sie erblickten, dass sie sich mit letzter Kraft groß machten und dann wie Dreck zerfielen. Überall in der Stadt lagen ausgelaugte Menschenhüllen, die von der höchsten Spitze der Karriere sich zu Tode gestürzt hatten.

Die Freunde nannten deshalb die Stadt „Bluffer-City". Und sie gingen ihrer Wege.

Zwerginnen und Riesinnen

Es war einmal ein kleiner Junge, der liebte eine große Frau. Wo immer er konnte, wollte er ihr nahe sein. Sie war sein Schutz. Doch eines Tages kam ein großer Mann und schlug ihn sehr. Der Mann riss den kleinen Jungen hoch und presste ihm fast die Luft ab. Der kleine Junge heulte und suchte die große Frau, doch die war nicht mehr da. Da war nur noch die Stiefmutter, und die tanzte nicht auf glühenden Sandalen.

Ein paar Jahre später kam ein anderer Mann, und der hatte einen Schäferhund, und der biss nach dem kleinen Jungen. Der hatte wieder große Angst und schrieb den Frauen große Macht zu. Immer wenn er Frauen begegnete, sah er Riesinnen, die über ihn bestimmten. Sie gewährten alles. Sie versagten alles. Deshalb suchte er die Zwergen-Frauen und ihre geilen Spiele. Er fand viele Zwerginnen, bei denen er aber nicht blieb. Aber eigentlich liebte er einen fernen Engel, den er aber nie sah und erlebte. Nur in großer Not war es ihm, als ob ihn jemand bei der Hand nahm.

Vielleicht hat der kleine Junge seinen Engel gefunden. Aber im Reich der Zwerginnen galt nur der Orgasmus. Der kleine Junge hatte aber Sehnsucht nach dem Geist. Der kleine Riese, der den kleinen Jungen begleitete, sagte: „Auch die Riesenfrauen haben Herz und Geist, nur nicht so hoch oben, wie du denkst."

Die weiße Lilie

Es waren einmal zwei kleine Jungen, die wussten nicht, wie die Welt eingerichtet war. Sie gingen zu einem weisen Mann, auf einem weißen Schloss, in einer weißen Sonne. Sie fragten ihn: „Was ist los mit der Welt?" Der weise Mann antwortete: „Die Welt geht ihren Gang, wie die Gestirne. Sie kommt aus dem Einen, fällt in die Entfremdung und kehrt zum Einen zurück."
„Warum", fragten die Freunde, „leiden wir?"
Der Weise sagte: „In der Entfremdung ist alles Leid. Ihr wollt die Entfremdung überspringen. Das bringt auch Leid."
„Wir haben mulmige Gefühle", sagten die Freunde.
Der alte Weise antwortete: „Ihr dürft euch nicht so viele Sorgen machen, nicht über den Tod, nicht über die Schuld, nicht über die Sorge, nicht über den letzten Krieg."
„Das können wir nicht. Überall erheben sich die Angstriesen."
Der Weise zögerte einen Augenblick. „Eure Phantasie macht alles riesig, nur schafft sie nicht die riesige Hoffnung."
„Was ist die Hoffnung?", fragten die Freunde.

Der Weise entgegnete: „Die Hoffnung ist ein Traum vom guten Ende. Ihr müsst träumen, die Träume berichtigen, konkretisieren und umsetzen, dann weichen die Riesen der Angst zurück. Geht einfach den Mythen nach, da ist die Hoffnung allemal."

Die beiden Jungen dankten und gingen ruhiger aus dem weißen Schloss in die weiße Sonne. Und es war ihnen, als ob unter dem Staub der Wüste eine rote Lilie zu blühen begann.

Narziss

Es war einmal ein kleiner Junge, dem waren beide Eltern gestorben. Er lebte wie ein Tier im Walde. Eines Tages sah er einen jungen Menschen nackt am Wasser eines silbernen Sees knien und sich im Wasser betrachten. Der Kniende war völlig versunken in sein Spielbild. Er hatte alle Welt um sich herum verloren. Er sah nur noch sich und hielt sich für das wichtigste Teil des Universums. Alles schien nur für ihn da zu sein, für ihn zum Leben, für den Zweck, dass er sich in ihm spiegeln konnte.

Der Junge sprach den Knienden an: „Was bist du schön. Was bewundere ich dich in deiner nackten Gestalt."

Der Kniende antwortete nicht. Er sah den Jungen nicht, und er konnte ihn nicht sehen. Doch dann nahm er ihn als Störung wahr und als jemand, der ihm im Wege war, und er sagte: „Du Schwein, du Teufelsarsch, du Hurenkind."

Der kleine Junge weinte, als er sich so allein vorfand. Er befand sich plötzlich an einem kleinen Teich und sah hinein und sah in seine Tränen und sah nur noch sein Weinen und die Welt begann um ihn herum zu versinken. Er verblieb bei Wind und Wetter in dieser Haltung. Tiere, die ihn störten, verscheuchte er. Er verkam langsam, denn er aß nichts und er baute nichts an und er kleidete sich nicht, wenn er fror. Eines Tages merkte er, dass er in dieser Haltung bald sterben würde, spurlos wie ein Blatt im Herbst. Er würde nur an sich gefesselt gewesen sein, die Fülle der Welt, wie seine Arbeit in ihr, das Gespräch zwischen den Generationen, alles hätte es für ihn nicht gegeben.

Da sprangen seine Ohren und Augen auf, und er hörte die Welt, und er spürte das Leben, und er merkte, dass er sich noch zu suchen hatte in der Reise, in der Arbeit, in der Liebe, im Scheitern. „Nur im Nicht-Ich entwickelt sich das Ich" hätte der kleine Junge beinahe gedacht, als er auf einen anderen Jungen traf, der sagte „Du".

Und der kleine Junge sagte: „Ja, du meinst mich." Und es war zum ersten Mal, dass er wieder lächeln konnte, zum Dank.

Amok

Es war einmal ein kleiner Junge, der sah, dass ihn Riesen gefangen hielten. Er wurde so wütend, dass er sie mit einem Messer anfiel. Sie griffen ihn und hoben ihn hoch und lächelten und steckten ihn in einen goldenen Käfig, da konnte er nun so viel toben wie er wollte. Der kleine Junge tobte dann Tag und Nacht, und er versuchte die Stäbe des Gefängnisses durchzusägen mit seinen Zähnen. Er wurde schließlich frei und fiel die Riesen wieder an. Da ergriffen sie ihn und hoben ihn hoch und lachten und steckten ihn in einen tiefen Keller und riefen.

„Idiot, bist bald tot,
bist klein, bist gemein,
schlagt ihn tot, den Idiot."

Der kleine Junge weinte, da kam eine silberne Maus und sagte: „Was rast du so? Du wirst die Riesen nicht besiegen."
„Ja", sagte der Junge.
Da sagte die Maus: „Du musst wachsen, dann fühlst du dich besser."
„Ja", sagte der Junge.
Und aus dem Dunkel des Kellers trat ein anderer Junge und sagte: „Wir wollen gemeinsam wachsen. Das macht nicht so viele böse Gefühle."
Und als sie beide größer waren, ließen die Riesen sie frei, und sie hatten keine Angst und keine Wut mehr.

Das Böse

Es war einmal ein kleiner Junge, der fand im Wald ein totes Kaninchen, und er weinte, als es so tot dalag und die Verwesung in ihm aufstieg. Er ging zu einem alten Mann und fragte: „Was soll die Verwesung?"
„Das ist", sagte der Alte, „dass wir sterben müssen. Über eine kurze Zeit und wir sind fort, wie Gras."
„Warum ist das so?", fragte das Kind.
Der Alte sagte: „Das ist so, und das ist auch in unserem Herzen so. Wir fallen. Wir sterben, und wann stehen wir wieder auf?"
Das Kind ging weiter und fand im Wald eine alte Frau, die fragte er: „Warum sterben wir?"
Sie sagte: „Alles geht und endet."
„Doch wer hat das so gemacht?", fragte das Kind.

Die Alte antwortete: „Es ist drinnen wie draußen. Es ist der Tod."
Das Kind weinte. Es war alles so seltsam zu leben, doch die Alte sagte: „Sei doch still, wir gehen nach Haus."

Das Kind verstand nichts. Es war ihm, als habe ihn das Elend berührt, der Schmerz, das Zerbrechen, das Fallen. Es war in allem die Auflösung. Da ging das Kind aus dem Wald und kam in ein schönes Haus, und mitten in dem Haus, da schien auf dem dunklen Grunde der vielen Wände ein helles Licht.

Und wenn die Riesen nicht gestorben sind, dann leben sie noch heute.

Übung:
Schreiben Sie einen ersten Cluster-Text zum Thema „Suche".

4.2 Der Mensch, der nie starb

1. Artax

Irgendeiner muss sich aus dem Dreck erhoben haben. Es war also Artax. Es begann mit einem Sturz, in den Müll. Ein Anfall. Auf der Jagd. Sie trieben die Wisente über das Moor. Plötzlich stand der Bulle vor ihm. Artax erstarrte. Seine Seele entwich aus seinem Körper, der leblos liegen blieb. Die Ruäten zogen weiter. Artax' Körper blieb zurück, lag Tage und Nächte, fror und taute, war leer. Seine Seele saß auf einem Baum und mochte nicht wieder in diesen Leib zurück. Sie saß alleine auf einem Ast und blickte selten genug zu dem Kadaver hinunter.

Irgendeiner muss sich aus dem Dreck erhoben haben. Es war Artax. Seine Seele flog nicht weg, zum Mittelpunkt der Welt. Er ließ das jagende Volk in den Steppen nicht allein. Er kehrte wieder. Nach Tagen schlüpfte er wieder in seinen Körper, lange rannte er schreiend durch die Sümpfe, suchte die Ruäten in ihren spitzen Zelten. Er fand sie nicht. Er verbrachte die Nächte auf den Bäumen, aus Angst vor den Tigern. Er weinte, zitterte und drohte ohnmächtig zu werden.

Doch langsam bemerkte er, dass er sich leicht machen konnte. Der Zusammenstoß mit dem Wisentbullen hatte etwas in ihm zerbrochen. Der Wisentmythos der Ruäten war für ihn nicht mehr gültig. Es gab hinter den Wisenten den Himmel, in ihn konnte man steigen über viele Stufen. Der Körper blieb zurück und die Seele flog durch viele Räume von brausendem Licht. Kreise und Kreise von Licht, auf deren Grund ein Ring von Ringen war, eine Schlange sich ringelnd mit vielen Schlangen. Das war Anfang und Ende, Ausgang und Eingang. Wenn der Körper erschreckt wird und die Seele flüchtet und geleitet wird durch die Räume, dann kann sie an diesen Ort kommen und kann zurückkehren und stark sein, gesund sein.

Artax bemalte sein Gesicht mit Lehm. Artax riss seine Kleidung in Fetzen. Artax bemalte seinen Körper mit Ocker. Er schnitzte sich einen Stock, der hatte Äste, damit konnte er in den Himmel steigen. Er fand seinen Stamm, der sich von ihm entsetzte. Er sagte: „Ich bin wieder da. Ich lebe nun bei euch. Wenn einer krank wird, ruft mich. Ich weiß einen Weg."

Sobald jemand krank wurde, kam Artax. Er schickte alle weg. Er legte sich zu dem Kranken und nahm Fühlung mit dessen Seele auf. Wenn sie noch in der Nähe der Zelte war, dann bestand Hoffnung. Wenn sie weit weg war, dann dauerte die Krankheit lange. Wenn sie schon im Himmel war, dann gab es auf Erden keine Rettung.

Wenn er die Seele also noch fand, dann begann er zu tanzen. Je mehr er sich erhitzte, umso näher kam ihm die Seele. Er lockte sie und schmeichelte ihr. Er führte sie näher an den verlassenen Körper heran, bis sie in diesen schlüpfte und bereit war, das Leben als Jäger in den Sümpfen weiter zu führen.
Artax wurde sehr alt. Er hatte viele Lehrlinge. Er gab ihnen weiter, was er gefunden hatte. Als er starb, da geschah es, dass seine Seele nicht ganz aus der Welt ging. Sie kehrte zurück und wurde in einer anderen Zeit, in einer anderen Welt neu geboren.

Arton

Aus Artax wurde Arton. Der war ursprünglich ein Hirtenjunge, lebte im Ödland am Meer, mit den Ziegen das ganze Jahr. Die lange Einsamkeit machte ihn wild. Er begann Jagd auf Faune und Nymphen zu machen. Er lauerte ihnen zur Mittagszeit an den klaren Quellen auf. Wenn er sie nicht verjagte, überwältigte er sie und tat ihnen Gewalt an. So ging es Jahre.

Eines Tages jedoch fing er sich eine Nymphe, die er nicht vergewaltigen konnte. Sie war nicht wild und kämpferisch, sondern zart. Sie unterwarf sich ihm ganz, und er spürte sich seltsam befangen. Sie lehrte ihn seinen Jähzorn zu mildern, seine Triebe zu zügeln, seine Blindheit zu überwinden. Sie redete mit ihm, an allen Abenden, an denen sie zusammen waren, als das Dämmerlicht ihre Körper rot färbte, die Gestirne ihre Bahn zogen am späten schwarzen Himmel.

Arton verwandelte sich. Seine Seele glättete sich. Die Nymphe sprach ihm von den Wegen und den Zeiten, von dem Auf und dem Ab. Er brauche keine Angst zu haben. Leben und Tod, das sei einerlei. Arton verwandelte sich mehr und mehr. Er konnte nun ruhig den Ziegen zuschauen und ihrem mühsamen Weg durch Gestrüpp und Gesträuch. Als die Nymphe nicht mehr wieder erschien, verließ Arton seine Ziegenherde. Er ging in die Stadt auf den Berg, wo die Säulentempel standen, wo viele Händler, Sklaven und Philosophen wohnten. Er war einsam, lebte vom Diebstahl, trieb sich mit dem Stadtpöbel herum, langsam verlernte er die Weisheit der Hirten. Doch eines Tages rief ihn ein Lehrer, ein Philosoph auf der Straße an. Der nahm ihn mit und machte ihn zu seinem Geliebten. Er lernte nun die Kunst der Männerliebe, kleidete sich oft weibisch, begann die Übung der Tänze, wurde ganz zum Menschen der Stadt. Doch Leukipp, der Philosoph, begann unmerklich die weitere Erziehung von Arton. Er kritisierte Artons Fehler, machte ihn auf Rohheiten aufmerksam, zeigte, wie hinter der Aggression Angst steckt. Angst vor dem Tod und Angst vor den Göttern. Leukipp lehrte Arton die Gelassenheit, er führte ihn ein in die Ideenlehre, in die Versenkungsreise auf dem Rücken des Weltalls, wo das Ewige in Formen und Tönen ansichtig wird.

Leukipp bekam ins Artons Seele langsam eine Stimme, die Stimme des Gewissens, die riet, befahl, schimpfte, lockte, verbot und antrieb. Arton begleitete Leukipp in die Wandelhallen am Markt und beteiligte sich dort an den philosophischen Lehrgesprächen. Er vertrat den Meister schon, konnte viele Maxime des Meisters auswendig, lebte nun bescheiden ohne Ansprüche: einen weißen Rock, Sandalen, kein Öl mehr im Haar. Er sah seine Lebensgier nun als Todesangst an und die Lebensruhe als Lebenslust.

Als Leukipp starb, übernahm Arton seine Rolle. Er baute das Ruhetraining aus: Konzentration, Meditation, Traumdeutung, Gehorsam gegen den Meister, einfache Ernährung und Kleidung. Wer Depressionen hatte, kam zu den Tröstungen, auf denen der Kummer besprochen und die Ängste zerstört wurden.

Arton wurde ein angesehener Mann, dem man seine Vergangenheit nicht mehr anmerkte. Er erlitt keinen Rückfall, aber er merkte langsam, dass in seiner Seele hinter Leukipp, Artax stand und er von Kräften lebte, die ihm nicht gehörten. In manchen seiner Träume kam dieser Artax vor, der selbst so krank gewesen und gesund geworden war. Und im Körper von Artax sah Arton eine Schlange sich winden. Artax hatte einen Hirtenstab in der Hand. Er lächelte. Arton erkannte, dass Artax nur einen Weg begonnen hatte, auf dem er nun selber weiterging.

Als aus der fernen Hauptstadt die Nachricht vom Einfall der Barbaren kam, die Meldung von der Zerstörung des Reiches, ging Arton vor die Mauern der Stadt und wartete auf das Heer des Eroberers. Nach Tagen kamen die Reiter. Arton und seine Schüler ließen sich ruhig abschlachten. Sie alle wussten, der entdeckte Weg würde dadurch nicht verschüttet werden.

Artius

Aus Arton wurde Magister Artius. Der wanderte durch Europa, als die ersten Städte entstanden, das Christentum über die Naturreligion gesiegt zu haben glaubte. Doch viele Menschen wurden noch von Dämonen befallen, in Raserei versetzt, völlig verrückt, und in den dunklen Nächten auf geheimnisvolle Weise umgebracht. Der Teufel war noch eine reale Macht, der alle Triebe kommandierte und hinter allem steckte: hinter Amoklauf, Krankheiten, Regen und Seuchen. Der Teufel kam mit seinen Vasallen aus der Tiefe und zog die Menschen zu sich hinab.

Magister Artius hatte gegen diese Gewalt nur die christliche Liebe, die mit den Elenden geht, bis ans Ende der Welt. Mit seiner Kraft hatte er nun schon einige Menschen geheilt, als er eines Tages in ein kleines Dorf im bayerischen Wald kam. Er wurde in ein Haus geführt, wo es spukte und wo ein schönes junges Mädchen sich in Krämpfen wand. Sie sprach davon, dass sie zwei Kinder umgebracht und nun von Dämonen besessen sei.

Magister Artius sprach mit diesen Dämonen, schrie sie an, lockte sie hervor. Sie ließen nicht lange auf sich warten, brachen zu Hunderten aus dem Mund des armen Mädchens, fluchten, lästerten und tobten. Das Mädchen gab an, dass sie die Dämonen zu allerlei Dingen verführten. Sie führten sie in den Wald, und dort bei den Holzfällern tobten sie mit ihr die ganze Nacht. Das sei ein Heulen und Kreischen, aber ihr Leib sei dann voller Ströme von Lust.

Magister Artius musste in die Tiefe der Hölle sehen, denn das Mädchen begann auch ihn zu umschmeicheln. Wenn er ihr die Teufel ließ, würde sie zu ihm kommen, in allen Nächten, die er wollte. Nun merkte Artius, dass die Dämonen auch in ihn eindrangen. Oft hatte er das Gefühl, sie würden ihn mit sich reißen, er müsse sich in die Nacht werfen, in tiefe Wasser, in endlose Untergänge. Er glaubte, er würde zum Tier, zum reißenden Bär, der in die Dörfer einfällt und nimmt, was er will, gesetzlos, eine Bestie, ohne Halt, von Augenblick zu Augenblick im Taumel, von Gelüst zu Gelüst gejagt, atemlos, ohne Ende.

Artius zog sich in die Dorfkirche zurück. Er betete und fastete. Er schlug sich den Körper blutig. Seine Hände wurden bald rohes Fleisch. Er kroch um den Altar, und die Dämonen krochen ihm in alle Körperöffnungen, und er konnte nichts dagegen tun, er musste es erleiden. Doch je stärker sie ihn folterten, umso verbissener klammerte er sich an die Gebete. Gegen jeden Angriff setzte er eine herausgepresste Verteidigung. Er beschwor die Kraft der Heiligen, die sich in allen Wüsten die Teufel aus dem Leib gefastet hatten, bis sie klein und elend im Sand versanken. Langsam bekam Artius wieder Gewalt über sich. Das wirkte sich auch auf seine Kraft gegenüber dem Mädchen aus. Diese bekam mit ihren guten Geistern nun Zutrauen zu Artius. Die guten Dämonen versprachen Artius zu helfen, das Mädchen aus den Verlockungen der Tiefe zu befreien.

Eines Tages erbrach das Mädchen Sand, Glas und Gold. Sie machte unter sich. Sie schrie und umklammerte die Beine von Artius. Artius aber bemerkte, wie sich der Teufel aus dem Leib des Mädchens herausspaltete, mit fettem Genital, Gestank aus dem After. Beide waren zu Boden gesunken. Das geschah am zweiten Weihnachtsfeiertag. Die Nachricht von der Heilung des Mädchens verbreitete sich im Dorf. Die Bauern kamen und beschenkten Artius. Viele legten Beichten ab, berichteten über ihren Umgang mit den Dämonen, erzählten über Orgien, Morde und Vergewaltigungen, die das Werk der Dämonen waren. Artius erschrak sehr über die Macht der Finsternis, und er wusste von der Schwäche des Lichts.

Aber er gab nicht auf. Er verließ das Dorf und wanderte weiter durch die Welt. Viele wollten ihn gesehen haben, abends im Gasthof, wenn einer nass und mit starrem Blick aus dem Dunkel trat. Er hatte offenbar die Dämonen doch noch nicht abgeschüttelt. Sie waren hinter ihm her. Sie jagten ihn. Artius musste immer schneller den Ort wechseln.

Er fand keine Ruhe, ehe er nicht in das Dorf im bayerischen Wald zurückkehrte, das Mädchen heiratete, Kinder kamen und er oft nächtelang in der Dorfkirche betete und langsam erkannte, dass das Licht anwuchs, dass es nicht mehr zu ersticken war, dass ein ewiger Morgen sich anbahnte. Artius lebte von nun an in der Hoffnung auf diese Morgenröte.

Artia

Aus Magister Artius wurde Artia, ein Freudenmädchen, das den Heeren folgte, ein merkwürdiges Geschöpf. Was sie tat, den Verkauf ihres Leibes an jeden, das tat sie aus Liebe. Natürlich, sie brauchte Geld, um zu leben, sie brauchte aber auch das Gefühl der Vereinigung, der Erweiterung der Seele in den seligen Strömen der Lust. Sie folgte also den Rittern bei ihren Raubzügen durch Deutschland und Frankreich. Das Leben kam ihr sinnlos vor ohne den süßen Kitzel. Sie war ganz Sexualität. Sie begann zu schmelzen, wenn sie Männer erspürte. Es kam ihr dabei gar nicht auf den einzelnen Mann, der war ihr völlig egal. Es kam ihr auf alle Männer an, nicht als Männer, sondern als Teil der Lust, der ihr zum Leben fehlte. Sie sprach auch über diese Lust und manch ein Ritter sagte zu ihr: „Sei still, du ziehst dir noch die Inquisition zu."

Denn durch die Lande zogen damals die Geißler und die Begarden, die Waldenser und die Adamiten. Die lehrten die Einheit der Natur im natürlichen Verkehr, die praktizierten diese Einheit, wo es nur ging, die verfeinerten alle Wege der Rückkehr in das Ein und Alles. Diese Menschen wurden aber blutig verfolgt, verbrannt und erschlagen, wo es nur ging.

Artia bekam aber Lust, zu diesen Sekten zu gehen. Sie fand zu den Adamiten, die ehelos in Gruppen lebten und den Akt in den Mittelpunkt ihrer Gemeinschaft gestellt hatten. Artia fand nun ein Leben, das ihr mehr gefiel. Nicht mehr das Dirnenleben, sondern das Leben der allseitigen Liebe. Sie waren alle arm, lebten vom Betteln, stahlen auch und raubten, aber wenn es abends dunkel war, zogen sie sich in die Wälder zurück und begegneten sich Mal um Mal. Bis der Bischof von Köln ihnen auf die Spur kam und sie alle fing, bis auf Artia, die sich verbarg. Der Bischof ließ allen die Glieder brechen und ihre Köpfe zerschlagen und öffentlich verbrennen. Nur Artia entkam.

Sie gelangte in ein Kloster und dort erkannte sie ihre Seele, die war gespalten: oberflächlich liebte sie menschlich und tiefer war sie von großer Sehnsucht nach der ewigen Wollust. Sie lernte, wie man auf die menschliche Lust verzichtet, um die ewige Wollust zu erreichen. Über diese Liebe begann sie zu schreiben, über den Verkehr mit der ganzen Natur. Sie beschrieb die Stufen der Sehnsucht, die sie durch Gebet und Enthaltsamkeit steigerte, bis

ihr Kopf und ihr Körper den kosmischen Orgasmus zu ahnen begann, der das Eine erfasste, wenn es zu Vielem wird.

Indem sie ihre Lüste zurücknahm, gewann sie die Fähigkeit, an der allgemeinen Lust der Dinge teilzunehmen. Sie erkannte also den Wert des Verzichts und die Wege der Erhebung zur allgemeinen Lust. Als sie das verstand, verließ sie das Kloster, nahm ihre Liebestätigkeit wieder auf, aber nur, um von den anderen Lüsten zu sprechen, die es noch gab und die jeder erreichen konnte, der seine Sehnsucht von den Menschen auf das Alles der Natur erweiterte.

Artia, das war die heilige Hure, die Einheit von Mutter und Geliebter, und es war dem Bischof von Köln ein Fest, sie als Hexe zu fassen und zu verbrennen. Ihre Lehre aber konnte nicht verbrannt werden, denn jedem, der liebt, leuchtet sie irgendwann spontan ein.

Assmer

Aus Artia wurde Assmer, ein studierter Mann, ein Arzt, der eine große Praxis in Wien betrieb, ein Mann der Wissenschaft, der 1755 mit einer Arbeit über „den Einfluss der Planeten auf die menschlichen Krankheiten" die Doktorwürde erworben hatte. Die Welt war für ihn Physik, Druck und Stoß und Energie, die in allen Dingen fließt.

In seine Arztpraxis kamen viele, die er nicht heilen konnte. Er sah das deutlich, und er verzweifelte da, wo andere einfach weitermachten. Er bekam eine Depression, versuchte ohne Worte zu denken, lief stumm im Wald herum. Er fixierte die Bäume, bis er merkte, dass in allen Dingen Energie war, die gleichmäßig verteilt Gesundheit, ungleichmäßig verteilt Krankheit bedeutete. Seitdem ging es Assmer besser.

Bei einer jungen Patientin wandte er seine Erkenntnisse am 28. Juli 1774 zum ersten Mal an. Sie hatte ein eisenhaltiges Präparat gegessen, und Assmer hatte ihr Magneten auf ihren Bauch und an ihren Beinen befestigt, die die Verteilung der Energie in ihrem Körper ausgleichen sollten. Die Patientin spürte plötzlich, wie ein warmer Strom durch ihren Körper floss, der alle Schmerzen wegschwemmte.

Assmer wusste nun Bescheid. Im ganzen Weltall fließt Magnetismus. Diese Energie lässt sich bei ungleicher Verteilung ausgleichen. Wenn Magneten nicht halten, dann musste Assmer sich seinem Patienten gegenübersetzen, seine Knie an die Knie des Patienten pressen, die Hände des Patienten halten, ihm starr in die Augen blicken und den Oberbauch und die Glieder streicheln. Das löste den magnetischen Strom aus.

Mit dem Ausgleich des Energiegefälles im Körper gingen Krisen einher. Wenn diese Krisen häufig in immer schwächerer Form wiederholt werden, verschwindet die Krankheit.

Assmer erfand auch den Gruppenmagnetismus. Inmitten des Gruppenrunds stellte er eine große Röhre auf, aus der Eisenstäbe ragten, die jedes Gruppenmitglied berühren musste. Wenn Assmer die Stäbe berührte, floss der Strom durch alle Gruppenmitglieder. Assmer setzte verschüttete Lebensenergie frei, stellte eine intensive Beziehung zu seinen Patienten her und lehrte sie, die neuen Energien für sich zu nutzen. Die gewonnene Energie verband die Kranken mit der Energie des Alls und heilte sie.

Assmer war Arzt, kein Mystiker. Er war aufgeklärt und glaubte weder an Gott noch an den Teufel. Er wollte vielmehr viel Geld mit seiner Entdeckung machen. In Paris gründete er eine Aktiengesellschaft der „Freunde des Magnetismus". Er wurde reich. Er hatte Patienten aus allen Schichten. Die Frauen flogen ihm nur so zu.

Doch bald versagte seine Kur. Er blamierte sich öffentlich. Die Universitäten nannten ihn einen Idioten und Betrüger. Assmer musste fliehen. Er tauchte unter, lebte still am Bodensee, heilte was er konnte und litt, dass die Welt seine Entdeckung der unbewussten Kräfte im Menschen nicht anerkannte.

So blieb er 20 Jahre einsam, denn alle vergaßen ihn. Kein Mensch dachte mehr an ihn.

Er löste sich langsam in die Energieströme des Weltalls auf,
um dann auf anderen Sternen wiedergeboren zu werden.
Er kannte keinen Tod. Deshalb lebt er nicht nur heute,
sondern in alle Ewigkeit als Sternenstaub
auf den Wogen des Lichts…

Übung:
Schreiben Sie einen zweiten Cluster-Text zum Thema „Suche".

4.3 Im Traumkloster

1.

Es war einmal ein Student, der ein Kloster in Asien erreichte. Das Kloster lag auf den Klippen eines in die Tiefe stürzenden Felsens, der sich aus dem Dschungel erhob. Es war von unbestimmtem Alter und von unbekanntem Baustil. Es hatte Türme und große Fenster, Mauern und viele Dächer.

Escherich, so hieß der Student, erreichte das Klostertor. Ein alter Mönch öffnete. Offenbar ein Chinese. Escherisch bekam seine Zelle zugewiesen, eine Zelle für Gäste. Gegen Abend kam der Mönch Mahagera zu ihm. Escherich fragte ihn begierig aus. Mahagera berichtete:

„Auch ich war Student der Philosophie in München in den 20er Jahren. Eines Tages hatte ich mitten auf dem Universitätsplatz eine Vision, eine Lichtgestalt kam auf mich zu. Ich fiel zu Boden, ich wurde wohl bewusstlos. Als ich wieder zu mir kam, war alles wie früher. Nur spürte ich nun den Zwang, mich mit dem Buddhismus zu befassen. Ich wusste, dass Visionen leibhaftiger Gestalt eher als Halluzinationen zu bewerten sind. Deshalb versuchte ich, reinere Erfahrungen zu gewinnen. Ich verkehrte in verschiedenen esoterischen Zirkeln. 1928 machte ich dann meine erste Indienfahrt. Sie war ein Reinfall. Ich sah nur touristische Attraktionen, hörte aber von Mabatschi, konnte aber den Weg zu ihm nicht finden. Ich kehrte nach Deutschland zurück. Nach zwei Jahren bekam ich dann über einen Schweizer Kontakt zu Mabatschi. Er lebte damals schon hier im Kloster. 1930 verließ ich München. Ich flüchtete auch vor den Faschisten, vor Hitler. Ich hatte die Schnauze voll vom Abendland. Ich sah doch, dass der zweite Weltkrieg kam. Anfangs war ich bei der „Malaysian Tribune“ in Kuala Lumpur. Dann zog ich ganz ins Kloster. Ich lerne nun schon 50 Jahre bei Mabatschi. Habe aber die letzte Erleuchtung noch nicht gefunden.“

Escherich war betroffen. Das war ja ein schlimmer, langer und ein endloser Weg. Er fühlte wieder die Übelkeit. Er fragte deshalb schnell nach Mabatschi. Mahagera antwortete: *„Mabatschi kommt aus Nepal. Er lebte seine erste Existenz als Zeitgenosse des Buddha. Er wurde bis heute 86 Mal wiedergeboren. In seiner 86. Gestalt ist er heute 60 Jahre alt. Als ich bei ihm begann, war er zehn Jahre alt und wusste schon alles. Nach 85 Leben hat er die Welt nun völlig verstanden. Von Buddha lernte er die Kraft des Verzichts, von Laotse die Macht des Kleinen, von Han Schan das Lachen. Er hat aber auch in späteren Leben die europäischen Wissenschaften studiert. In seinem 84. Leben war er einer der ersten großen Soziologen in Europa. Er entwickelte*

eine materialistische Gesellschaftstheorie, die utopisch ein neues Zeitalter der befreiten Industrie versprach. Heute kann er noch die Gesetze des Kapitals in seinen letzten Zyklen verfolgen. Er hat auch eine Vision von der Welt nach dem dritten Weltkrieg, und er weiß den Weg durch das Inferno.“

Escherich merkte nun, dass er doch eine wichtige Station seiner Reise erreicht hatte. Er fragte: „*Kann ich auch mit Mabatschi sprechen?*“
Mahagera antwortete: „*Vielleicht.*“

Escherich lag benommen in seiner Zelle, als Mahagera gegangen war. Er aß einen Teller Suppe und ihm schwindelte wieder. Aber er beschloss: Ich werde hier ausharren, bis ich mit Mabatschi gesprochen habe.

2.

Mit Mabatschi zu sprechen, war nicht leicht. Escherich fand sich im Gewirr der Klostergänge nicht zurecht. Die Mönche verstanden ihn nicht. Mahagera ließ Escherich oft tagelang in seiner Zelle allein. Die einzige Abwechslung bestand für Escherich darin, durch den Klostergarten zur Klippe zu gehen, dorthin wo man weit in das Dschungeltal schauen konnte. Nackter grauer Fels trat auf den Bergspitzen zutage. Felstürme ragten so über den grünen Mantel des Waldes. Escherich ging nun oft zur Klippe, die ihn hoch über dem Tal schweben ließ. Escherich spürte oft den Drang in sich, hinabzustürzen. Erst ganz langsam gewöhnte er sich an den Blick in die Tiefe. Die Landschaft nahm ihn mit der Zeit gefangen. Er begann die Berge zu studieren. Näher der Sonne war das Gestein nackt und verwittert. Oben schwebte die Nähe des Himmels. Jeder Berg ist der Mittelpunkt der Welt. Jeder Aufstieg, wenn auch nur in Gedanken, löst von der Schwere.

Eines Tages entdeckte er die weiße Wolke. Sie bewegte sich leicht um den höchsten der Berge. Sie flog ruhig, widerstandslos, einverständig. Bald war sie aufgelöst, bald sammelte sie sich wieder. Escherich musste dabei an Han Schan denken, wie er da lebte auf dem kalten Berg. Wo er der weißen Wolke mit Blicken folgte, nach so vielen Jahren in der Fremde. Han Schan musste mit den Jahren leicht geworden sein, tief unter ihm lag Gesellschaft, Politik und Liebe. Hoch über dir fliegt deine Seele. Han Schan, der tanzt und lacht. Der schrieb seine Gedichte auf die Bergwände, wenn es regnete und kaum einer sie überhaupt lesen konnte. In Gewittern schrieb er. In der Winterzeit kam keiner zum kalten Berg. Da fror er im Wind. Aber wenn die Sonne scheint, dann ist die Leichtigkeit wieder da. Alles wird schwerelos. Die Seele schwebt über den Dingen.

Escherich klammerte sich in seiner Angst an Han Schan. Er wusste, dass dieser alte Zen-Chinese das Idol von Jack Kerouac, Alan Ginsberg und Neal Cassady war. Er imitierte ein wenig ihr Gefühl der Verlorenheit. Escherich saß also auf der Klippe und plötzlich war ihm als sähe er durch die Landschaft hindurch. Die Dinge wurden durchsichtig, und er ging durch sie hindurch, und es wurde ihm so gut. Er hätte gerne die Landschaft hinter sich zugeschlagen. Aber als er so versunken saß, schlug ihm jemand derb auf den Rücken.

Mahagera stand hinter ihm. Er würde ihn erst in einigen Tagen zu Mabatschi führen können. Mabatschi habe sich wieder einmal in die tiefen Grotten zurückgezogen, in denen er 30 Jahre lang meditiert hatte. Escherich musste also warten.

Mahagera fragte: „*Hältst du noch durch?*"

Escherich antwortete: „*Ich warte. Ich warte doch schon lange. Was macht das schon?*"

3.

Escherich hatte wirklich keine Eile. Er passte sich völlig der Stille des Klosters an. Der Wind blies durch die Bäume. Escherich lag auf dem Rücken in seiner Zelle und fühlte das Blut durch seine Adern strömen. Je mehr er seine Aktivität verlor, umso stärker fühlte er die Kraft in sich, die ihn trieb. Diese Kraft war so lange da, so lange er sie nicht durch die eigene Hektik überdeckte. Diese Kraft hatte offenbar seinen Körper aufgebaut und sie war auch fraglos in der Natur, ja sie war im Weltall.

Diese Kraft konnte Escherich nicht richtig erkennen. Wenn er sie zu denken versuchte, war sie verdeckt. Wenn er sie spürte und nicht dachte, dann war sie da. Es gab keinen anderen Weg zu ihr, als einfach still zu sein. Was zuerst als Leere erfahren wird, als Angst vor dem Unheimlichen, wird dann bald wie ein Trost. Zu dieser Erfahrung ist der Umschlag von Hetze und Willen in Ruhe und Nicht-Willen nötig.

Escherich war durch seine lange Reise bis zur Erschöpfung ausgepumpt und nun hörte er die Stimmen der Stille. Sie sprachen auch vom Sinn. Einfach nichts zu tun, um alles geschehen zu lassen. Also zu handeln, wie wenn man nicht handelt. Und noch etwas war da: In der Stille war das Kleine groß und das Große erwies sich als klein. Das Starre stürzt und das Bewegte wird stark.

Eine Ästhetik des Minimalen, die wurde Escherich sympathisch. Er versuchte, die Gräser im Klostergarten zu studieren. Er betrachtete ihre stolze Haltung im Sonnenlicht und wie sich leise wiegten im Wind. Eine Quelle zog Escherich an. Sie gab ständig Wasser von sich und war doch nicht bereit, sich zu zeigen in dem, was hinter ihrem Wasserspeien lag. Escherich sah ein Rad.

Er bewunderte die Nabe, um die die Speichen kreisen. Die Nabe war leer und doch entsprang alle Kraft aus ihr. Escherich blickte aus dem Fenster seiner Zelle und war sich bewusst: Das Geheimnis der Welt ist in einem Augenblick klar, wenn du richtig aus dem Fenster schaust. Dann siehst du, was es heißt: Es regnet. Oder: die Wolke steigt. Oder: eine Maschine ist kaputt und ihre Stille spricht schon von dem gescheiterten Willen.

4.

Nun wurde Escherich langsam quengelig. Die Zeit wurde Blei. Das Essen schmeckte nicht. Die Zelle war zu klein. Er langweilte sich. Er hatte das Gefühl zu verfaulen. Auf deutsch: Asien kotzte ihn an. Er wollte raus. Er wollte zurück nach Europa. Seine ganze Reise war doch Quatsch. Er würde niemals richtig die Erlösung finden. Er war völlig westlich, bis in sein gesellschaftliches Unbewusstes hinab. Escherich packte also der Ekel. Er begann zu heulen. Er heulte wie ein Hund, in jappenden Tonlagen. Es wurde nun alles viel schwerer. Schuldgefühle platzten in ihm und gossen Essig in seine Gefühle. Er schrie nach Mahagera, der kam dann auch. Escherich pöbelte ihn an: „*Sie wollen mich hier nur zerstören. Sie halten mich fest. Sie lassen mir keine Ruhe.*“

Mahagera war nicht überrascht. Er öffnete die Zellentür und sagte: „*Gehen Sie, verschwinden Sie.*“ Diese Worte passten Escherich nicht in den Kram. Er wollte Mahagera reizen, aber ihn nicht verlieren. Er hatte wieder so eine elende Angst vor der Welt. Er brauchte doch einen Vater. Und Mahagera, wie er so still dasaß und lächelte, das war wie ein Vater nach Escherichs Geschmack. Escherichs Vater war stark, depressiv, cholerisch, alkoholisch, exzessiv und gleichgültig gegen den Sohn. Escherichs Vater hatte alle Leute verletzt, geschlagen und getreten. Er war wie ein Tier. Mit ihm hatte Escherich lange nichts mehr zu tun.

An seiner Stelle war nun ein Loch in seinem Über-Ich. Durch dieses Loch drang Sehnsucht. Diese Sehnsucht hatte er auf Mahagera projiziert und deshalb ging er nicht durch die offene Tür. Er blieb. Mahagera wartete. Endlich sagte Escherich: „*Was ist denn nun die Erlösung?*“ Mahagera sagte: „*Der mittlere Weg. Sage dich vom Sein und vom Nicht-Sein los, von jeder Unterscheidung, und dich umfängt das Ganze.*“

Escherich entgegnete: „*Das sind doch nur Worte. Das sagt mir nichts.*“

„*Bald*“, sagte Mahagera, „*wirst Du erleuchtet werden. Sage Dich nur von den Worten los. Beschreite den Weg der Negation der Negation. Dann ergibt sich die tiefe Erfahrung, das Unbewegte im Bewegten, das Eine im Alles.*“

Escherich wurde wieder ärgerlich. „*Ich habe genug Theorie gefressen. Du sollst mich endlich frei machen!*“

Mahagera lehnte das einfach ab: „*Mach Dich selber frei. Löse Dich selbst von den alltäglichen Zwängen. Dann ist Dir plötzlich leicht.*“

Escherich konnte Mahagera aus Trotz nicht verstehen. Er fühlte sich nun etwas besser, aber er war doch eigentlich nach vielen Erfahrungen gar keinen Schritt weitergekommen. Er trat doch auf der Stelle.

„*Komm*“, sagte er zu Mahagera plötzlich, „*wir wollen fliegen.*“

Mahagera lächelte: „*Wir fliegen schon lange. Du hast es nur noch nicht gemerkt.*“

5.

Die Zelle wurde langsam feucht. Ein tropisches Gewitter stürzte auf die Dächer des Klosters. Überall trommelte es in den umliegenden Wäldern. Die Blitze zerhieben den Himmel. Escherich war in böser Verfassung. Er hatte am Morgen ein Geschwür in seinem Oberschenkel entdeckt. Es eiterte und stank. Er sah sich bald am ganzen Körper verfaulen. Sein Kadaver wurde ihm bewusst, den er noch der Erde als Dünger schuldete. Er musste noch in die Atome aufgelöst und in den Urwald verstreut werden. Er fiel in ein dunkles Loch. Er war abgestürzt. Er war ja auf den Tod überhaupt nicht vorbereitet. Er dachte zwar, dass er immer bereit sei, aber wie ein Beil traf ihn die Vermutung: Wir sind doch nur Dreck. Wir fliegen auf einem seltsamen Planeten im All, wachsen auf und fallen zusammen wie Sternenstaub. Wir müssen vom Licht lassen und gehen in die völlige Nacht. Wir taumeln durch den Lebenstraum, der sich zum Albtraum wandelt und stürzen wie Kinder in die Gruben. Unser Schreien hört doch keiner. Alles ist aus Eis. Die Natur schweigt. Die Gesellschaft reagiert mit Panzern, einem Militärpanzer, der langsam nicht gegen den imaginären Feind außen, sondern gegen die Menschen in der Gesellschaft selbst eingesetzt wird. Wir wollen mit Raketen in den Kosmos entfliehen und fallen wie Blei zurück auf den blauen Stern.

Was half ihm nun die Mystik? Das Kloster stank wie ein Grab. Mahagera war ein Schwätzer, Mabatschi war wohl schon zerfallen. Escherich spürte, wie sein Bauch hart wurde, so sehr geriet er in Panik. Seine Körpersäfte verdickten sich. Er geriet in eine Angststarre. Aus dieser Angststarre tauchte er erst langsam wieder auf, nach langem Verstocken und Ersticken und einem Schreien und Wimmern, wie ein Kind, das geschlagen worden war, schuldlos. Er bemerkte eine Erleichterung bei dem Gedanken:

Ich muss durch meinen Kadaver hindurch, ich muss verfaulen. Ich muss ganz Eiter werden, ganz Gestank, ganz Erde, ganz unten muss ich liegen. Ich

muss ganz klein sein, ganz winzig, ganz unfähig. Erst wenn ich atomisiert bin, passe ich in die Leere, aus der das All entspringt. Dem geistigen Weg körperlich folgen, das ist es. Erst spurlos gerate ich auf die Spur. Erst an dem Ort, den alle Menschen meiden, bin ich dort, wo alles mit den Menschen wieder beginnen kann. Erst dort falle ich aus Raum und Zeit heraus und kann dann jenseits von Zeit und Raum wohnen.

Diese recht wirren Gedanken ermöglichten es ihm endlich in einen langen und tiefen Schlaf zu verfallen.

6.

Als Escherich aufwachte, stand Mahagera an seinem Bett. Escherich rieb sich die Augen. Die Sonne schien in seine Zelle. Irgendwie kam ihm alles sehr hell vor. Mahagera tat sehr geheimnisvoll. Endlich rückte er damit heraus, dass er Escherich nun genauer über Mabatschi informieren wollte:

„*Mabatschi ist der 35. Patriarch der Erleuchtung. Wir sind Neo-Buddhisten. Wir gehen von Buddhas Erfahrung unter dem Feigenbaum aus. In drei Nächten durchschaute Buddha seine früheren Existenzen, die Verstrickung des Willens in die Welt, die Ursache und den Weg der Aufhebung des leidenden Willens. Was in diesen Nächten geschah, vermittelte Buddha durch das Aufzeigen einer Blume.*

Für uns ist Bodhidarma, der Ende des 5. Jahrhunderts aus Indien nach China ging und die Erfahrung von Tao und Nirwana vermittelte, der erste Patriarch. Bodhidarma traf den Kaiser Wu-ti und der fragte ihn, ob er durch Tempelbau und Mönchsunterstützungen Verdienste erwerben könne. Der Meister sagte: ‚Kein Verdienst.' Der Kaiser fragte: ‚Welches ist das erste Prinzip der heiligen Wahrheit?' Bodhidarma sagte: ‚Offene Weite, nichts von heilig.' Der Kaiser fragte erneut: ‚Wer bist Du eigentlich, dass Du Dich über mich erhebst?' Der Meister sagte: ‚Ich weiß es nicht.'

Die Erleuchtung über den Sinn der Welt kommt plötzlich. Es ist eine Erfahrung, dass alles eins ist, alles gut ist und alles ewig ist. Die Erfahrung wird eröffnet durch paradoxe Anekdoten. Also die Erfahrung der paradoxen Einheit von Transzendenz und Immanenz. Ein Mönch fragte den Chao-Chou: ‚Hat auch ein Hund die Buddha-Natur?' Chao-Chou antwortete: ‚Mu'.

Derartige Anekdoten musst Du durchdenken", sagte Mahagera, „*bis Dein Denken scheitert und die Erleuchtung kommt. Du musst Dich hinhocken und denken, bis plötzlich alles hell wird. Auch die großen Dichter der chinesischen Tang-Zeit im 6. bis 9. Jahrhundert geben in ihren Gedichten das Bild der Erleuchtung weiter.*

So sagt Li Tai Bo in seinem Gedicht ‚In den Bergen als Antwort an einen Alltagsmenschen':

‚Und fragst Du mich, warum ich hier
im blauen Berge hause,
so bleib ich stumm und lächle nur –
voll Friede ist mein Herz.

Im Wasser treiben Pfirsichblüten,
verschwimmend in dunklen Fernen:
Ein Himmel ist und eine Erde
Die nicht der Menschen Welt.'

Oder Wang-Wei schreibt in seinem Gedicht ‚Der Magnolienpark':
Herbstliche Hügel sammeln das letzte Licht.
Ein Vogelflug in dicht gestaffelter Reihe.
Grüne Farbtupfer leuchten vereinzelt am Hang,
die Abendnebel finden keine Wohnstätte.'

Oder Han Shan:

‚Ich steige, fliege auf den Han Shan Weg.
Die Reise zum Han Shan nimmt nie ein Ende.
Die Schluchten entlang über Felsbrocken, Steine, Steine
Durch nebeldunkles Gras in weitem Tal.
Das Moos ist glitschig, nicht nur, wenn es regnet.
Die Föhren knarren, doch es gibt keinen Wind.
Wer kann sich befreien aus den Verstrickungen der Welt?
Mit mir zu sitzen zwischen weißen Wolken.'

Nach Japan kam unsere Lehre", sagte Mahagera, „*Dort entstanden Klöster. Der Meister Dogen lehrte die absolute Lehre des Seins und seine Haikus sprachen von dieser Erfahrung:*

‚Nur tiefe Stille –
in den Felsen gestern dringt
der Zikaden Ton.'

‚Zum Ende der Reise
auf dürrem Feld
Träume im Kreise.'"

Escherich war erfreut, dass Mahagera so lange zu ihm gesprochen hatte. Besonders die Gedichte hatten ihn berührt und das helle Licht des Tages geheimnisvoll verstärkt. Alles war jetzt voller Leuchten. Aber es blieb doch auch viel fraglich. *„Mabatschi ist also der 35. Meister der Erleuchtung?“ fragte er. Mahagera nickte: „Er verkörpert die mystische Erkenntnis, die ihren ersten Höhepunkt während der Tang-Zeit in China fand. Diese Zeit wird zum Höhepunkt der chinesischen Kultur. Sie war eine Zeit des Aufschwunges und des fürchterlichen Bürgerkrieges, der die Bevölkerung des chinesischen Kaiserreichs in drei Jahren von 53 auf 17 Millionen dezimierte. Die asiatische Despotie der asiatischen Wasserbauwirtschaft gipfelte im Staatsterror und zugleich in der Staatsverdrossenheit. Die Intellektuellen zogen nun in die tiefste Einsamkeit der Klöster, in Einsiedeleien. Bodhidarmas Gespräch mit dem Kaiser wird nun zur Schlüsselgeschichte der Trennung von Intelligenz und Macht. Durch die Trennung gelang es Teilen der Intelligenz, die Zwänge des Staatssystems zu überwinden und die Natur des Kosmos und der tiefsten Seelenschichten neu zu erfahren. Diese Erfahrung eröffnet heute angesichts des drohenden totalen Staates wieder einen Weg.“*

Escherich spürte nun eine große Erleichterung. „*Was ist der Weg?*“ fragte er und Mahagera sagte: „*Du gehst ihn schon*“ und verließ damit die Zelle.

7.

Escherich war nun schon längere Zeit allein. Er war in einer unruhigen Stimmung. Er hockte sich auf den Boden. Er probierte den Lotussitz. Und langsam begannen seine Knöchel zu schmerzen. Sein Rücken tat ihm weh. Er dachte an Bodhidarma, der neun Jahre vor einer weißen Wand gehockt hatte. Aber langsam, nach Stunden, wurde ihm leicht. Vor seine Sinne trat eine neue Welt. Sinnenfreude, Orgasmen, schöne Frauen, die so verführerisch waren. Sie zeigten ihm die Brüste und die Schöße. Escherich verfiel in eine merkwürdige Erregung. Er weinte, und die Tränen liefen ihm über sein Gesicht. Plötzlich stand Mahagera neben ihm und schlug ihn mit einem Knüppel auf die Schultern. Die schönen Bilder verschwanden. Der Schmerz reinigte sein Bewusstsein. Langsam wurde er wieder ruhig. Er war offenbar vom Weg der Stille abgekommen und in große Gefahr geraten, sich in der Wildnis zu verirren.

Mahagera gab Escherich nun eine paradoxe Geschichte zum Nachdenken:

> „*Ein Mönch fragte Cao-Chou:*
> *‚Warum kam Bodhidarma aus dem Westen nach China?'*
> *Der Meister antwortete:*
> *‚Sieh den Lebensbaum vor dem Garten.'*"

Auf diese Geschichte ließ Escherich sich nun ein. Bodhidarma ist der Lebensbaum. China der Garten. Der Meister musste nach China kommen, um seine Lehre zu praktizieren. Nein! Bodhidarma steht, obwohl er nach China ging, noch immer in der Fremde. Man muss ihm dorthin folgen. Nein! Derartige Interpretationen schossen Escherich durch den Kopf. Er verwarf alle und begann von neuem. Langsam erschöpfte er sich. Neue Anläufe führten nicht weiter. Er wurde immer schlapper. Er schwankte. Dann plötzlich wurde ihm etwas klar. Es gibt keine Antwort auf die Frage: Warum kam Bodhidarma aus dem Westen nach China? Es gibt nur den Versuch der Antwort. Am Ende der Antwort bricht die Antwort in sich zusammen. Aber der Versuch zur Antwort ist schon die Antwort. Der Aufbruch ist schon das Ziel. Das Ziel ist der Weg.

Diese Gedanken übertrug Escherich auf seine Frage nach dem Sinn des Ganzen. Die Suche nach dem Ganzen ist die höchste Annäherung an das Ganze. Auf diesem Weg musst Du scheitern. Aber nur, wenn Du nach jedem Scheitern neu beginnst, bleibst Du auf diesem Weg.

Das war nun offensichtlich keine Erleuchtung. Aber Escherich fühlte sich durchaus besser. Er brach seine Meditation ab. Er setzte sich auf sein Bett, und zum ersten Mal seit er Berlin verlassen hatte, fühlte er das Pochen und Drängen des Lebens, und er sah nun auch ein Ziel. Und er war nun gelassen. Viele Sucher waren diesen Weg gegangen, er brauchte sich ihnen nur anzuschließen. Er war nicht allein.

8.

In Escherichs Kopf arbeiteten die Gedanken Mahageras über die Katastrophe in der Tang-Zeit weiter. Der Tod von 40 Millionen Menschen in drei Jahren ließ das Bild einer Orgie von Aggression entstehen. Es zeigte ihm das Mordspotential der Menschen in den gesellschaftlichen Machtstrukturen. Es sprach von den Phasen panischer Gewalt, die nicht nur den Industriegesellschaften mit ihren Weltkriegen eigen sind. Der Aufstieg und Fall von Gesellschaften begleitete den Prozess, der auf die Entstehung des einen Weltstaates hindrängt, um immer wieder in Teilstaaten zu zerfallen. Die Gegnerschaft der Gesellschaften untereinander und der Schichten innerhalb der Gesellschaften

trieben immer wieder in das Kriegs- oder Revolutionsdesaster. Aus diesen Katastrophen führte immer wieder die Hoffnung auf Besserung und Neubeginn heraus. Auf die Apokalypse folgte die Utopie: Zurück ins goldene Zeitalter, vorwärts ins Paradies auf Erden. Biologische Wachstumsgesetze werden hier von ökonomischen Verwertungs- und Verteilungsgesetzen überlagert.

Escherich sah nun die Geschichte als Kreislauf von Anläufen zum Weltstaat und erneuten Rückfällen, der Trend zur klassenlosen Gesellschaft und die Wiederkehr der Klassengesellschaft, ein Reigen von Revolutionen und Restaurationen. Und das alles zwischen Eiszeiten und Klimakrisen im Angesicht der Apokalypse.

Warum die Menschengeschichte überhaupt in Gang blieb, unter diesen absurden Bedingungen, das war das Zentrum von Escherichs Fragen und hier in Malaysia in der Klosterzelle, mitten im Urwald der Cameron-Highlands kam ihm die Antwort:

Es gibt keine. Oder genauer: Dass wir die Warum-Frage stellen können, setzt schon voraus, dass das menschliche Sein besteht. Das menschliche Sein besteht ohne Frage: durch Arbeit, Hoffnung, was auch immer. Und dann erst kann es fragen. Es gibt also ein kosmisches Gesetz, das das Entstehen des Menschen will. Und dieser Wille wird menschliches Schicksal. Also dort, wo der Mensch sein Schicksal lieben kann und nicht mehr bewusst oder unbewusst hasst: Dort stimmt der Mensch mit dem kosmischen Willen überein.

In der Suche und Erfahrung dieses Willens, dachte Escherich, muss auch mein Leben bestehen. Denn dieser Wille besteht, auch wenn die Menschengattung scheitert. Dieser Wille hat Kraft für viele neue Gattungen in vielen Welten, in vielen Kosmen. Wer mit diesem Willen übereinstimmt, kann nicht zerstört werden. Die Spur dieses Willens in der Geschichte ist natürlich die Mystik. Dieser Spur muss ich folgen. Und dann dachte Escherich: „Ich muss endlich Mabatschi sprechen. Deshalb bin ich doch hier."

Er rief laut nach Mahagera. Doch alles blieb still. Niemand kam. Er begann wieder zu meditieren, um etwas ruhiger zu werden: Denn was konnte er schon tun?

Und wenn er nicht gestorben ist, dann meditiert er noch heute
und wartet auf Mabatschi…

Übung:
Schreiben Sie einen zweiten Cluster-Text zum Thema „Suche".

5. Kapitel: Das Königreich des Todes

Der Held muss sich in dieser Station auf die Konfrontation mit dem Tod gefasst machen. Er wird überprüfen, wie weit er schon die Kraft hat, diese Station zu bewältigen. Der Lehrer O. stellt sich vor, wie sich sein altes Idol **Rudi Dutschke** und der **Senatsrat Schreber**, der ihm durch Sigmund Freuds Fallgeschichte und Schrebers „Denkwürdigkeiten eines Nervenkranken“ bekannt waren, mit dem Tod auseinandergesetzt haben. Der Lehrer O. hält sich also gegenüber dem Tod auf Distanz und lässt literarische Figuren für ihn kämpfen.

An Rudi Dutschke in der ersten Geschichte lernt der Lehrer O.: Dutschke wurde fast zu Tode erschossen, hat sich aber aus der Vernichtung erhoben und eine neue Form der Politik entwickelt, mit der er sein Schicksal bewältigen konnte.

Der Senatsrat Schreber in der zweiten Geschichte starb als normaler Mensch in seinem Wahnsinn und hat sich als Autor seiner „Denkwürdigkeiten eines Nervenkranken“ wieder als Mensch sichtbar gemacht, wenn auch in stark verzerrter Gestalt.

Rudi Dutschke und Schreber stellen moderne Gestalten des Prometheus dar. Schreber wollte in seinem Wahn eine neue Menschheit schaffen. Dabei **kämpfte er mit seinen inneren Göttern**. Rudi D. wollte nach der gescheiterten Revolte von 1968 die spirituelle Revolution beginnen. Beide hielten ihre Form des Feuers für die Menschheit bereit. Um zu verstehen, wie die Konfrontation mit dem Tod gelingen kann, sollten Sie folgende Übungen machen:

Übungen:

1. ***Stellen Sie sich die Kraft und die Härte eines Prometheus vor, der den Göttern trotzte. Beschreiben Sie ihn.***

2. ***Stellen Sie sich die Sonne vor, wie sie heller und heller wird und alle Schatten und Ängste sich verkriechen. Beschreiben Sie das expandierende Licht.***

3. ***Stellen Sie sich eine Seefahrt vor, die Sie an den Rand der Welt führt und beschreiben Sie dann Ihre Rückfahrt.***

4. ***Entwerfen Sie Helden, die für Sie Ihre Todesangst in einer entsprechenden mythischen Geschichte besiegen.***

5. ***Beschreiben Sie Ihre Gefühle und Ideen, die Ihnen bei der Begegnung mit dem Reich des Todes gekommen sind.***

5.1 Rudi Dutschkes Weg ins Nirwana

Es war einmal der Wissenschaftler Michael Kraushaar, der wollte beweisen, dass Rudi Dutschke, der Studentenführer von 1968, die RAF gegründet hatte.

Kraushaar bezog sich dabei auf ein Vorwort, das Rudi Dutschke seinen Briefen, die ihn nach dem Attentat auf ihn erreichten, vorangestellt hatte.

Rudi hatte geschrieben: „Der Mensch soll objektiv getötet werden, das ist der objektive und subjektive Wahnsinn der Gesellschaft." (R. Dutschke: Briefe an Rudi D. Frankfurt 1970, S. V)

Außerdem hat Rudi mal geschrieben: „Wir sind für die Abschaffung des Krieges, wir wollen den Krieg nicht. Aber man kann den Krieg nur durch den Krieg abschaffen. Wer das Gewehr nicht will, muss zum Gewehr greifen." (R. Dutschke, Vorwort zu Che Guevara: Schaffen wir zwei, drei viele Vietnams. Berlin 1967, S. 3)

Rudi Dutschke soll den bewaffneten Aufstand beschworen haben, schreibt Kraushaar (vgl. ders.: Rudi Dutschke, Andreas Baader und die RAF. Hamburg 2005, S. 41)

Rudi Dutschke soll im Februar 1966 den Aufbau einer „ruralen Guerilla" propagiert haben. Aber richtig ist, dass Dutschke ein politischer Gegner der RAF war. Er lehnte die RAF ab, weil sie mit ihren Aktionen die „Zerstörung der kritisch-materialistischen Vernunft betrieb." Er schrieb in einem Interview. „Terrorismus ist reiner Mord: Er ist gegen die sozialistische Ethik." Dutschke sagte gegen die RAF: „Sie wollen töten."

Damit war es Dutschke aber nicht genug. In den Jahren in Dänemark bis zu seinem Tod hat er sich mit dem Buddhismus befasst und in seinem Todesjahr 1980 unter dem Pseudonym Konchok Dorje das Buch „Marxismus und Meditation" erscheinen lassen (München 1980). In diesem Buch schreibt er, dass der Buddhismus aus Amerika nach Europa kommt und in der „grünen Welle seinen Platz finden wird" (S. 31). Die westlichen Arbeiter leben im Wohlstand und werden sich nicht zum Klassenkampf motivieren lassen. „Hammer und Sichel werden deshalb durch die rote Nelke zu ersetzen sein." (S. 35) Der politische Kampf verschiebt sich von der politischen auf die kulturelle Ebene. Der Mensch muss nicht von der Gesellschaft, sondern in der Gesellschaft befreit werden. Eine kulturelle Revolution steht an. Wir brauchen eine Theorie und Praxis der individuellen Befreiung (S. 43). Es geht um die ganzheitliche Entwicklung der Persönlichkeit (S. 51). Die marxistische Revolutionselite ist erledigt. Der Kult des Ego ist erledigt. Wenn der Unternehmer endlich sozial ist, kann er auch ein roter Unternehmer sein. Die asiatische Religion des Buddhismus kann sich mit dem Marxismus der industriellen Metropo-

len versöhnen. Viele Anhänger der Meditation können Sozialisten werden, schreibt Rudi Dutschke.

Aus der spontanen Massenbewegung, die der Druck des Kapitalismus erzeugt, werden Zentren und Netzwerke der Meditation hervorgehen, die das bürgerliche Ich überwinden. Erst dann wird der Schritt zum Sozialismus ein Schritt der Befreiung und nicht die Errichtung einer neuen bürokratischen Diktatur.

Wer meditiert, schreibt Konchok Dorje, alias Rudi Dutschke, wird sozialer werden. Die Meditierenden verkaufen sich nicht. Sie werden nicht korrumpiert. Politisch zu kämpfen und zu meditieren ist kein Gegensatz. „Für beides ist Zeit genug." (S. 81) Die Meditation macht politisch aktiver, weil sie weniger subjektiv macht. Die Veränderung der Eigentumsverhältnisse schafft nicht automatisch freie Menschen. „Der Egoismus der Massen und unserer selbst wird nicht von selbst völlig verschwinden." (S. 85) „Nicht das Kapital, das Ego ist der gefährlichere Feind", schreibt Dutschke. Die persönliche Frustration wird nicht vom Sozialismus, sondern nur durch Meditation bewältigt. Besonders junge Proletarier interessieren sich für Meditation. Das ist ein gutes Zeichen. Eine neue Produktion umfasst nicht nur die Betriebe und den Staat, sondern auch die Seelen. Erst unsere Selbstverwirklichung und Ich-Befreiung sind ein echter Beitrag für den sozialen Fortschritt (S. 94). Meditation rettet das Selbst, das im terroristischen Kugelhagel bloß zerfetzt wird. Unsere besten Intentionen werden von späteren Generationen fortgeführt. Das Paradies am Ende der Geschichte entsteht heute schon in den Herzen.

Der Hass unter den Linken muss überwunden werden und der Hass auf die bloßen Opfer des Systems. Arbeiter finden nicht automatisch zum Sozialismus, nur weil eine Klassenherrschaft durch eine andere ersetzt wird. Der Kern der Befreiung heißt: Befreiung vom Ego. Buddhismus und Marxismus gehen zusammen. Das zeigen die Befreiungsbewegungen in Asien. Marx war kein Feind des Buddhismus. Mögen alle Menschen ihre Subjektlosigkeit erkennen und zusammen glücklich werden, schreibt Rudi Dutschke am Schluss seines Buches (S. 172).

Am 11. April 1968 wurde Rudi Dutschke durch drei Schüsse schwer verletzt. 1972 wird die erste Generation der RAF festgenommen. 1974 beginnt Rudi Dutschke mit seiner Meditationspraxis in der Art der buddhistischen Achtsamkeitsmeditation. Rudi stößt 1977 zur „Grünen Bewegung", die in der Anti-Kernkraft-Bewegung Massen mobilisiert und die „Gattung" gegen den Atomtod aktiviert, statt sie in Klassen zu spalten. 1979 findet Rudi Anschluss bei den Bremer Grünen. Er steht nun Rudolf Bahro nahe, der sich mehr und

mehr für einen spirituellen Sozialismus einsetzt. Als Rudi Dutschke am 24. Dezember 1979 in Aarhus (Dänemark) in der Badewanne ertrinkt, war er schon lange auf dem Weg ins Nirwana.

Wenn Michael Kraushaar das nicht begreift, wird er,
bis er gestorben ist, einen falschen Dutschke propagieren…

Übung:
Scheiben Sie einen ersten Cluster-Text über Ihre „Begegnung mit dem Königreich des Todes“.

5.2 Der Kampf mit den Göttern

Es war einmal der Geheimrat Schreber, der lebte in einem Land mit einem starken Kaiser, der auf Krieg aus war. Schrebers Schicksal war aber nun nicht der äußere Krieg, sondern der innere. Er musste den Weg nach innen gehen und mit Göttern kämpfen. Das war für die atheistische Zeit der großen Industrie etwas Besonderes, denn die Götter waren eigentlich schon tot.

Schreber hat sich immer sehr bemüht, ein tüchtiger Jurist zu werden. In der Kindheit wurde er mit Erziehungsmaschinen traktiert, die sein Vater, der Erfinder der Schrebergärten, en gros vertrieb. Schreber wurde Richter und Abgeordneter in einem großen Parlament, dann wurde er abgewählt. Seine Frau hielt ihn für einen Versager, ebenso viele Wähler. Schreber erlebte dann die erste Erfahrung auf dem Weg nach innen, der ihm sich auftat, als der Weg nach außen verbaut war. Er erlebte, wie er sich selber spaltete. Er machte sich zum Narren, schlief nicht mehr und schrie und machte Anstalten, seine Mitmenschen zu bedrohen. Innerlich fühlte er sich jedoch als Heiland, als großer Held, der eine wichtige Aufgabe hatte. Für Schreber bestand nun Gott aus Nerven, die mit seinen Nerven verbunden waren. Die Sonne sprach in menschlichen Worten zu ihm (Daniel Paul Schreber: Denkwürdigkeiten eines Nervenkranken. Berlin 1973, S. 73).

Die Sterne und die Sonne waren nun Gottes Augen. Die Seele der Menschen wanderte für ihn, der in der Psychiatrie festsaß, von Planet zu Planet. Aber ewiges Leben war keiner Seele vergönnt (S. 80).

Dann ging Schreber in einem großen ozeanischen Gefühl unter. Er erkannte zwei Götter als Ursachen der Welt. Der niedere Gott war Ariman, der obere Gott war Ormuzd. Diese Götter waren rassistisch. Der niedere Gott war für die Semiten zuständig, der höhere Gott kümmerte sich um die Arier (S. 81). Aber der untere Gott kümmerte sich besonders um Schreber, und das hatte schreckliche Folgen, nämlich den Untergang der ganzen Erde (S. 90).

Von 1884–1885 dauerte Schrebers erste Krankheit, ab 1893 ging es in der Psychiatrie wieder los. Schreber entwickelte die Vorstellung, es sei besser, eine Frau als ein Mann zu sein. Diese sich anbahnende Wandlung ging mit starken Angstgefühlen und Schlafstörungen, Schüttelfrost und mehreren Selbstmordversuchen einher. Er versuchte, sich mittels seines Betttuches an der Bettstelle aufzuhängen (S. 99). Die Besuche seiner Frau in dem Wüstenland, in dem Schreber nun lebte, nahmen ab. Er geriet in völlige Einsamkeit, die nur durch die Gespräche mit seinem Psychiater Prof. Flechsig unterbrochen wurden. Schreber gewann den Eindruck, dass Flechsig ihn verfolge, vielleicht auch sexuell missbrauchen wolle. Schreber hörte nun immer mehr Stimmen, die ihm zur „Entmannung“ rieten und forderten, er solle ein „Geister-Seher und

Prophet“ werden. Er litt lange Zeit am Denkzwang und konnte sich nicht von dem Gedanken befreien, dass seine Gedanken kontrolliert würden (S. 104).

Seine Entmannung schien beschlossene Sache, weil ein Weltuntergang bevorstand und „eine Erneuerung des Menschengeschlechts durch die neue Frau Schreber ermöglicht werden musste“ (S. 107). Der Weltuntergang würde durch Seuchen entstehen und durch Erdbeben und Überschwemmungen oder durch eine neue Eiszeit.

Zeiten später war sein Körper tatsächlich in einen weiblichen Körper verwandelt und wurde „den entsprechenden Menschen der Psychiatrie zum geschlechtlichen Missbrauch überlassen und dann einfach liegengelassen“ (S. 111). Schreber versuchte sich tot zu hungern und wurde deshalb zwangsernährt. Er versuchte sich in der Badewanne zu ertränken und wurde gerettet. Professor Flechsig sprach zu Schreber: „Wir werden Dich lebendig begraben und damit Deinem Leben ein Ende machen.“ (S. 113) Aber alle Versuche, ihn dem „Seelenmord“ zu unterwerfen, scheiterten, weil „die Weltordnung auf seiner Seite stand, der selbst die Götter unterworfen waren“.

Schreber schreibt in seinen „Denkwürdigkeiten“, die er nach dem erneuten Verlassen der Psychiatrie 1902 schrieb: „Gott kann dasjenige nicht vollbringen, was seinen Eigenschaften widerspricht.“ (S. 115f.) Aber die übersinnlichen Dinge drangen in der Zeit seiner zweiten Krankheit immer stärker auf ihn ein. Er erlebte „eine heilige Zeit“. Er war sich bewusst, dass er in seinen Erlebnissen die Philosophie seiner Zeit, nämlich Ernst Haeckels natürliche Schöpfungsgeschichte, Casparis Urgeschichte der Menschheit, die Philosophie des Eduard von Hartmann als Erzpessimisten, verarbeitete. Er hatte nämlich diese Philosophen „wiederholt gelesen“ (S. 118). So hörte er von seinen Stimmen, dass bestimmte Planeten überflutet und aufgegeben werden mussten. Auch bestand die Gefahr, „dass das ganze Sonnensystem abgehängt werden müsse“. In 200 Jahren würden diese Abhängungen passieren, sagten die Stimmen.

Schreber aber glaubte, dass die Welt eigentlich schon untergegangen wäre. Er schreibt: „Ich halte mich für den einzig noch übrig gebliebenen Menschen und alle anderen Lebenden nur noch für flüchtig hingemachte Männer.“ (S. 124) Er selbst fuhr in einem Fahrstuhl in das Innere der Erde und machte dabei die ganze Geschichte der Menschheit oder der Erde rückwärts wieder durch. Ein anderes Mal baute Schreber ein großes Schloss zum Schutz der Gattungreiche gegen eine sich heranwälzende Meeresflut. Ein weiteres Mal wurde er hoch in den Himmel versetzt und sah die schöne Erde aus größter Höhe. Sein Kopf war oft von Strahlen umflossen wie bei einem Heiligen. Manchmal war er sich sicher, auf dem Phobos, einem Trabanten des Planeten Mars zu leben (S. 128). Aber Gott, der sich früher weit von der Erde entfernt hatte, war nun gezwungen, sich näher zur Erde und mehr Schreber zuzu-

wenden. Andere Planeten waren für Schreber sicher dem Untergang geweiht worden. Die Seuchen, die die Erde befielen, erlebte Schreber als Ausbruch der Lepra, und er sagte oft: „Ich bin die erste Lepra-Leiche und führe eine Lepra-Leiche." (S. 141) Das Aufschreiben seiner „Denkwürdigkeiten" wurde für Schreber von Wesen praktiziert, die auf entfernten Weltkörpern sitzen und auch menschliche Gestalt annehmen können.

Aber bald erlebte er nachts die Erscheinung des niederen Gottes Ariman. Der sprach mit einer überirdischen Sprache und war von überwältigender Schönheit, so dass Schreber bis ins Mark und Bein erschüttert wurde (S. 176). Auch Ormuzd, der höhere Gott, erschien und war wie die Sonne. „Es war die Sonne … umflossen von einem silberglänzenden Strahlenmeer." (S. 177)

Schreber hatte nun die Vorstellung, er müsse eine der schwierigsten Aufgaben lösen, die je einem Menschen gestellt wurde. Er sollte nun um die höchsten Güter der Menschheit kämpfen (S. 184). Dafür wurde sein Herz ausgetauscht und seine Lungen heftig angegriffen. Seine Rippenknochen wurden zerschmettert und nach einiger Zeit wiederhergestellt. Auch litt er an Engbrüstigkeit und glaubte zu ersticken. Schreber war sich aber sicher, dass er im Schutz von Gottesstrahlen lebte und überhaupt unsterblich sei. Aber auch sein Kopf wurde ständig unter Druck gesetzt. Kleine Männer hatten den Auftrag, ihm „das Rückenmark auszupumpen" (S. 191). Muskeln und Augen unterlagen durch die Gottesstrahlen ständiger Schädigung. Als die Kraft der Strahlen nachließ, glaubte Schreber, der „Höllenfürst" sei dafür verantwortlich. Oft glaubte Schreber selbst, der Höllenfürst zu sein und dazu verurteilt, von Gott als übelster Feind zerstört werden zu sollen (S. 198). Schreber schaffte sich aber dadurch Erleichterung, dass er jahrelang Klavier spielte. „Während des Klavierspiels waren dann die elenden Stimmen übertäubt." (S. 202)

Schrebers Körper verweiblichte sich nun immer mehr. Er wurde tatsächlich entmannt, um „die Befruchtung durch göttliche Strahlen die Erschaffung einer neuen Menschheit zu bewerkstelligen" (S. 208). Jeden Tag verbrachte er deshalb vor dem Spiegel zur Pflege seines Körpers. Der untere Gott Ariman beschoss Schreber nun mit Gottesstrahlen, während der obere Gott Ormunzd in größerer Entfernung verblieb (S. 211). Der niedere Gott war freundlich zu Schreber, der obere Gott feindlich. Die Pfleger in der Psychiatrie waren immer feindlich, und Schreber musste mit ihnen oft durch Boxen und Toben wilde Kämpfe ausführen. Die Folge war, dass Schreber schließlich zweieinhalb Jahre in einer Tobsuchtszelle, die durch hölzerne Läden total verfinstert wurde, in Gefangenschaft verbringen musste. In dieser Dunkelheit konnte er kaum schlafen, wenn der untere Gott sich von ihm als neuer Gottesmutter länger zurückzog. Er erfand deshalb das „Brüllwunder", ein schauriges Grölen, das durch die Nächte schallte und die Ärzte beunruhigte. Am Tage sprach dann Schreber mit den Vögeln, deren Sprache er ganz gut verstand.

Der Darwin'schen Evolutionstheorie konnte Schreber nichts abgewinnen, denn der Mensch verwandelt sich für Schreber nach seinem Tod wieder in Gott (S. 259). Allerdings ist Gott beim Schaffen der Welt vom Wetter abhängig. Schreber beobachtete nämlich auch Drachen und weiße und schwarze Bären in seiner Tobsuchtszelle, außerdem fühlte er sich ständig von schwarzen Schatten verfolgt (S. 267). Nach der Neuschöpfung der Welt, so erkannte Schreber, zog Gott sich „in ungeheure Entfernungen von der Erde zurück" (S. 269). Mit dieser Idee war es Schreber möglich, Kants Kosmologie der Entstehung der Welt aus dem Urnebel zu akzeptieren. Schreber glaubte nun, dass er für Gott der einzige Mensch geworden ist, um den sich alles dreht und auf den alles, was geschieht, bezogen werden muss. Aber Gott ist nicht befugt, den Menschen den Verstand zu zerstören, schreibt Schreber, das ist gegen die Weltordnung, der auch die Götter unterliegen.

Gott bleibt an Schreber gebunden, da war er sich sicher. Die Wollust, die Gott Schreber jede Nacht verschaffte, um neue Menschen zu schaffen, stellte natürlich alle Moral auf den Kopf. Entmannungen von Männern, zum Zwecke der Schöpfung neuer Menschen, schienen aber in der Geschichte des Kosmos schon öfters stattgefunden zu haben.

Bis zum Ende seines Lebens wollte Schreber als Frau leben. Er würde an Altersschwäche sterben. Schreber weiß natürlich nicht, was aus Gott wird, wenn Schreber tot ist (S. 300). Schreber glaubte, dass seine Gotteserlebnisse „eine Umwälzung in den religiösen Anschauungen der Menschheit herbeiführen wird, die in der Geschichte ihresgleichen sucht" (S. 302). An seinem Sterbelager würden besondere Erscheinungen stattfinden. Schreber plädierte für eine Feuerbestattung. Er war sich am Ende sicher, dass der Kampf zwischen Schreber und Gott immer an Schärfe verlieren und schließlich „in eine vollkommene Solidarität ausklingen würde" (S. 356).

Eine Befreiung von seinen Gotteskämpfen hat Schreber nicht erlebt. Er starb in der Psychiatrie. Ein neues reales Ich hat er am Ende seiner Seelenreise nicht ausbilden können. Die Schatten des Unbewussten haben ihn bis zum Schluss in ihrer Gewalt gehalten. Als Sigmund Freud sich für Schreber interessierte, war der schon tot. Schreber war den Weg des „Heros in 1000 Gestalten" (J. Campbell) gegangen, ohne wiederzukehren.

Er ist also gestorben und lebt heute nicht mehr....

Übung:
Schreiben Sie einen zweiten Cluster-Text über Ihre „Begegnung mit dem Königreich des Todes".

6. Kapitel: Die Konfrontation mit dem Teufel

Der Held muss in dieser sechsten Station des Heldenweges sich mit dem Teufel auseinandersetzen. Die Begegnung mit dem Teufel wird für den Lehrer O. die Begegnung mit seinem Vater und dessen Beteiligung an der Kesselschlacht in **Stalingrad**, die zur Wende des faschistischen Krieges im Osten gegen die Sowjetunion wurde. Dabei verloren fast 200.000 deutsche Soldaten ihr Leben, weil der Führer ihnen den Ausbruch aus dem Kessel verboten hatte und einen „Untergang der Nibelungen“ in Russland inszenieren wollte. Für den Lehrer O. wird sein Vater, ein hoher faschistischer Offizier, zum Begleiter in das Inferno. Stalingrad, das ist für den Lehrer O. die Metapher des Bösen, der Vernichtung und der Zerstörung.

Der Lehrer O. musste beim Schreiben seines Stalingrad-Textes an Dantes „Göttliche Komödie“ denken. Ihm war der erste Teil der göttlichen Komödie „Die Hölle“ wieder sehr präsent. Der zweite Teil „Der Läuterungsberg“ kam ihm schon viel schwächer zu Bewusstsein. Der dritte Teil „Das Paradies“ wurde ihm zum Tribunal, auf dem kein Recht gesprochen wird und keine Sühne gelingt, sondern das Absurde an der Geschichte in Erscheinung tritt.

Beim Schreiben der Geschichte „Stalingrad“ fühlte sich der Lehrer O. wie der Prophet Jona im Wal. Aber das Happyend blieb mager. Nur etwas wie paradoxer Humor kam auf, als er den Hitler auftreten ließ.

Dürers Bild von den apokalyptischen Reitern suchte den Lehrer O. beim Schreiben heim und zeigte, wie stark ihn das Absurde berührte. Aber der Lehrer O. erlebte auch, „wie man die Dinge mystisch durch das Wort bannen kann“ (Gottfried Benn).

Übung:
Schreiben Sie auf, welche Gefühle und Ideen das Wort „Stalingrad“ in Ihnen auslöst. Schreiben Sie auf, wie Sie am besten mit diesen Gefühlen und Ideen heute fertig werden können.

6.1 Stalingrad

Es war einmal der Schüler Richard, der wollte unbedingt am ersten Weltkrieg teilnehmen. Sein Vater war strikt dagegen. Als Pfarrer hielt der sich an die Gebote. Doch der Sohn schaffte das Notabitur. 1914 war er beim ersten Schuss in Frankreich dabei. Das Elternhaus lag hinter ihm. Die Schlacht lag vor ihm. Er hatte ganz einfache nationalistische Ideen. Es ging gegen den Erbfeind. Paris sollte schnell erobert werden, so sah es der Kaiser, so wollten es die Großgrundbesitzer und die Schlotbarone. Es gab einfach zu wenig Kolonien. Das war für das Kapital nicht gut. Bald lief der Krieg sich fest. Stellungskrieg. Vor Verdun. Eine Million Tote auf beiden Seiten. Es war in Stahlgewittern. Panzer rollten. Kanonen krachten. Menschen starben zuhauf.

Richard erhielt einen Bauchdurchschuss. Er lag zwei Tage im Stacheldraht. Wurde gerettet und beendete den Krieg als Leutnant, nach zwei Jahren Gefangenschaft in England. 1920 kam Richard wieder nach Hause, ins kleine Dorf nach Niedersachsen. Seine Mutter war gestorben, seine Freundin hatte der Vater geheiratet, der Pfarrer. Seine Schwester war in China. Sein Bruder studierte. Richard ging zur Polizei, trat in die Hitlerbewegung ein, wurde dann Reviervorsteher in Berlin für drei Jahre. Dann kam der Führer an die Macht. Der zweite Weltkrieg ließ auch nicht lange auf sich warten.

Richard trat als Major in den Krieg ein. Zuerst in Frankreich. Beim Sturm auf die Höhe 277, fünf Kilometer südlich von Sedan, in der Nähe des Mont Dieu, war der Oberstleutnant Richard so tapfer, dass er mit gezogenem Revolver die Höhe 277 stürmte und die Infanterie ihm folgte. Richard wurde als tapferer Offizier später mit dem „Ritterkreuz zum eisernen Kreuz" ausgezeichnet. Richard machte die übliche Offizierskarriere, wurde bald Oberst, kam zum Feldmarschall von Mannstein, nahm an der Schlacht um Stalingrad teil, erlebte den Tod von 200.000 Soldaten, erlebte die Ermordung von 80.000 Juden durch die Wehrmacht in der Ukraine, dachte, dass der Führer strategische Fehler begangen hatte, glaubte aber an dessen Vorsehung, sah den Mantel Gottes über den Schädelstätten wehen, glaubte sich im Recht, glaubte dem Gefreiten, bis zum Ende.

Richard kam in russische Lager nach dem Ende des zweiten Weltkrieges. Er lebte zehn Jahre im Lager der Sowjets, ehe er 1953 entlassen wurde, zu seiner Familie zurückkam und dort noch Jahre aushielt, ehe er 1984 in hohem Alter starb. Alles schien soweit in Ordnung. Ein ganz normaler deutscher Lebenslauf. Doch Richard hatte nicht mit dem Himmel gerechnet.

Im Himmel wurde das Thema Stalingrad, die Einkesselung der 6. Hitlerarmee durch die Rote Armee und die Tötung von 200.000 faschistischen Soldaten aufgerollt.

Ein erster Berichterstatter gab zu Protokoll:

„Am 25. Januar 1943 hatte jede geregelte Verpflegung der 6. Armee im Kessel von Stalingrad aufgehört. Es gab nur noch eiserne Reserven für die von den Russen eingeschlossene Armee. Der Führer hatte jeden Ausbruchsversuch verboten. Als Gefreiter war Hitler der fanatische Vertreter des Stellungskrieges. Stalingrad sollte um jeden Preis gehalten werden. Die Soldaten und ihr Schicksal waren dem Führer völlig egal. Überall lagen schwer Verwundete in der Stadtmitte von Stalingrad. Die wenigen Ärzte waren außer Stande Ordnung in das Chaos zu bringen: Kein Verbandsmaterial, keine Medikamente, keine Verpflegung. Die Toten wurden an den Außenseiten der Gebäude meterhoch aufgestapelt. Dazu die eisige Kälte und ständig über die kalten Steppen treibender Schnee. Unvorstellbar, was hier das Auge sah. Es war die Hölle auf Erden. Es begann der Endkampf bis zur letzten Patrone. Die von Göring angekündigten Flieger kamen nicht durch. Die Mannstein-Armee blieb im Schnee stecken. Um nicht in Gefangenschaft zu geraten, stiegen die Offiziere auf die Bahndämme und ließen sich vom Feind mit Kopfschuss liquidieren."

Der zweite Berichterstatter sagte:

„Es gab viele Soldaten und Generäle in Stalingrad, die in Weltuntergangsstimmung um Erlösung winselten. Aber es gab auch reine Automaten, die jeden erschossen, der nicht den Befehlen gehorchte. Der Eid war vor Gott gesprochen, auch wenn er einem Verbrecher geschworen worden war. Aber das änderte nichts. Denn auf den Koppelschlössern der Soldaten von Stalingrad stand ‚Gott mit uns'. Stalingrad, dieser Ort des Schreckens, war ein irdisches Fegefeuer. Wer hier Kraft im Gebet suchte, fand sie nicht mehr. Verzweiflung schlug um in Lethargie. Der Todeskampf der 6. Armee war eine Geschichte unsagbaren Leidens und Sterbens. In 72 Tagen Belagerung überlebten von 200.000 Mann im Kessel nur 120.000 und von den 90.000 Gefangenen kehrten nur 5.500 nach Deutschland zurück."

General von Seydlitz, der im Kessel von Stalingrad aushielt, ergänzte:

„Der Befehl hieß: Wer kapituliert, wird erschossen. Wer mit den Russen verhandelt, wird erschossen. Wer die weiße Fahne zeigt, wird erschossen. Wir nahmen diese Befehle schweigend hin. Wir unterhielten uns über den Selbstmord. Wir hörten, der Führer hatte uns den Selbstmord verboten. Trotzdem griff der Selbstmord wie eine Seuche um sich. Ich vertraute aber auf das Schicksal, dem ich immer gefolgt war."

Da meldete sich der Feldmarschall von Mannstein zu Wort und sagte:

„Hitler hat durch seine Verzögerungstaktik Stalingrad auf dem Gewissen. Er hatte den Oberbefehl. Er hat die Entwicklung der Atomwaffe und der großen Raketen stark behindert. Hitler glaubte nur an seine Sendung. Ein solcher Glaube führte zu einer inneren Starrheit und zum Glauben, dass sein Wille am Ende siegen würde. Er identifizierte sich tatsächlich mit Napoleon. Wie Stalin hielt er jede erreichte militärische Position und verbot deren Aufgabe. Dem Vorschlag der Generäle hörte er nicht zu. Hitler setzte immer auf Gewalt statt auf Geist, das hat mich sehr geschmerzt. Verluste waren für Hitler nur Zahlen, die die Kampfkraft verminderten. Menschlich hat ihn das nicht weiter berührt. Hitler graute es vor dem Krieg, den er selbst angezettelt hatte. Er verlor jede Kraft der Selbstwahrnehmung und der Selbstkontrolle. Von seinem Schreibtisch am Obersalzberg aus wollte er alles übersehen, besser als die Generäle in den Schützengräben. Hitler wurde leicht hysterisch. Er beeindruckte durch charmante Gesprächsführung. Wir waren an den Eid gebunden."

Von Mannstein wollte weiter reden, doch im Himmel hat Gott das Sagen und nicht der Führer, und Gott griff ein. Gott sagte:

„So geht es nicht. Ihr schiebt alles auf den Führer. Ihr habt doch selber Schuld auf Euch geladen. Ich will nur mal aus dem Kriegsverbrecherprozess gegen Mannstein zitieren: Mannstein, Sie haben den Kommissarsbefehl ausgeführt und alle politischen Kommissare der Roten Armee sofort erschossen. Auf der Krim ließen Sie Partisanen liquidieren, zu Tausenden. Sie haben 80.000 Juden erschießen lassen. Sie haben den Tod vieler Kriegsgefangener auf dem Gewissen. Auf dem Rückzug benutzten Sie die Kriegsgefangenen als Sklaven zum Bau von Verteidigungsanlagen, beim Minenräumen, beim Brückenbau, beim Ausheben von Stellungen. Sie forderten von der Luftwaffe die Bombardierung russischer Stellungen und Städte."

Von Mannstein wurde ganz grau im Gesicht.

„Das alles habe ich nur getan, um Deutschland zu retten. Das Vaterland. Die Ehre des deutschen Soldaten erforderte dieses Handeln. Mein Eid band mich an den Führer.

Die Russen waren die Untermenschen, nicht wir. Dazu ein Beispiel: Ich sah die Fotografie eines gekreuzigten Geistlichen, dessen Eingeweide heraushingen. An der Wand, hingeschmiert mit Blut, stand: ‚Jetzt bitte Deinen Gott Dir zu helfen.' Wenn die Russen ein Lazarett eroberten, geschahen solche grauenhaften Dinge. Die sowjetische Auffassung von einer Weltrevolution setzte sich über alle bürgerlichen Gesetze hinweg, auch über die Haager Kriegskonvention. Stalin hatte erklärt, dass der Krieg in Russland ein besonderer Krieg war, ein

Krieg, der sich nicht auf Armeen beschränkte. Alle Anschuldigungen gegen mich sollen nur den Ruf der deutschen Armee ruinieren. Die deutschen Soldaten haben in Stalingrad nicht wie die Wilden gekämpft. Ich bin der Held meines Volkes und werde es bleiben. Meine Soldaten und auch Richard haben mich geliebt. Ich bin heute alt. Meine Pension ist gestrichen. Mein Vermögen ist beschlagnahmt. Ich bin ein armer Mann. Mein Land ist besiegt. Ich leide mit ihm. Ich wurde völlig zu Unrecht zu 18 Jahren Gefängnis verurteilt. Ich hatte oft im Krieg das Gefühl, in Gottes Hand zu sein. Ohne dieses Gefühl hätte ich niemals meine Nerven behalten. Die Nazis dagegen wollten das Christentum vernichten. Religiöse Menschen wurden im Hitlerreich Einzelgänger, und ich neige auch dazu, mich abzusondern. Von Konzentrationslagern und Judenverfolgungen wusste ich nichts. Von Rassenpolitik verstehe ich nichts. Von der Demokratie habe ich nie etwas gehalten."

Nun wurde Gott ungemütlich:

„Ich habe doch die Welt nicht geschaffen, damit Leute wie Hitler und Sie meine Schöpfung ruinieren. Im riesigen All brauche ich 3,5 Milliarden Jahre, damit der Mensch erscheinen konnte, und Sie benutzen die Erde für Ihre Selbstzerstörungskünste in wenigen Jahren."

Da meldete sich Richard, der bis dahin geschwiegen hatte:

„Ich habe nur drei Fragen: 1. Gibt es einen Gott? 2. Hat Gott Stalingrad genehmigt? 3. Wo ist Hitler?"

Gott lachte:

„Sie sehen, meine Herren, dass es mich gibt. Eine Kraft von unendlicher Kraft gibt es natürlich, sonst gäbe es doch eine größere Kraft, die die Kraft hätte zu sein. Sie sehen, es gibt einen Willen. Wo der Wille ist, da ist auch eine Quelle, der unbewusste Beweger. Ich will nun weitere Gottesbeweise hier nicht anführen. Das gehört sich für einen Gott nicht. Dass ich Stalingrad genehmigt habe, ist eine Unterstellung. Sie dürfen Gott nichts unterstellen. Und Hitler? Hitler ist auch hier im Himmel. Er wird bald zu Ihnen sprechen."

Richard schluckte. Gott war doch sehr eindrucksvoll. Aber Richard ließ nicht locker:

„Es waren 200.000 Tote, das kann doch nicht so einfach passieren!"

Da griff von Mannstein ein:

„Im Krieg ist schließlich nichts sicher. Hitler hat Schuld. Er machte die Menschen zu seinen Werkzeugen. Wir als Soldaten hatten nur die Aufgabe, Kriege und ihre Zerstörung zu begrenzen. Diese Begrenzung der Zerstörung, das ist unser Ziel als Feldmarschall."

Da antwortete der General von Seydlitz:

„In Stalingrad erkannte ich, dass Deutschland untergehen wird. Dabei gab es keine Grenzen des Elends. 72 Tage Kampf im Kessel. Eine wahrhaft verratene und verlassene Armee."

Richard griff nun wieder ein:

„Wir waren doch alle Opfer des Gefreiten Hitler. Ich habe seit meiner Jugend für die Sicherung des Reiches gekämpft. Ich habe meine Kinder und meine Frau vernachlässigt. Ich habe drei Bauchschüsse verkraftet. Ich habe dem Führer geschworen."

Gott wurde nun sauwütend:

„Was haben Sie denn immer mit diesem Hitler? Das war doch eine militärische Null, ein hysterischer Kerl, ein einfacher Demagoge."

Richard fasste sich Mut. Er sagte zu Gott:

„Aber Du hast ihn doch geschaffen! Du hast Stalingrad geschaffen! Du hast zugelassen, dass zwei Weltkriege stattfanden mit 50 Millionen Toten und Auschwitz mit sechs Millionen Toten. Allein elf Millionen tote deutsche Soldaten hat es gegeben. Das alles ist doch Dein Werk!"

Gott war gelassen:

„Ihr Menschen seid frei. Ihr handelt nach Eurem Willen. Ihr seid grundböse, seitdem es Euch gibt. Ich habe schon zweimal versucht, Euch auszurotten, durch Sintflut und jüngstes Gericht. Es hat aber nichts gefruchtet. Ich fürchte mich vor Euch."

Da hielt es von Mannstein nicht mehr aus:

„Ich will, dass der Führer kommt."

Der Führer kam. Er sagte nur knapp:

„Ich habe keine Schuld. Es war Stalin und die Engländer. Ich wollte nur die Deutschen retten. Als sie es nicht geschafft haben, wollte ich alle Deutschen umbringen. Das ist meine Schuld, weil ich nämlich das nicht geschafft habe."

Da lachte Gott:

„Ihr seht also: Ihr versteht die Weltgeschichte nicht. Ihr versteht mich nicht. Ihr seid alles Idioten. Ich werde den Himmel jetzt schließen."

Und der Himmel zerplatze wie eine Seifenblase.

Und Richard war völlig erstaunt über so viel Absurdität. Richard flog durch das Weltall und wunderte sich.

Und wenn er nicht gestorben ist, wundert er sich noch heute...

Übung:
Schreiben Sie einen Cluster-Text zum Thema „Konfrontation mit dem Teufel".

7. Kapitel: Die Wiedergeburt

Der Held hat sich in die Tiefen seiner Angst begeben. Er soll nun wiedergeboren werden und die Todesangst überwunden haben. Der Lehrer O. hat lange über den **Himmel** meditiert. Er stellte sich einen Stern vor, ein Mandala und die Sonne. Er benutzte dabei das autogene Training der Oberstufe. Dabei fiel ihm die Idee der Versammlung der Religionsstifter ein und ihre Aufgabe: Wie kann die Welt gerettet werden, wie kann die Welt nach ihren größten Krisen wiederauferstehen?

Der Lehrer O. erkannte dann die Kraft der östlichen Religionen, die von der Liebe zur Erde handeln. Er bekam etwas Distanz zu den westlichen monotheistischen Religionen, die ihre Apokalypsen und Weltuntergänge sorgsam pflegen. Der Lehrer O. verstand: Der rettende Geist kommt aus dem Osten. Der Osten wird hell, wenn sich der Westen in die Dunkelheit begibt.

Der Lehrer O. begriff, in einer globalisierten Krise muss man sich auf die positiven Seiten der Weltkultur, und der Weltmythen stützen, auf die Prometheusgestalten Asiens: Konfuzius, Laotse und Buddha.

Übung:
Schreiben Sie Ihre wichtigsten Ideen auf, wie die Welt zu retten ist.

7.1 Im Himmel

Es war einmal ein Himmel des Friedens. Dieser Himmel bemerkte, dass auf der Erde ein Weltkrieg mit Atombomben drohte. Da dachte der Himmel: Hier muss beraten werden, um den Untergang der Erde zu verhindern. Der Himmel rief **die Gründer aller Weltreligionen** zusammen. Da kamen Zarathustra, Abraham, Konfuzius, Laotse, der älteste aller Brahmanen, Buddha, Jesus und Mohammed.

Sie waren etwas nervös, weil sie einen üblen Konkurrenzkrieg witterten. Das lehnten sie ab. Sie wollten im Himmel doch ihre Ruhe haben. Aber der Himmel hatte keine Nachsicht. Er glaubte, wer Weltreligionen in die Welt gesetzt hatte, müsste sich auch um die Welt kümmern, wenn diese in der Gefahr war, zur Hölle zu fahren.

Die großen Stifter saßen also zusammen, als der Himmel die Frage aller Fragen stellte:

„*Wie kann Eure Weltreligion die Zerstörung der Erde verhindern?*“

Die Stifter waren erschrocken. Mit einer drohenden Vernichtung der Welt hatten sie so schnell nun doch nicht gerechnet. Aber da gab es natürlich Unterschiede, da gab es Differenzen.

Der Himmel sagte: „*Also nun mal der Reihe nach. Gebt Eure Antwort.*“

Zuerst äußerte sich der älteste Religionsstifter **Zarathustra**, der Begründer der persischen Staatsreligion, die mit dem Untergang des Perserreiches auch bis auf wenige Reste untergegangen war:

„*Die Welt ist ein Kampf zwischen Gut und Böse.*
Der Endkampf wird kommen und das Gute wird siegen.
Dann ist die Welt ewig gerettet.“

Der Himmel blieb völlig unparteiisch. Er sagte nichts. Er forderte nun Abraham auf, seine Antwort zu formulieren.

Abraham murmelte erst etwas in seinen langen Bart, und dann sagte er:

„*Ich will hier Hiob anführen.*
Der hat alle Prüfungen und Leiden bestanden.
Also sollte die Welt wie Hiob alle Leiden bestehen.“

Der Himmel war überrascht:

„Es geht um die Verhinderung eines Atomkrieges mit achtfachem Overkill!
Also das Hiob-Beispiel hilft uns hier überhaupt nicht weiter.“

Diese Antwort ärgerte **Abraham**:

„Ich wollte doch nur sagen: Es kommt wie es kommt!
Die Menschen werden nicht wissen, warum.
Die letzten Gründe für die Existenz und das Ende der Welt
verstehen sie doch gar nicht!“

Der Himmel antwortete:

„Du weichst aus,
diese Rede vom Nicht-Verstehen-Können hilft überhaupt nicht weiter!
Na gut, Abraham, lassen wir das!“

Nun war **Konfuzius** dran. Konfuzius stellte sich aufrecht und sagte:

„Ich kann nur darauf hinweisen,
der Kern des Konfuzianismus ist die goldene Regel:
Keiner vernichte den anderen, damit er nicht selbst vernichtet wird.
Also es geht darum,
ein Friedensreich auf der Erde zu schaffen.
Ein Reich ohne Kriege.
Das kann geschehen,
wenn alle Menschen eine humanistische Moral entwickeln
und auf allen Plätzen des himmlischen Friedens
für den Frieden kämpfen.“

Der Himmel fand offensichtlich diese Antwort nicht schlecht. Er sagte:

„Laotse, nun bist Du dran.“

Laotse blickte kritisch zu Konfuzius hinüber, schüttelte den Kopf und sagte:

„Je mehr Militär, umso mehr Krieg.
Je mehr Staaten, umso mehr Krieg.
Je mehr Gesetze, umso mehr Verbrechen.
Die Menschen sollten in kleinen Dörfern wohnen
und die Nachbardörfer nicht sehen.
Sie sollten sich um die Rückkehr in den mütterlichen Ursprung bemühen.
Das wäre eine richtige Beschäftigung.“

Der älteste der Brahmanen hielt es nun nicht mehr aus. Er platzte heraus:

„Also Krishna hat in der Bagavadghita doch gesagt:

Alles ist eins,
alles geschieht nach der Logik des ewigen Wandels.
Also kommen die Erden und vergehen die Erden
nach dem Gesetz des Brahman.

Deshalb ist es gleich,
ob Frieden oder Krieg auf der Erde ist,
alles ist eins.“

Buddha widersprach. Er sagte:

„Die Welt ist ein Ort des Leidens.
Es gibt einen Weg aus diesem Ort, den achtfachen Pfad.
Dieser Weg führt ins Nirwana.
Erst dort ist der Mensch vor dem Leiden sicher.“

Jesus war über diese Antwort gar nicht erfreut:

„Also mein Prophet, Johannes von Patmos, den ich sehr schätze,
hat doch das Ende der Welt genau beschrieben.
Es wird eine Endschlacht geben, ein tausendjähriges Reich
und die Aufhebung der Erde in Gottvater.

Dafür habe ich doch auf der Erde gelitten,
wenn auch viele Christen das nicht richtig verstanden haben.
Paulus war etwas voreilig.

Aber im Kern sollen die Menschen sich lieben, so meine Bergpredigt
und dann wird das Ende der Welt ganz liebevoll kommen.“

Mohammed fauchte:

„Du falscher Prophet!
Es gibt natürlich ein Ende,
und wenn der Atomkrieg dieses Ende ist, dann ist es auch gut.
Die letzte Enthüllung von Allahs Endvorstellung ist,
dass die Welt zu Ende geht, so oder so oder so.
Nicht dass ich hier Osama bin Laden unterstützen will.
So geht es auch nicht.
Aber es wird zu Ende gehen mit dieser Welt.“

Der Himmel war entsetzt!

Die größten Religionen waren mit dem Weltende so oder so ganz einverstanden. Im Christentum und im Islam herrschte sogar eine gewisse Begeisterung eines jüngsten Gerichtes. Abraham war zu alt. Jesus war nicht ganz eindeutig.

Der Himmel wurde traurig, denn er liebte die Menschen.

Mohammed hatte schon immer etwas Deftiges in petto, das überraschte den Himmel nun gar nicht. Er wunderte sich, dass die östlichen Religionen – besonders Konfuzius – für eine moralische Rettung plädierten, Laotse für die Abschaffung der Macht und des Zentralstaates. Auch über eine mystische Rettung durch All-Einheitsdenken und achtfachen Pfad, darüber wäre zu reden.

Aber diese Religionen mit ihrem Wunsch nach der Apokalypse, das war dem Himmel dann doch zu arg. Und er dachte mit Schrecken daran, dass diese Weltreligionen ja die Mehrheit der Menschen, also 3,5 Milliarden Menschen auf ihrer Seite hätten.

Auch wunderte den Himmel, dass die großen Stifter von den Veränderungen auf der Erde nichts mitbekommen hatten. Die wissenschaftlich-technische Revolution war ihnen offensichtlich völlig fremd. Die Atombombe, die biologischen und chemischen Waffen kannten sie überhaupt nicht. Die verheerenden Wirkungen von Geld und Kapitalkrisen und von Krisenmanagement hatten sie überhaupt nicht auf ihrem Monitor.

Der Himmel dachte: Das sieht für die Welt nicht gut aus. Es ist nur zu hoffen, dass Konfuzius' Moralappell etwas bringt, und wenn der nichts bringt, dann soll Laotses Entschleunigung, Verkleinerung und Abschaffung der Staaten versucht werden.

Aber weiter dachte der Himmel nicht, denn der Himmel verschwand.

Und wenn er nicht wiederkommt, und nichts spricht dafür,
bleibt er verschwunden. Es bleiben nur die maßgebenden Menschen aus
Asien. Vielleicht der Buddha Maitreya, der Buddha der Zukunft,
der kommt, wenn das Schicksal der Welt auf dem Spiel steht…

Übung:
Schreiben Sie einen Cluster-Text zum Thema „Wiedergeburt".

8. Kapitel: Die Verwandlung

Am Ende der Heldenreise soll der Held seine Selbstfindung abgeschlossen und eine Distanz zu seinen Ängsten gewonnen haben. Der Lehrer O. imaginiert für die Abschlussstation einen **mystischen Greis**, einen weisen Alten, der die Lehren seiner philosophischen Lehrer und Meister begriffen hat. Er stellt sich vor, als alter Mensch zum Sammler und Aufschreiber von kleinen Geschichten zu werden, die davon berichten, wie der Held sich am Ende verwandelt.

Übung:
Arbeiten Sie sich als Vorbereitung auf die letzten Geschichten am Bild des „mystischen Greises" oder der „magischen Hexe" ab:

Wie stellen Sie sich einen „mystischen Greis" oder eine „magische Hexe" vor? Gestalten Sie ein Portrait.

Übung:
Stellen Sie sich die Kraft einer solchen Gestalt vor, wie sie Dante im letzten Gesang seiner „Göttlichen Komödie" beschreibt: „O ewiges Licht … so wie ein Rad, das ebenmäßig kreist, der Liebe, die bewegt, die Sonne und Sterne." (Dante: Göttliche Komödie. Frankfurt 1960, S. 420f.) Beschreiben Sie dieses Licht.

8.1 Der mystische Greis

Es war einmal ein Greis, der lebte in einer Großstadt ganz allein. Er hatte viele Leben hinter sich. Er galt als mystisches Kind, er war als Jan bei einem Meister, war auch mal der böse Vater, reiste auf eine magische Insel, kämpfte mit den Riesen, wollte nie sterben, lebte lange Zeit im Traumkloster und setzte sich mit den Ängsten der Moderne auseinander, mit Stalingrad und der Apokalypse.

Dabei wechselte er immer wieder seinen Namen, aber Peer, der Greis, hat die typischen Stationen des mythischen Helden durchlaufen. Diese Stationen heißen:

1. **Das Drama des heroischen Kindes**
2. **Einweihung und Rückzug**
3. **Die Suche nach der Kraft**
4. **Die Auseinandersetzung des Helden mit dem Tod**
5. **Der Kampf mit dem Teufel**
6. **Die Transformation des Helden durch Wiedergeburt und Verwandlung**

   (Vgl. L. Müller: Der Held. Zürich 1987)

Jetzt ist Peer alt. Als Greis sammelte er aber keine Briefmarken und gründete keine Alten-WG. Er nahm sich zum Ziel, die wichtigsten Verwandlungen der Helden zu studieren. Das war für sein Alter eine durchaus angemessene Aufgabe. Das Resultat war eine kleine Mythensammlung, die sich in seinem Nachlass fand. Die Sammlung soll hier veröffentlicht werden. Wir kennen Peer als Kind aus dem ersten Kapitel des 2. Teils dieses Buches.

Die lange Wanderschaft

Der Jüngling Gautama erkannte, dass Leben Leiden bedeutet. Die Bewältigung des Leidens heißt: Verzicht auf das Leben und Befreiung vom Tod. Das war das Erlebnis unter dem Feigenbaum. Es führte ihn zum Weiterleben, um die Lehre von der Überwindung des Lebens zu verbreiten. Dann erst kamen die Mönchsorden und das Betteln. Die Last der Sklavenhaltergesellschaft und der Kasten brauchte ihren Trost. Über vierzig Jahre lang wandelte der Erleuchtete durch Indien. Nur zur Regenzeit zog er sich unter Laubhütten zurück. Nahe der Stadt Vesali kommt das Sterben. „Von allem, was man lieb hat, muss man scheiden." Blüten regnen auf sein Totenlager.

Er hat einen Ausweg gezeigt aus dem endlosen Kreislauf des Kosmos: ein helles Bewusstsein, das vom Lebenswillen nicht mehr berührt wird. Als das Leben aus ihm weicht, sagt er: „Vergänglich ist jede Gestaltung, strebet ohne Unterlass."

Spurlos

Sein Wunsch war, spurlos zu sein. Wenn er auch als Archivar am Hofe des Kaisers arbeitete und von Konfuzius einen Hahn bekam, er blieb unscheinbar. Ohne Ansprüche zu sein, forderte er vom Weisen. Das TAO erreicht kein Begriff. Auch der Tod schien ihm ohne Bedeutung. Er betrifft nur den Körper. Die Sehnsucht nach dem TAO ist schon die Unsterblichkeit. Es kann passieren, dass, wer vom TAO erleuchtet ist, unerleuchtet scheint, und dass, wer den Weg es TAO geht, scheinbar gar kein Ziel hat. Er war traurig in der aristokratischen Menge, die alles zu wissen beanspruchte. So schrieb er erst einiges auf, als der Zöllner Yin Hi es ihm abverlangte. Er zog sich in die Einsamkeit zurück, als die Philosophie zerfiel. Schließlich soll er Indien erreicht haben. Er traf dort den Buddha.

Capua

Nur einer hat die römische Sklaverei erschüttert: ein Gladiator aus der Fechtschule von Capua. Auf dem Vesuv schlugen Sklaven und Landstreicher den Prätor Claudius Pulcher und seine dreitausend Mann. Viele versammelten sich in Campanien, aus vielen Völkerstämmen. Sie zogen mit Spartacus nach Norden. Er erreichte Modena. Zum Zeichen, dass die Sklaverei vergeht, ließ er dort römische Herren als Gladiatoren kämpfen. Wieder im südlichen Thurium, begann Spartacus den Aufbau einer anderen Gesellschaft: ohne Geld, Ungleichheit, mit Nahrung für alle. Das haben ihm die Sklavenhalter nicht verziehen. Sie schlugen seine Kämpfer am Vesuv. Schließlich kreuzigten sie 6000 Kämpfer des Spartakus auf der Via Appia, Kilometer um Kilometer, von Rom bis Capua.

Franz

Franz kannte die Nachtseiten des Lebens. Nach leicht vergeudeter Jugend überfiel ihn die Angst, am Unheil einfach teilgenommen zu haben – augenzwinkernd. Da nahm er die Armut an, trennte sich von allen Gütern, trug seinen dürren Leib wie ein bald überflüssiges Kleid. Jenseits des städtischen Kaufmannskapitals tauchte er tief in den sozialen Untergrund. Ohne wissen-

schaftliche Theologie war er nur noch für die Hilflosen da. Er rührte kein Geld mehr an. Er bettelte aus Hunger. Aus der ganzen Sache wurde dann ein Orden gemacht, auf höheren Befehl. Franz aber wollte eigentlich nur im mystischen Licht der Liebe verschwinden: ohne jede Bitterkeit.

Der Meister

Es kommt auf den Augenblick an. Du gehst überall in die Weite. Du verzettelst dich. Das Wesentliche wird dir fremd. Was ist schon eine Gehaltserhöhung gegen den Geschmack vom ewigen Leben. Von diesem Leben redet der Meiser Eckhart. Durch das Ablassen von der Welt und von dir wächst in dir der Seelenfunke. Das geht über alle Begriffe. Das vertreibt im Augenblick alle Angst und Vernichtung. So lehrte man es im Mittelalter und man kam damit bei der Obrigkeit schlecht an. Denn überall brannten die Scheiterhaufen.

Archipoeta

Die mittelalterlichen Städte waren klein, dreckig und arm. So mancher, der hier durchblickte, dem lockerte sich die Zunge. In der Schenke sammelte sich ein Publikum. Wein und Bier machten das Grübeln über die Pfaffen und die Burgherren vergessen. Die Universitäten verunsicherten den Glauben an die klerikale Erlösung vom Jammertal. So entstand unter den wandernden Sängern und Scholaren ein geläuterter Pessimismus ohne Jenseits. Man wollte einfach nichts mit dieser Welt zu tun haben. Daher die Ruhelosigkeit, das ständige Weiterwandern, auch kein festes Nachtlager. Im Winter die große Kälte in den Wäldern und im Sommer die Schwüle und die vielen Mücken. Aber mancher Spätsommer gab einem seine Wärme ins Herz. Die vielen Pesttoten vor der Stadt sah man dann nicht mehr. Die Liebe brannte die schwarzen Gedanken fort. Aber man zog weiter. Am Rande der feudalen Hierarchie lebte man vom Grölen, Singen und Tanzen. Es war doch alles egal. Und doch blieben einige Lieder, die aufgeschrieben wurden und überdauerten. Einer nannte sich Archipoeta, und seine Verse machen deutlich, dass der Weg des Lebens schließlich im Unendlichen verschwindet.

Nach dem dreißigjährigen Krieg

Er war gar nicht bescheiden und nannte sich einfach Angelus Silesius, „Engel Schlesiens". Neben seiner Teilnahme an der Macht entwickelte er ein verstecktes Innenleben. Darüber machte er heimlich Verse. Er pries das Leiden als Schlüssel zur Erkenntnis. Aus dem Sterben sah er das Leben entspringen.

Alle Gegensätze sollten schließlich zusammenfallen. Ein radikaler Seelentrip im deutschen Osten. Doch in dieses ekstatische Innenleben schlich sich auch ein Gedanke Jacob Böhmes ein: Leben und Tod könnten nur ein Spiel zur Unterhaltung des Urgrundes sein. Ein Gedanke, der kurz nach dem dreißigjährigen Krieg auch einen christlichen Mystiker nicht verschonte.

Eine Unterbrechung

Das war der bitterste Augenblick in Einsteins Leben: „Würdest Du einen Gedanken, der die Erde vernichten könnte, mittels industrieller Mittel, auch denken oder würdest Du ihn verdrängen?" Er wusste zu gut, dass er kein Meister der Verdrängung war. Er presste die Hände vors Gesicht. Er konnte nicht viel tun. Deshalb arbeitete er ruhig an seiner Theorie. Allerdings machte er später keinen so ganz zackigen Eindruck mehr. Sein Assistent bemerkte eine Fahrigkeit an ihm, die er sonst überhaupt nicht rausgelassen hatte. Aber das konnte auch nur der blanke Neid vorspiegeln.

Schönes Wetter

Die Techniker machten den Bomber startklar. Das Wetter war prächtig. Über den Tower kamen die besten Wünsche. Die Mannschaft schnallte sich an. Sie hatten nur eine Bombe an Bord. Dann hob der Vogel ab. Sie kamen von See. Sie sahen die Inseln vor sich. Es war immer noch schönes Wetter. Kein Flugzeug des Feindes störte sie. Man war hier ahnungslos. Sie flogen in aller Bierruhe H… an: gute Familienväter, echte Handwerker, ein Akademiker. Keiner dachte an was Böses. Es war wieder mal nur ihre Pflicht. Die anderen hatten außerdem angefangen. Und Amerika lässt sich nicht demütigen. Das verliert keinen Krieg. Das war ganz klar. Außerdem: Die Bombe war neu, und keiner an Bord wusste so richtig Bescheid. Nur der Anflug war anders als sonst. Aber das musste sein. Sie sahen die Stadt unter sich. Eine große, schöne Stadt, soviel bekamen sie noch mit. Die große Schleife gelang. Sie klinkten aus. Sie rissen die Maschine hoch. Die Motoren grölten. Sie schlugen sich auf die Schenkel. Es hatte alles nach Anweisung geklappt. Sie waren gute Soldaten. Unter ihnen stieg ein riesiger Rauchpilz hoch. Sie drückten voll auf die Tube und erreichten bald das offene Meer. Der Pilz stieg höher und höher. Sie aber entfernten sich. Bald landeten sie auf ihrem Flugzeugträger. Was für viele unvorstellbar war, sie hatten es in unerbittlicher Ruhe hinter sich gebracht. Später wurden sie oft bestürmt. Sie wussten aber nicht, was sie sagen sollten. Der Chefpilot hat sich nie etwas anmerken lassen. Nur der Funker wurde nach der Trennung von seiner Frau irgendwie weich. Der musste dann in eine Anstalt, die er nie wieder verließ.

Die Umkehrung des Lebenslaufes

Die Geschichte seiner Jugend ist banal. Nur seine häufigen Niederlagen fallen auf. Er schließt sich fest seiner Mutter an. Die Ausbildung klappt nicht. Ein Versuch als Künstler liegt nahe, aber es wird nicht viel daraus. Als die Mutter stirbt, lebt er im Männerasyl. So fremd er in der Welt ist, so viel Angst hat er auch. Er möchte oft, dass dieser Alptraum verschwindet. So bewaffnet er sich. Er trägt eine Handgranate in der Hosentasche. Wenn ihm jemand zu nahe tritt, dann wird er sie abziehen. Aber das reicht nicht. Er muss sich gegen die ganze Welt verteidigen. Da braucht man andere Mittel. Vielleicht Gift. Das kann man in die Wasserversorgung kippen. Keiner könnte ihn für eine Null halten. Unerhört findet er die Idee der Wasserstoffbombe. Er spürt förmlich Verwandtes. Da sitzen sie in ihren weißen Kitteln und sprechen in einer sehr formalen Sprache. Aber denken tun sie doch dasselbe. Diese Neutronengenies. So etwas sich auszudenken, ist doch kinderleicht. Er erfindet in Gedanken Radiowellen, die das Denken verwirren. Die Pole sprengen. So ist er oft in der Antarktis. Er sucht den archimedischen Punkt, an dem er ansetzen kann. Die weite, weiße Landschaft, die tut ihm wohl. So sitzt er dann im Asyl, vergisst langsam die Mutter. Wenn jemand zu ihm käme und sagte: „Hier, drücken Sie auf diesen Knopf, bitte! Die Welt fliegt in die Luft." Er würde es tun. Sofort. Dann hätte er seine Ruhe.

Experiment

Professor Wilson stöhnte. Die Temperatur im Labor war schon tief in die Minusgrade gesunken. Assistent Stengel hatte sich schon mittags auf den Weg gemacht, um Hilfe zu holen. Aber die Aussichten waren schlecht. Die nächste antarktische Forschungsstation an der Seehundsbai war drei Tage entfernt. Aber es gab keine Alternative: das Experiment musste unter extremen Bedingungen durchgeführt werden. Es ging um die Untersuchung der Auswirkungen eines Nuklearkrieges auf das menschliche, tierische und pflanzliche Ökosystem. Mit einer Sache waren sie schon im Spätherbst schnell klargekommen. Eine Hyperdosis Radioaktivität ließ unter Modellannahmen die Menschen aussterben. Das überraschte die Forscher nicht. Das war eine olle Kamelle, damit rechnete die ganze zivilisierte Wissenschaft. Mit solchen Einsichten war kein Blumentopf bei der Mittelbeschaffung zu gewinnen.

Aber was würde bei gleicher Strahlenmenge im Tier- und Pflanzenbereich überleben? Das herauszufinden, war nun das Forschungsziel. Der clevere Assistent konnte bald nachweisen, dass die Säuger auch nicht lange den Menschen überleben würden, darin war der Junge nicht zu übertreffen. Beim gelungenen Nachweis, dass es die Ratten auch nicht schaffen würden, war

dann der Stromgenerator verglüht. Deshalb musste der Assistent losgeschickt werden, um Hilfe zu holen.

Professor Wilson rechnete es sich zu seinen Verdiensten, auch noch gezeigt zu haben, dass die Pflanzen, bis auf die Moose, auch keine Chancen hatten. Diese Nachricht nahm der Assistent mit auf den Weg. Der Professor wusste, jetzt ging es ums Ganze. Er musste klären, was mit den niederen Tieren würde: den Spinnen, Insekten, den Mücken, Schnaken und Käfern. Das war wichtig. Denn die mittleren Tiere hatten ebenso schnell versagt wie die höheren Baumarten: Tannen, Eichen und Birken.

Der Professor war schon sehr gespannt. Draußen heulte der Sturm. Eine Kerze brannte auf dem Labortisch. Im großen Aquarium tummelten sich die niederen Tiere: Art für Art. Jetzt musste er handeln. Er drückte endlich auf die Taste. Es gab die erwünschte Bestrahlung. Dann musste er warten. Die Kerze erlosch nach drei Stunden. Da waren die Schnaken, Käfer und Spinnen schon eingegangen. Er musste dann eingeschlafen sein. Ein gewisses Summen weckte ihn. Er sah im Morgenlicht große Mücken über dem Aquarium.

Damit war das Resultat erbracht. Nach dem atomaren Overkill würde die Erde von Moosen und Großmücken bevölkert werden. Die Mücken würden also zum Ausgangspunkt einer posthumanen biologischen Evolution werden. Der Professor erschrak etwas bei dieser Vision. Das hatte er nicht gewollt. Bevor er aber langsam in die Euphorie des Frostkomas eintauchte, spürte er noch, wie eine dieser Mücken sich ganz ruhig auf ihn setzte und ihn mit ihrem großen Stachel in die Wange stach. Er musste wieder stöhnen, eine Träne lief ihm über das Gesicht und erstarrte in seinem Bart. Er hatte noch die Idee: das muss ins Protokoll. Aber dies blieb irgendwo in seinem Gehirn stecken.

Nach drei Wochen wurde die Forschungsstation von einem Suchtrupp gefunden. Professor Wilson war noch gut erhalten, trotz seines verschwollenen Gesichts. Von dem Assistenten Stengel fand man keine Spur. Vergeblich suchte man nach Forschungsergebnissen. Sie waren verschwunden oder es gab keine. So kam es, dass des Professors Entdeckungen unbekannt blieben. Lediglich einige größere Mücken, die auch unter großer Kälte leben konnten, fand man in der Nähe der Forschungsstation. Das war schon was.

Ein unscheinbarer Leidtragender

Ich blicke zu Boden, gehe an den beiden versteinerten Engeln am Portal vorbei, betrete den großen Saal für die Totenfeier. Unter dem Altar steht der Sarg, mit Kränzen überschüttet. Dann beginnt ein Harmonium. Ich blicke nach oben. Die Kuppel des Saales lässt Licht aus allen Richtungen in den dunkleren Teil des Raumes fließen. Der Prediger spricht dann über das allzu Flüchtige. Die Angehörigen und ich beginnen unruhig zu werden. Ein Lebenspanorama wird ausgebreitet und zwar in den schönsten Farben. Er hatte keine Feinde. Er ist nicht dem agressiven Menschen begegnet. Wieder ist ein besonders wichtiger Mensch abgetreten. Die Trauergemeinde rückt zusammen. Der Prediger wird positiver. Er tröstet und er tröstet gut. Alle scheinen innerlich zuzustimmen. Das ist mein schönster Augenblick. Dann kommt das Harmonium dran. Die Leute stehen auf. Der Boden öffnet sich, und der Sarg verschwindet langsam in der Tiefe, wo die Öfen schon glühen. Ich stehe dann in der Reihe derer, denen man kondoliert. Das fällt nicht auf. Ich habe mein versteinertes Gesicht auf, das ich bekam, als ich zum ersten Mal etwas vom Tod mitbekam. Der Saal leert sich. Ich entferne mich schnell. Ich komme hier dreimal in der Woche her. So kann ich mit dem Tod leben.

Und der mystische Greis sah,
dass die Helden in ihrer Verwandlung stiegen oder
fielen, sich vollendeten oder scheitern.
Und er sah auch, es gab Helden, die sich selbst nicht treu blieben.
Der Greis schwieg darüber.
Es gab keine Worte. Es gab nur den Rest:
Gaia.

Übung:
Schreiben Sie einen Cluster-Text zum Thema „Verwandlung“.

Schluss

1. Anmerkungen zum persönlichen Mythos des Lehrers O.

2. Ziel und Zweck des Schreibens des persönlichen Mythos für den Lehrer O.

Glossar zur Mythologie

Literaturverzeichnis

1. Anmerkungen zum persönlichen Mythos des Lehrers O.

Die folgenden Anmerkungen stützen sich auf die Mythentheorie des großen Mythenforschers Joseph Campbell. Auf Campbell hat sich der Lehrer O. beim Abfassen seines Mythos immer wieder bezogen.

Das mystische Kind

Das Kind unterliegt extremen Belastungen: Geburt, Konflikte der Kindheit, Erfahrungen von Minderwertigkeit. Der Lehrer O. kompensiert diese Erfahrungen durch seine Romantisierung als mystisches Kind. Er stellt sich als Kinderphilosoph dar, der seinen Vater in Verlegenheit bringt, austrickst. Er bringt die Argumente der Mystiker vor, um seinen Vater geistig zu ermorden.
Die Kindheitsgeschichten mythischer Helden sind „voll von Anekdoten über Beweise einer Stärke, Klugheit und Weisheit des Kind-Helden, die weit über das diesem Alter gegebene Maß hinausgehen“ (J. Campbell, a.a.O., S. 310).

Jan und der einsame Philosoph

Der Lehrer O. phantasiert den Aufbruch zu seiner Heldenreise als Besuch des wandernden einsamen Philosophen. Wer sich zu seiner Fahrt entschlossen hat, „begegnet einer schützenden Figur, oft einer Hexe oder einem Weisen, die ihm helfen“ (J. Campbell, a.a.O., S. 72). Aber auch der Anti-Held erscheint in Gestalt des aggressiven Menschen. Goethe lässt für Faust als Führer Mephisto erscheinen. „Das Auftauchen eines solchen Helfers ist im Mythos typisch für den Helden, der dem Ruf gefolgt ist.“ (J. Campbell, a.a.O., S. 76)

Vom bösen Vater

Der Beginn der Abenteuerreise des Helden stellt sich für den Lehrer O. als Begegnung mit dem Abraham-Komplex dar. Er entwickelt Hass auf seinen Sohn wie Abraham auf Isaak oder Laios auf Ödipus. Der Held muss mit dem bösen inneren Vater kämpfen, der als eigener böser Vater von ihm als Kind verinnerlicht wurde und jetzt als Erwachsener gegen den eigenen Sohn aggressiv wird. Im Hintergrund steht die dem Sohn alles gewährende Mutter, gegen die der Held eigentlich wütet. Der Sohn ist nur der Blitzableiter.

Die magische Insel

Die magische Insel erscheint als Symbol der großen Mutter. Unser Held erfährt die verlorene Mutter auf der Insel, die ohne Frauen ist. Dabei ist das „Weib die Führerin auf die höchsten Gipfel des sinnlichen und geistigen Abenteuers“ (J. Campbell, a.a.O., S. 112). Aber unser Held erlebt einen magischen Pantheismus. Das Sein, als sublimierte Urmutter, spricht zu ihm.

Von den Riesen

Eigentlich wäre die Versöhnung mit dem Vater zu erwarten. Aber der Vater hat sich in verschiedene Riesen als Personifizierung gesellschaftlicher Kräfte verwandelt, die den Helden weiter bedrohen. So kommt es nicht zur „Versöhnung mit dem Vater“ (J. Campbell, a.a.O., S. 143). Der Held ist weiter in Rebellion gegen die Ordnung.

Der Mensch, der nie starb

Der Held benutzt als weitere Kompensation seiner Todesangst die Idee der Wiedergeburt als Heiler. Als Erlöserfigur tritt er „wie Ödipus in dessen Fußstapfen“ (J. Campbell, a.a.O., S. 339). Aber nicht wie Ödipus reißt sich der Lehrer O. in seinem privaten Mythos die Augen aus, er lässt sein Alter Ego als unsterbliches Heiler-Ich über die Erde wandern.

Im Traumkloster

Die Heldenreise geht nach Asien. Der Held gerät auf die Spuren des verlorenen Gottes. Er durchlebt im Kloster das Verschwinden Gottes hinter dem Mönch Mahagera. Wie Gilgamesch sucht der Held des Lehrers O. das Kraut der Unsterblichkeit. Der Held muss nun erfahren: „Wo ein Weg zur körperlichen Unsterblichkeit gesucht wird, ist die philosophische Weisheit völlig missverstanden worden“ (J. Campbell, a.a.O., S. 181).

Rudi Dutschkes Weg ins Nirwana

Der Held des Lehrers O. sucht moderne Helden als Orientierung auf seinem Heldenweg. So arbeitet er für die Vergöttlichung von Rudi Dutschke, den Studentenführer von 1968. Der Supermann Dutschke muss vom Makel, der Anreger der RAF-Morde zu sein, befreit werden. Der Held des Lehrers O. steht dem Helden von 1968 bei. Statt der Versöhnung mit dem Vater findet er den heroischen Bruder im Geiste. Der Held des Lehrers O. bleibt wie sein Rudi D. vom Nirwana, dem Ende aller Leiden, fasziniert.

Der Kampf mit den Göttern

In einer entgötterten Welt findet der Held des Lehrers O. den gottbegegnenden Menschen nur in der Psychiatrie. Die Erlebnisse des Geheimrats Schreber sind für den Lehrer O. die erste Station der Reise in die Unterwelt. „Die Mythen erzählen alle von der Reise des Helden in die Unterwelt." (J. Campbell, a.a.O., S. 350f) An Schreber erkennt der Held des Lehrer O., dass die Begegnung mit der Unterwelt die großen Drohungen der Vernichtung von Individuum und Gattung darstellt.

Stalingrad

Der Held des Lehrers O. versetzt sich in seinen Vater, der am Schicksal der Kesselschlacht von Stalingrad in Russland im 2. Weltkrieg beteiligt war. Da wo Dante die unteren Höllen in der „Göttlichen Komödie" schildert, da ist das Schlachtfeld der 200.000 Toten der Ort der Hölle, und selbst der Himmel weiß keinen Rat, wie der Teufel Hitler zu bremsen gewesen wäre.

Im Himmel

Die Unterweltfahrt endet mit dem Blick auf die drohende Apokalypse, die sich auf Erden zusammenbraut. Der Held des Lehrers O. gestaltet den Himmel als Tribunal über die Weltreligion und ihre Stellung zum Weltuntergang. Der Held des Lehrers O. findet aber in den asiatischen Religionen eine endliche Ruhe bei Laotse, Buddha oder Konfuzius, den östlichen Helden der 1. Achsenzeit.

Der mystische Greis

Am Ende seiner Reise kehrt der Held des Lehrers O. in den Alltag zurück. Er ist nun ein Greis. „Wie soll er die Laute der Finsternis, die die Sprache verschlagen, zurückübersetzen in die Sprache des Alltags?" (J. Campbell, a.a.O., S. 209) Der Lehrer O. tut es in Kurzmythen, die die letzte Verwandlung von Helden schildern. „Nur selten fassen die Mythen das Geheimnis des leichtfüßigen Übergangs vom Jenseits in den Alltag in einem einzigen Bild zusammen." (J. Campbell, a.a.O., S. 221) Nach der Rückkehr „müssen die transzendenten Kräfte zurückbleiben. Der Held steigt aus dem Reich des Schreckens wieder empor" (J. Campbell, a.a.O., S. 238). Was von dieser Heldenreise bleibt, ist ein ganz persönlicher Mythos, den der Lehrer O. in seiner Einsamkeit aufschreibt.

Übung:
Deuten Sie Ihren persönlichen Mythos im Sinne von Campbell.

2. Ziel und Zweck des Schreibens des persönlichen Mythos für den Lehrer O.

Die Aufdeckung der mythischen Geschichte, die aus dem kollektiven Unbewussten heraus die eigene Lebensgeschichte formt, ist eine große Aufgabe. Meist meint der Einzelne, wir würden im Leben ohne Landkarte reisen. Auch der Lehrer O. hat die Einsicht, er bewege sich selbstbewusst im Leben. Aber er wusste nicht so genau, wo er war, wer er ist und wohin er geht. Der Lehrer O. hat deshalb zuerst eine ganz normale Autobiographie erarbeitet und diese dann in eine mystische, märchenhafte, mystische und fantastische Sprache übersetzt. Aus dem Satz „Ich hatte von Anfang an Probleme mit meinem Vater“ wurde der Satz „Ich war ein mystisches Kind und konnte meinen Vater mit paradoxen Spekulationen oft an den Rand des Wahnsinns treiben“. Als der Lehrer O. seine persönlichen Mythen aufschrieb, fand er seine Besonderheit, und er konnte die Bedeutung seines Lebens besser verstehen. Niemand außer dem Lehrer O. konnte diese mythischen Geschichten erzählen. Nur er konnte so sein Leben romantisieren und zur Romantisierung der Welt auch andere auffordern.

Auch der Lehrer O. war sehr erleichtert, als er seine persönliche Mythologie geschrieben hatte. Er hatte seine sein Leben gestaltenden Mythen gefunden und wusste nun, dass er seinen Lebensweg besonders in seinen Krisen richtig gegangen war. Der Lehrer O. hat seine Geschichten immer dann umgeschrieben, wenn er das Gefühl hatte, dass die mythische Geschichte ihn zu sehr begrenzte. Die mythische Orginalität des eigenen Lebens, das sah der Lehrer O. bald ein, darf nicht ein übersteigertes Größenbild von sich erzeugen. Es kam ihm also immer darauf an, festzustellen, dass er nicht nur als Alltagsmensch in romantischen Szenarien gelebt hat, sondern dass es möglich ist und manche Krise erleichtert, wenn man sein Leben romantisiert. Im Alltag lebte der Lehrer O., indem er seiner Begeisterung folgte, die ihm seine romantisierte Welt bot. Er brauchte nicht mehr bloß das zu tun, was von ihm in der Schule erwartet wurde und was oberflächlichen Erfolg versprach.

Den eigenen Mythos zu schreiben, vermittelt die Kraft des Glaubens an sich und vertreibt den Wahn, nicht wichtig zu sein, nur eine Nummer zu sein, ein Sandkorn in der Welt der Krisen. Die eigene Lebensphilosophie und die eigene Religion erhält durch die eigene Mythologie eine entscheidende Ergänzung, erkannte der Lehrer O.

Der Lehrer O. erfuhr im mythischen Schreiben: Ich bin ein Held“, aber auch: „Alle Menschen sind Helden und Heldinnen“.

Das moderne Ich des Lehrers O. erlebte beim Schreiben seines persönlichen Mythos, dass es auch für ihn den Rückhalt in der Kraft uralter Geschichten gibt. Er erlebte aber auch, dass seine Einsamkeit bleibt, aber seine Verzweiflung geringer wird. Mit den Methoden der Mythologie, Magie und Mystik kann der Einzelne auch in einer entgötterten Welt verhindern, dass sich alles entwertet und auch das Ich verschwindet.

Der Lehrer O. fühlte beim Schreiben seines privaten Mythos, dass die Helden der 1. Achsenzeit den einsamen Menschen der 2. Achsenzeit eine Hilfe sein können.

Glossar zur Mythologie

1. Griechische Mythologie

Antigone war eine Tochter von König Ödipus. Sie begleitete Ödipus in die Verbannung. Nach dem Tod des Ödipus kehrte sie nach Theben zurück und versuchte den getöteten Bruder zu bestatten, was der neue König Kreon verboten hatte. Sie wird deshalb zum Tode verurteilt und lebendig begraben. Ihr Geliebter nimmt sich das Leben. Auch die Mutter des Geliebten tötet sich selbst.

Aphrodite, Göttin der Liebe und der Schönheit. Als treulose Gemahlin von Hephaistos, dem lahmen Gott der Schmiede, hatte sie viele Liebesaffären mit Göttern und Sterblichen, vor allem mit Ares, dem Kriegsgott.

Apollon, der gutaussehende Sonnengott, Gesetzgeber, Bogenschütze und Schutzpatron der bildenden Künste, Sohn des Zeus und der Leto, Zwillingsbruder der Artemis. Manchmal auch Helios genannt.

Ares (lat. Mars), war der Gott des Krieges und ein archetypischer Krieger, Liebhaber und Tänzer. Er war der Sohn von Zeus und Hera, der von seinem Vater wegen seiner Kampfeslust verachtet wurde. Ares war einer der Geliebten von Aphrodite und zeugte mit ihr eine Tochter namens Harmonia und die beiden Söhne Angst (Phobos) und Schrecken (Deimos), die ihm auf dem Schlachtfeld beistanden.

Artemis war die Göttin der Jagd und des Mondes. Sie war die Tochter von Zeus und Leto und Zwillingsschwester des Sonnengottes Apollon.

Athene war die Göttin der Weisheit und der Künste der Frauen, Schutzheilige der nach ihr benannten Stadt Athen und von zahlreichen Helden. Normalerweise wird sie in einer Rüstung dargestellt; zudem ist sie als beste Strategin im Krieg bekannt. Sie erkannte nur einen Elternteil an, nämlich Zeus, galt jedoch als Tochter der weisen Metis, der ersten Gattin des Zeus, die dieser verschlungen hatte.

Demeter war die Göttin der Kornfelder und Mutter von Persephone, die Hades in die Unterwelt entführte.

Dionysos, von den Römern Bacchus genannt, war der Gott des Weines und der Ekstase. Er war der Sohn von Zeus und Semele und wurde bis zu seiner Geburt in Zeus' Schenkel ausgetragen. Seine archetypischen Rollen sind die des ekstatischen Liebhabers, Frauenbefreiers, Wanderers und Mystikers.

Gaia, die Erdgöttin, war die Mutter und Gemahlin von Uranos (Himmel), Mutter der Titanen und Großmutter der ersten Generation der olympischen Götter.

Hades oder **Pluto**, Herrscher der Unterwelt, war ein Sohn von Rhea und Kronos, Entführer und Gatte von Persephone, Bruder von Zeus und Poseidon. Er herrschte über das Reich der Toten und das kollektive Unbewusste.

Hephaistos, lahmer Gott der Schmiede, war der einzige Gott des Olymp, der arbeitete. Er war der zum Hahnrei gemachte Gatte von Aphrodite und er abgelehnte Sohn der Hera, die ihn allein aufzog. Auch Zeus, sein offizieller Vater, verstieß ihn. Seine Rollen waren Werkmeister, Kunsthandwerker, Krüppel und Einzelgänger.

Hera war die Göttin der Ehe. Als Gattin de Schürzenjägers Zeus wurde sie als rachsüchtiges und eifersüchtiges Weib dargestellt.

Herakles (lat. Herkules) musste sich schon als Kleinkind zweier Schlangen erwehren. Als Jugendlicher ermordete er Linos, seinen Lehrer, im Jähzorn. Er machte Liebe mit 50 Töchtern eines Königs. Seine drei Söhne warf er ins Feuer, im Wahnsinn. Er musste zur Buße 12 große Taten vollbringen: Löwen erschlagen, Hirschkuh und Eber fangen, den kretischen Stier erlegen, den Höllenhund Kerberos aus dem Hades holen, die Hydra ermorden und den Stall des Augias ausmisten. Seine 12 Arbeiten führten ihn durch die ganze Welt und ließen ihn weitere viele Abenteuer bestehen. Die Eifersucht seiner Frau brachte ihm dann den Tod. Sie gab ihm ein vergiftetes Hemd, das er sich blutend vom Körper riss. Er bestieg einen Scheiterhaufen und verbrannte. Nach seinem Tod wurde er auf dem Olymp entrückt.

Hermes ist bekannt als der Götterbote, Schutzherr des Handels, der Wege, der Wanderer und Diebe. Er führte die Seelen zu Hades, rettete Dionysos und brachte Persephone aus der Unterwelt zurück. Er hatte eine Affäre mit Aphrodite, die ihm Hermaphroditos gebar.

Hestia war die jungfräuliche Göttin des Herdes und die am wenigsten bekannte Göttin der Olympier. Ihr Feuer heiligte das Haus und den Tempel.

Ikarus war der Sohn von Dädalus. Dädalus, der große Baumeister, schuf das minoische Labyrinth auf Kreta. Aber er verriet Ariadne den Trick mit dem Garnknäuel. Als Dädalus von Minos zur Strafe gefoltert wurde, fertigte er für sich und seinen Sohn Ikarus Flügel. Mit diesen Flügeln entkamen sie aus Kreta. Ikarus aber kam gegen den Rat seines Vaters der Sonne zu nahe, seine Flügel lösten sich schnell auf. Er stürzte ab und ertrank. Dädalus erreichte aber Sizilien.

Ixion wurde von Zeus auf den Olymp eingeladen. Dort versuchte Ixion die Frau von Zeus, Hera, zu verführen. Zeus stellte ihn auf die Probe. Er schuf aus Wolken eine Frauengestalt wie Hera. Ixion versuchte sie sofort zu vergewaltigen. Zur Strafe band Zeus Ixion auf ein feuriges Rad, auf dem er ewig durch die Lüfte wirbelt.

Kronos war einer der Titanen und jünster Sohn von Gaia und Uranos, der seinen Vater entmannte und zum höchsten Gott wurde. Gatte von Rhea und Vater von sechs Olympiern (Hestia, Demeter, Hera, Hades, Poseidon und Zeus), der seine Kinder sofort nach deren Geburt verschlang. Er selbst wurde dann von seinem jüngsten Sohn Zeus entmachtet.

Medea half Jason das goldene Vlies zu gewinnen. Als Jason sie später verstieß, rächte sie sich schrecklich. Sie schickte der neuen Frau von Jason ein Kleid, in dem diese verbrannte. Um Jason noch tiefer zu bestrafen, erstach Medea auch ihre beiden Söhne. Als sie den Sohn des athenischen Königs vergiften wollte, wurde sie verjagt. Sie floh nach Asien. Sie kehrte zurück und setzte ihren Vater als neuen König von Athen ein.

Medusa wurde von Perseus am Rande der Welt, wohin sie verbannt wurde, getötet. Von Perseus erhielt Athene das fürchterliche Medusenhaupt, dessen Anblick versteinerte. Dieses Haupt wurde das Symbol für die abgrundtiefe Angst im Tode.

Niobe war eine Tochter des Tantalus. Als sie 7 Söhne und 7 Töchter gebar, verhöhnte sie die Götter. Daraufhin töteten Apollon und Artemis alle ihre 14 Kinder. Der Vater der Kinder beging Selbstmord. Niobe wurde in Stein verwandelt. Ein Wirbelsturm trug sie nach Asien. Noch als Steinbild weinte sie immer um ihre 14 toten Kinder.

Ödipus tötet unwissend seinen Vater Laios, der ihn auf dem Weg nach Theben den Weg versperrt. Als er das Rätsel der Sphinx gelöst hatte, erhielt Ödipus die Königsherrschaft in Theben und unwissend seine Mutter als Königin. Er hatte mit der Mutter zwei Söhne und zwei Töchter. Doch dann brach als Strafe die Pest aus. Als er ihrem Grund nachging, erkannte er sein Verbrechen. Die Mutter erhängte sich und Ödipus blendete sich. Er wanderte, an der Hand seiner Tochter, durch Griechenland als Bettler. Im heiligen Hain in Attika starb er.

Orpheus war ein begnadeter Sänger, der die Natur durch seine Lieder rührte. Als seine Frau durch einen Schlangenbiss getötet wurde, stieg er in die Unterwelt. Er sang so schön, dass er seine Frau Euridike aus dem Tod befreite. Aber als er sich umdrehte, versank seine Frau wieder im Hades. Er klagte sieben Tage, kehrte dann in die Welt der Lebenden zurück und verschmähte nun alle Frauen und liebte dafür die Knaben. Mainaden des

Dionysos zerreißen ihn. Sein Kopf treibt zur Insel Lesbos. Er singt weiter, bis ihn Zeus mit Steinwürfen zerstört. Deshalb singen die Nachtigallen weiter, bis heute.

Penthesileia war die Königin der Amazonen, die vor Troja kämpften. Sie erschlug viele griechische Helden. Im Zweikampf mit Achilles wurde sie von Achilles getötet. Aber Achilles erkannte im Kampf wie schön sie war und verliebte sich in sie und musste sie doch erschlagen.

Persephone, auch die Kore oder das Mädchen genannt, war die entführte Tochter Demeters und wurde Königin der Unterwelt.

Phyllis war eine thrakische Königstochter, die von ihrem Geliebten Demophon verlassen wurde und Selbstmord verübte.

Poseidon, der Meeresgott und Erderschütterer, war ein Olympier, der unter seinem römischen Namen Neptun bekannter ist. Er stritt mit Athene um Athen und verlor. Er war der Bruder von Zeus und Hades.

Prometheus war ein Feind des Zeus und ein Helfer der Menschen. Er raubte das Feuer und übergab es den Menschen. Als Strafe wurde Prometheus an die Felsen des Kaukasus geschmiedet. Täglich kam ein Adler, der seine Leber fraß, die nachts aber immer wieder nachwuchs. Erst Herakles befreite ihn von seinen Qualen.

Rhea war die Tochter von Gaia, der Ur-Mutter der Welt, und Uranos. Sie war die Schwester und Gattin von Kronos. Mutter von Hestia, Demeter, Hera, Hades, Poseidon und Zeus.

Semele war die Geliebte von Zeus und die Mutter von Dionysos. Als sie Zeus bat, zu ihr als lebendiger Gott zu kommen, verbrannte das Feuer von Zeus sie bei lebendigem Leibe. Erst später konnte Dionysos seine Mutter aus der Unterwelt befreien.

Sisyphos musste in der Unterwelt einen Felsbrocken, der immer wieder herabrollt, auf einen hohen Berg wälzen. Sisyphos hatte den Tod gefesselt und war für einige Zeit, nach dem eigenen Tod, aus dem Hades entwischt.

Tantalus leidet in der Unterwelt. Obwohl er bis zum Kinn im Wasser steht, kann er nicht trinken, obwohl Früchte vor seinem Kopf wachsen, kann er nicht essen. Er erhielt diese Strafe für seinen Raub von Nektar und Ambrosia auf dem Olymp.

Uranos, der erste Hochgott der griechischen Religion, war Gaias Sohn und Gatte. Er zeugte die Titanen und wurde von Kronos, seinem jüngsten Sohn entmannt und gestürzt.

Zeus, höchster Gott der Olympier, Herr über Blitz und Donner, war der jüngste Sohn von Rhea und Kronos. Er stürzte die Titanen und begründete die Vormachtstellung der olympischen Götter als Herrscher des Universums. Treuloser Gatte von Hera, der viele Ehefrauen und Affären vor ihr und zahlreiche Kinder aus diesen Verbindungen hatte – von denen viele Olympier der zweiten Generation oder Helden der griechischen Religion wurden.

2. Nordische Mythologie

Baldur ist der Gott der Güte und der männlichen Schönheit. Er ist der zweite Sohn Odins und seiner Frau Frigga. Er wird als junger Held durch eine Mistel getötet, die der Gott Loki auf ihn warf. Baldur wird auf seinem Schiff verbrannt. Versuche, ihn aus der Totenwelt der Hela zu befreien, scheitern. Baldur wird bis zur Götterdämmerung in Helas Reich bleiben. Dann wird die Unterwelt gesprengt und Baldur kommt frei. Er wird das neue Asgard, den Göttersitz, wieder aufbauen und dort ewig herrschen.

Braga ist der Gott der Weisheit, der Dichtkunst und der Beredsamkeit. Auf seiner Zunge sind die Runen eingegraben. Er heiratete die Göttin der ewigen Jugend. Er begeisterte die Skalden und Barden, wenn sie ihre Lieder auf die Helden sangen. Er nahm alle Gestalten an, um den Dichterhonig zu erbeuten. Allen Barden schenkte er in Walhalla, dem germanischen Jenseits, große Bächer Met ein, damit ihr Gesang besonders eindrucksvoll erscholl.

Edda ist die Bibel der nordischen Völker. Sie umfasst 75 nordische Mythen, unter anderem den Siegfried-Mythos und das Lied von der Götterdämmerung.

Elfen stehen zwischen Engel und Menschen. Sie reiten auf Rossen, deren Hufe kein Tau abstreift. Sie sind Meister des Bogenschießens. Das Elfenland wird als Paradies vorgestellt. Die Elfen wurden niemals krank. Sie waren aber nicht unsterblich.

Götterdämmerung, auch **Ragnarokr** genannt, ist der Weltuntergang. Er wird in der Edda in der „Weissagung der Seherin" beschrieben (Edda. Zürich 1987, S. 9-27). Nach dem Weltuntergang entsteht eine neue Erde. „Es heilt alles Unheil und Baldur kommt wieder."

Loki war der Gott der List und der Schlauheit. Er war auch ein böser Vernichter und Mörder. Als er half Baldur zu töten, wurde er gefangengenommen und an drei Klippen gefesselt. Über seinem Haupt hängt eine giftige Schlange, die ihr Gift in seinen Mund spritzt. So gebunden und gemartert leidet Loki bis zur Götterdämmerung, wo er dann freikommt.

Midgaard, die Schlange, wurde von Loki erzeugt. Sie liegt im großen Weltenmeer und lauert auf den Weltuntergang. Dann erhebt sie sich und überfällt den Gott Thor, der sie erschlägt und dabei selbst zu Tode kommt.

Odin war der oberste Gott der Germanen. Er wanderte durch die Welt und half den Menschen durch Weisheit und Seherkunst. Er konnte zaubern und verwandelte sich in einen Vogel, einen Fisch oder einen Wurm. Er hing sieben Tage am Weltenbaum (Yggdrasil), speerverwundet, ohne Essen und Trinken. Dabei entdeckte er die Runen und fiel vom Weltenbaum ab. Er lehrte neun gewaltige Zauberlieder. Wenn die Welt untergeht, wird Odin an der Spitze aller Götter in den Kampf ziehen. Die letzte Schlacht wird dann auch sein Untergang sein.

Riesen sind Halbgötter und mit Odin verwandt. Sie besitzen alle Weisheit der Natur. Ymer, der größte Riese, ist ein Mann-Weib. Odin tötete Ymer. Aus dem Leichnam von Ymer entstanden die Zwerge.

Thor ist neben Odin der oberste Gott des nordischen Mythos. Er wurde als Donnergott verehrt. Er fuhr nach Asien und erschlug dort Riesen und Unholdinnen, die sonst die Menschheit ausgerottet hätten. Er erlegte in einem furchtbaren Kampf die Midgaard-Schlange. Aber im Tod strömte die Schlange soviel Gift aus, dass Thor neun Schritte von ihr entfernt tot zu Boden sank.

Yggdrasil, der Weltenbaum, wird als Esche gedacht. An ihr hing Odin sieben Tage. Ihre Zweige sind über die Erde und den Himmel ausgebreitet. Auf ihren Zweigen sitzt ein Adler, der alle Dinge weiß. Yggdrasil ist ein Symbol des ewigen Lebens und der Welt.

Zwerge entstanden aus dem toten Leibe des Riesen Ymer. Es gibt 92 Zwerge. Die Zwerge schützen die Menschen vor den Riesen der Natur. Die Zwerge kannten das Innere der Berge und ihre Metalle. Sie wurden wie Elfen verehrt.

Literaturverzeichnis

Abraham, K.: Traum und Mythos. Leipzig 1909

Adler, B.: Tell me Fairy Tales. New York 1995

Apollodoros: Götter und Helden der Griechen. Darmstadt 2004

Armstrong, K.: Die Achsenzeit. München 2006

Armstrong, K.: Eine kurze Geschichte des Mythos. Berlin 2005

Ballenger, B., Lane, B.: Discovery the Writer whithin. Cincinnatti, Ohio, 1989

Bettelheim, B.: Kinder brauchen Märchen. München 1999

Biffle, C.: A Journey through Your Childhood. New York 1990

Bloch, E.: Das Prinzip Hoffnung. Frankfurt 1959, Bd. 1 u. 2

Blumenberg, H.: Arbeit am Mythos. Frankfurt 1979

Bog, R.: Die Hexe. Zürich 1989

Bolen, J. S.: Götter in jedem Mann. München 1999

Bolen, J. S.: Göttinnen in jeder Frau. München 1999

Bultmann, R.: Jesus Christus und die Mythologie. Hamburg 1965

Burkert, W.: Antike Mysterien. München 2003

Campbell, J.: Der Heros in 1000 Gestalten. Frankfurt 1987

Campbell, J.: Mythologie der Urvölker. Basel 1991

Campbell, J.: Mythologie des Ostens. Basel 1991

Campbell, J.: Mythologie des Westens. Basel 1991

Campbell, J.: Schöpferische Mythologie. Basel 1991

Camus, A.: Der Mythos von Sisyphos. Reinbek 1962

Cassirer, E.: Philosophie der symbolischen Formen. Hamburg 2001–2002, Bd. 1–3

Catford, L., Ray, M.: The Path of the Everyday Hero. New York 1991

Coupe, L.: Myth. London 1997

Cowden, T. D. u.a.: The complete Writer's Guide to Hereos and Heroines. Hollywood 2000

Dickermann, A. C.: Following Your Path. New York 1992

Eliade, M.: Das Heilige und das Profane. Frankfurt 1985

Eliade, M.: Die Geschichte der religiösen Ideen. Freiburg 1985, Bd. 1–4

Eliade, M.: Mythos und Wirklichkeit. Frankfurt 1988

Eliade, M.: Schamanismus und archaische Ekstasetechniken. Frankfurt 1998

Feinstein, D., Krippner, S.: Persönliche Mythologie. Basel 1987

Flood, C. G.: Political Myth. New York 2001

Franz, M.-L. v.: Der ewige Jüngling. München 1992

Franz, M.-L. v.: Schöpfungsmythen. München 1990

Frazer, J. G.: Der goldene Zweig. Reinbek 1989

Freud, S.: Die Traumdeutung. Frankfurt 1991
Freud, S.: Studienausgabe. Frankfurt 1975, Bd. 1–10
Girard, R.: Das Heilige und die Gewalt. Zürich 1987
Golther, W.: Handbuch der germanischen Mythologie. Stuttgart 1987
Grant, M., Hazel, J.: Lexikon der antiken Mythen und Gestalten. München 1980
Heimes, S.: Kreatives und therapeutisches Schreiben. Göttingen 2008
Hemley, R.: Turning Live into Fiction. Cincinatti 1994
Herodot: Geschichten und Geschichte. Zürich 1973
Hillman, J.: Re-Visioning Psychology. New York 1975
Hillman, J.: The New Polytheism. Dallas 1981
Hillmann, J.: Facing the Gods. Irving 1980
Homer: Ilias. München 1990
Homer: Odyssee. München 1991
Houston, J.: The Search of the Beloved: Journeys in Mythologie and Sacred Psychology. New York 1991
Hübner, J.: Die Wahrheit des Mythos. München 1985
Jaspers, K.: Vom Ursprung und Ziel der Geschichte. Frankfurt 1957
Jonas, H.: Gnosis und spätantiker Geist. Göttingen. 1993
Jung, C. G.: Die Archetypen und das kollektive Unbewusste. Olten 1976
Jung, C. G.: Erinnerungen, Träume, Gedanken. Stuttgart 1962
Jung, C. G.: Gesammelte Werke. Olten 1976, Bd. 1–18
Jung, C. G.: Symbole der Wandlung. Zürich 1952
Keen, S., Valley-Fox, A.: Your Mythic Journey. New York 1989
Kirk, G. S.: Myth. Berkeley 1970
Lane, M.: Writing as a Road to Selfdiscovery. Cincinatti 1993
Larsen, S.: The Mythic Imagination. New York 1990
Levi-Strauss, C.: Das wilde Denken. Frankfurt 1973
Levi-Strauss, C.: Mythologica. Frankfurt 1971–75, 4 Bände
Levi-Strauss, C.: Mythos und Bedeutung. Frankfurt 1980
Lévy-Brühl, L.: Das Denken der Naturvölker. Wien 1966
Lord Raglan: The Hero. London 1936
Malinowski, B.: Magie, Wissenschaft und Religion und andere Schriften. Frankfurt 1973
McAdams, D. P.: Stories We live By. New York 1993
Murdock, M.: The Heroines Journey. Boston 1990
Neumann, E.: Ursprungsgeschichte des Bewusstseins. Düsseldorf 2004
Ovid: Metamorphosm. Stuttgart 1990
Popper, K.: Die Welt des Parmenides. München 2001
Progroff, J.: At a Journal Workshop. New York 1998
Propp, V.: Morphologie des Märchens. München 1972

Radin, P.: Gott und Mensch in der primitiven Welt. Zürich 1954
Rank, O.: Das Inzest-Motiv in Sage und Dichtung. Darmstadt 1974
Rank, O.: Das Trauma der Geburt und seine Bedeutung für die Psychoanalyse. Gießen 1998
Rank, O.: Der Mythos von der Geburt des Helden. Wien 2000
Ranke-Graves, R.: Griechische Mythologie. Reinbek 1961, Bd. 1+2
Safranski, R.: Romantik. München 2007
Segal, A. R.: Mythos. Eine kleine Einführung. Stuttgart 2007
Seznec, J.: Das Fortleben der antiken Götter. München 1990
Stone, M.: Als Gott eine Frau war. München 1989
Sullivan, P. F.: The Mystery of My Story. New York 1991
Tayler, C.: The Innerchild-Workbook. New York 1992
Tylor, E. B.: Primitive Culture. London 1871, Bd. 1 u. 2
Vries, J. de: Forschungsgeschichte der Mythologie. Freiburg 1961
Woolger, J. B., Woolger, R. J.: The Goddess Within. New York 1989

Publikationen von Lutz von Werder im Schibri-Verlag

Praktische Philosophie / Philosophische Lebenskunst:

Selber denken – Das Café- und Salonmagazin der philosophischen Lebenskunst (jährl.)
Erinnern, Wiederholen, Durcharbeiten. 2009 (2. Auflage)
Das Wunder des Atheismus. 2008
Wie finde ich meine eigene Religion? 2007
Heilsam – Philosophie als Psychotherapie. 2006
Beklage dich nicht – philosophiere. Grundübungen der phil. Lebenskunst. 2005[2]
Eigenwillig – Philosophische Lebenskunst für Individualisten. 2005
Das große philosophische Gelächter. 2004
Philosophie für Verliebte. 2003
Einführung in die philosophische Lebenskunst Asiens: Chinesische, indische und arabische Wege zum Glück. 2001
Lehrbuch der philosophischen Lebenskunst für das 21. Jahrhundert. 2000
Einführung in die philosophische Lebenskunst. 2000
Das philosophische Café. Eine Konzeption. 1998
Ängstige Dich nicht – schreibe. Praktische Philosophie zu Tod und Sterben. 1998
Verzweifle nicht - suche! Gottesbeweise und -widerlegungen. 1997

Kreativitätsforschung: Kreatives und wissenschaftliches Schreiben:

Creative Thinking – Die Ideenfabrik. 2003
Lehrbuch des kreativen Schreibens. 2001[4]
Einführung in das Kreative Schreiben. 2003[2]
Lehrbuch des wissenschaftlichen Schreibens. 1993
Kreative Literaturgeschichte. 1992
Erfolg im Beruf durch kreatives Schreiben. 1995
Kreatives Schreiben in den Wissenschaften. 1995[2]
Wissenschaftliche Texte kreativ lesen. 1994
Kreative Einführung in Grundkonzepte der Psychotherapie. 1998
Brainwriting & Co. 2002
Das kreative Schreiben von wissenschaftlichen Hausarbeiten und Referaten. 2000
Kreatives Schreiben von Diplom- und Doktorarbeiten. 2000[3]
Rhetorik des wissenschaftlichen Redens und Schreibens. 1995
Grundkurs des wissenschaftlichen Schreibens. 1995
Grundkurs des wissenschaftlichen Lesens. 1995
Grundkurs des beruflichen Schreibens. 1995
Der integrative Ansatz im Kreativen Schreiben. 2000[3]

Literarisches:

Von Wut und Tränen – Gedichte. 2008
Weltfluchten – Erzählungen. 2008
1968. Ein Bildungsroman. 2008
1968. Hörbuch. 2008